Die Frau in der Literatur

Guy de Maupassant

Ein Leben

Roman

Aus dem Französischen
von Hans Kauders
Mit einem Nachwort
von Henriette Beese

Ullstein Taschenbuch

Die Frau in der Literatur
herausgegeben von Ursula Schröder

Ullstein Buch Nr. 30118
im Verlag Ullstein GmbH,
Frankfurt/M – Berlin – Wien

Ungekürzte Ausgabe

Französischer Originaltitel:
›Une vie‹
Umschlagentwurf von Hannes Jähn

Printed in Germany 1981
Gesamtherstellung: Ebner Ulm
ISBN 3548301185

Mai 1981

CIP-Kurztitelaufnahme der
Deutschen Bibliothek
Maupassant, Guy de:
Ein Leben: Roman / Guy de Maupassant.
Aus d. Franz. von Hans Kauders.
Mit e. Nachw. von Henriette Beese.
– Ungekürzte Ausg. –
Frankfurt/M; Berlin; Wien: Ullstein, 1981.
(Ullstein-Buch; Nr. 30118: Die Frau in d. Literatur)
Einheitssacht.: Une vie ‹dt.›
ISBN 3-548-30118-5
NE: GT

Ein Leben

I

Jeanne war mit dem Packen fertig. Sie trat ans Fenster, aber der Regen hörte nicht auf.

Die ganze Nacht hatte er gegen die Scheiben und auf die Dächer niedergeprasselt. Die tief hängenden, mit Wasser beladenen Wolken schienen zu platzen und sich auf die Erde zu entleeren, die sie zu Brei aufweichten und wie Zucker zerschmolzen. Windstöße, schwer von lastender Hitze, fegten vorbei. Das Brausen der über ihr Ufer getretenen Rinnsteine erfüllte die verödeten Straßen, in denen die Häuser wie Schwämme die Feuchtigkeit aufsogen, die in ihr Inneres eindrang, und aus den Wänden vom Keller bis zum Boden wieder ausschwitzten.

Jeanne, die am Tage vorher aus dem Kloster entlassen worden war, endlich für immer frei, bereit, alles Glück des Lebens zu erfassen, von dem sie so lange geträumt hatte, fürchtete, ihr Vater würde die Abreise aufschieben, wenn das Wetter sich nicht aufheiterte. So sah sie denn zum hundertsten Male seit diesem Morgen nach dem Himmel aus.

Dann bemerkte sie, daß sie vergessen hatte, ihren Kalender in die Reisetasche zu tun. Sie holte den kleinen Pappendeckel von der Wand herunter. Er war nach Monaten abgeteilt und trug, von einer Zeichnung umrahmt, das Datum des laufenden Jahres 1819 in goldenen Ziffern. Dann machte sie mit dem Bleistift die ersten vier Reihen ungültig, indem sie jeden Heiligennamen einzeln durchstrich bis zum zweiten Mai, dem Tag ihres Austritts aus dem Kloster.

Eine Stimme hinter der Tür rief: »Jeannette!«

Jeanne antwortete: »Komm herein, Papa.« Und ihr Vater trat ein.

Der Baron Simon Jacques Le Perthuis des Vauds war ein Edelmann aus dem verflossenen Jahrhundert, verschroben und gütig. Als enthusiastischer Jünger J. J. Rousseaus hatte er die Zärtlichkeit eines Liebhabers für die Natur, die Felder, Wälder und Tiere.

Von Geburt Aristokrat, verabscheute er instinktiv die Revolution. Da er aber seinem Temperament nach philosophisch veranlagt und seiner Erziehung nach liberal war, haßte er den Despotismus mit einem ungefährlichen, deklamatorischen Haß.

Seine große Stärke und zugleich seine große Schwäche war die

Güte, eine Güte, die nicht genug Arme hatte, um zu streicheln, zu schenken, an sich zu pressen, die Güte eines Schöpfers, ausschweifend, widerstandslos, gleichsam die Lähmung eines Willensnervs, eine Lücke in der Energie, beinahe ein Laster.

Als Mann der Theorie dachte er sich einen ganzen Erziehungsplan für seine Tochter aus, denn er wollte sie glücklich machen, gut, wahrhaftig und liebevoll.

Bis zu ihrem zwölften Jahr war sie zu Hause geblieben, dann wurde sie trotz der Tränen ihrer Mutter nach Sacré-Coeur gebracht.

Er hatte sie dort streng eingeschlossen gehalten, abgeschieden, von niemand gekannt und von den menschlichen Dingen nichts kennend. Er wünschte sie mit siebzehn Jahren keusch wiederzuempfangen, um sie nun selbst sozusagen in ein Bad vernünftiger Poesie einzutauchen; und beim Schweifen durch die Felder, inmitten der befruchteten Erde sollte ihre Seele geöffnet, beim Anblick der harmlosen Liebe, der einfältigen Zärtlichkeit der Tiere, der heiteren Gesetze der Natur ihrer Ignoranz allmählich auf die Beine geholfen werden.

Jetzt verließ sie das Kloster, strahlend, strotzend von Säften, voller Glücksverlangen, bereit für alle Freuden, für alle reizenden Abenteuer, die sie in dem Müßiggang der Tage, der Länge der Nächte, den einsamen Stunden der Hoffnung bereits durchlebt hatte.

Sie sah wie ein Bildnis von Veronese aus mit ihrem Haar von schimmerndem Blond, das auf ihrer Haut farbloser geworden zu sein schien, der Haut einer Aristokratin, die, kaum rosig überhaucht, von einem leichten Flaum beschattet war, wie heller Samt, den man ein wenig bemerkte, wenn die Sonne sie kosend beschien. Ihre Augen waren blau, von dem undurchsichtigen Blau, welches die Augen der Figuren aus holländischer Fayence haben.

Auf dem linken Nasenflügel hatte sie einen kleinen Schönheitsfleck, einen andern rechts auf dem Kinn, wo einige Haare sich kräuselten, die so sehr der Farbe ihrer Haut glichen, daß man sie kaum unterschied. Sie war groß, mit üppiger Brust und geschmeidiger Taille. Ihre klare Stimme schien manchmal zu scharf; aber mit ihrem freimütigen Lachen verbreitete sie Freude ringsum. Oft hob sie mit einer ihr eigenen Bewegung ihre beiden Hände an die Schläfen, wie um ihr Haar zu glätten.

Sie lief zu ihrem Vater und küßte ihn, indem sie ihn an sich preßte. »Nun, fahren wir?« fragte sie.

Er lächelte, schüttelte sein Haar, das schon weiß war und das er ziemlich lang trug, und sagte, indem er mit seiner Hand zum Fenster wies: »Wie willst du bei einem solchen Wetter reisen?«

Aber sie bat ihn, schmeichlerisch und zärtlich: »O Papa, fahren wir, ich flehe dich an. Nachmittag wird schönes Wetter sein.«

»Aber deine Mutter wird niemals damit einverstanden sein.«

»Doch, ich verspreche es dir, ich nehme es auf mich.«

»Wenn es dir gelingt, deine Mutter zu überreden, gern.«

Sie stürzte in das Zimmer der Baronin, denn sie hatte den Tag der Abreise mit wachsender Ungeduld erwartet.

Seit ihrem Eintritt ins Sacré-Coeur hatte sie Rouen nicht verlassen, da ihr Vater vor dem von ihm festgesetzten Alter keine Zerstreuung gestattete. Zweimal nur hatte man sie auf vierzehn Tage nach Paris mitgenommen, aber das war wieder eine Stadt, und sie träumte nur vom Lande.

Sie sollte jetzt den Sommer auf dem Familiensitz Les Peuples verbringen, einem alten Schloß, das auf der Steilküste in der Nähe von Yport thronte, und sie versprach sich unermeßliche Freuden von dem freien Leben am Rande der Fluten. Auch war es ausgemacht, daß sie diese Burg zum Geschenk erhalten und nach ihrer Verheiratung immer bewohnen sollte.

Und dieser Regen, der unablässig seit gestern abend niederfiel, war der erste große Kummer ihres Daseins.

Aber nach drei Minuten kam sie aus dem Zimmer ihrer Mutter gelaufen und schrie durch das ganze Haus: »Papa, Papa, Mama willigt ein, laß anspannen.«

Die Regenflut nahm nicht ab, im Gegenteil, sie schien sich noch zu verdoppeln, als die Kalesche vor dem Tore vorfuhr.

Jeanne war bereit, in den Wagen zu steigen, als die Baronin die Treppe herunterkam, auf der einen Seite von ihrem Gatten gestützt, auf der andern von einem großen Zimmermädchen, kräftig und gut gebaut wie ein Mannsbild. Es war eine Normannin aus der Nähe von Caur, die mindestens zwanzig Jahre alt zu sein schien, obwohl sie höchstens achtzehn war. Man behandelte sie in der Familie ein wenig wie eine zweite Tochter, denn sie war die Milchschwester von Jeanne. Sie hieß Rosalie.

Ihr wichtigstes Amt bestand übrigens darin, die Schritte ihrer Herrin zu leiten, die seit einigen Jahren infolge einer Hypertrophie des Herzens, über die sie sich unaufhörlich beklagte, unförmig dick geworden war.

Die Baronin erreichte schwer keuchend die Freitreppe des alten Palais, sah in den Hof, der von Wasser überströmt war, und murmelte: »Das ist wahrhaftig unvernünftig.«

Ihr Gatte erwiderte, immer lächelnd: »Sie selbst haben es gewollt, Madame Adelaide.«

Da sie den pompösen Namen Adelaide führte, ließ er immer mit einem leicht spöttischen Ton von Hochachtung das Wörtchen Madame vorhergehen.

Dann setzte sie sich langsam wieder in Bewegung und bestieg mühsam den Wagen, der sich in allen Federn bog. Der Baron setzte sich an ihre Seite, Jeanne und Rosalie nahmen auf dem Rücksitz Platz.

Die Köchin Ludivine brachte Haufen von Mänteln, die man über die Knie verteilte, dazu zwei Körbe, die man unter den Beinen versteckte, dann kletterte sie auf den Bock neben Gevatter Simon und hüllte sich in eine große Decke ein, die ganz über den Kopf ging. Der Portier und seine Frau verabschiedeten sich und schlossen den Wagenschlag. Sie erhielten noch die letzten Anweisungen wegen der Koffer, die in einem Karren folgen sollten, und man fuhr ab.

Gevatter Simon, der Kutscher, verschwand mit gebeugtem Kopf und unter dem Regen gerundetem Rücken in seinem Kutschermantel mit dreifachem Kragen. Die heulende Windsbraut klopfte an die Scheiben und überschwemmte die Landstraße.

Der Reisewagen fuhr im raschen Trab der beiden Pferde schnell den Kai hinab an der Reihe der großen Schiffe vorbei, deren Masten, Rahen und Takelwerk traurig zum triefenden Himmel standen wie entlaubte Bäume, dann bog er in den langen Boulevard du Mont Riboudet ein.

Bald kam man durch Wiesen. Von Zeit zu Zeit zeichnete sich eine überströmte Weide mit Zweigen, die sie leblos wie ein Kadaver hängen ließ, düster im wäßrigen Nebel ab. Die Hufeisen der Pferde klatschten, und die vier Räder kreisten wie Sonnen von Kot.

Man schwieg. Selbst die Gemüter schienen durchfeuchtet wie die

Erde. Mütterchen bog sich zurück, lehnte ihren Kopf an und schloß die Lider. Der Baron betrachtete düsteren Blicks das einförmige, durchnäßte Land. Rosalie mit einem Paket auf den Knien träumte mit jener vegetativen Träumerei der Leute aus dem Volke. Aber Jeanne fühlte sich unter diesem lauen Rieseln wieder aufleben wie eine eingeschlossene Pflanze, die man wieder an die Luft gebracht hat, und der Schwall ihrer Freude war wie ein Laubwerk, das ihr Herz vor Traurigkeit beschützte. Wiewohl sie nicht sprach, hatte sie Lust zu singen, die Hand aus dem Wagen zu strecken, um sie mit Wasser zu füllen und es zu trinken, und sie genoß es, vom schnellen Trab der Pferde dahingetragen zu werden, die Trostlosigkeit der Landschaft zu sehen und sich inmitten dieser Überschwemmung in sicherer Obhut zu wissen.

Und unter dem heftigen Regen stieg von den glänzenden Hinterteilen der beiden Tiere ein Dampf auf wie von kochendem Wasser.

Die Baronin schlief allmählich ein. Ihr von sechs regelmäßigen, eingerollten Hängelocken eingerahmtes Gesicht senkte sich nach und nach, von den drei großen Wellen ihres Halses nur schlaff gestützt, deren letzter Wogenschlag sich in der hohen See des Busens verlor. Ihr Kopf hob sich bei jedem Atemzug und fiel dann wieder zurück, die Wangen bliesen sich auf, während aus ihren halbgeöffneten Lippen ein sonores Schnarchen kam. Ihr Gatte neigte sich über sie und legte sanft in ihre über den mächtigen Umfang des Bauches gekreuzten Hände ein kleines ledernes Portefeuille.

Diese Berührung weckte sie; und sie betrachtete den Gegenstand schwimmenden Blicks mit der Stumpfheit des unterbrochenen Schlummers. Das Portefeuille fiel zu Boden und ging auf. Gold und Banknoten wurden in der Kalesche verstreut. Nun wurde sie ganz wach, und die Heiterkeit ihrer Tochter stieg in einer Lachrakete auf.

Der Baron hob das Geld auf, legte es ihr auf die Knie und sagte: »Hier, meine liebe Freundin, hast du alles, was uns von unserm Meierhof Eletot bleibt. Ich habe ihn verkauft, um Les Peuples ausbessern zu lassen, wo wir von nun ab oft wohnen werden.«

Sie zählte sechstausendvierhundert Franc und steckte sie ruhig in die Tasche.

Das war der neunte Pachthof, den sie von den einunddreißig, die ihnen ihre Eltern hinterlassen hatten, verkauften. Immerhin hatten sie noch ungefähr zwanzigtausend Franc Einkommen von Gütern, die gut bewirtschaftet ihnen leicht dreißigtausend jährlich gebracht hätten.

Da sie einfach lebten, wäre dieses Einkommen genügend gewesen, wenn es nicht ein immer offenes, bodenloses Loch im Hause gegeben hätte, die Güte. Sie ließ das Geld in ihren Händen versiegen, wie die Sonne das Wasser der Moräste versiegen läßt. Es rann dahin, floh, verschwand. Auf welche Weise? Niemand wußte es. Jeden Augenblick sagte einer von den beiden: »Ich weiß nicht, wie es kommt, ich habe heute hundert Franc ausgegeben, ohne etwas Besonderes gekauft zu haben.«

Diese Leichtigkeit im Geben war übrigens eine der großen Freuden ihres Lebens, und sie verstanden sich in diesem Punkte auf eine prächtige und rührende Art.

Jeanne fragte: »Ist es denn jetzt schön, mein Schloß?«

Der Baron antwortete lustig: »Du wirst's ja sehen, Töchterchen.«

Aber nach und nach nahm die Heftigkeit des Platzregens ab. Schließlich war es nur noch eine Art Nebel, ein ganz feiner, schwebender Regenstaub. Das Gewölbe der Wolken schien sich zu heben, lichter zu werden, und plötzlich kam durch ein Loch, das man nicht sah, ein langer, schräger Sonnenstrahl auf die Wiesen herunter.

Und nun, nachdem die Wolken sich gespalten hatten, wurde der blaue Grund des Firmamentes sichtbar; dann erweiterte sich der Riß, wie wenn ein Schleier zerreißt, und ein schöner, blanker Himmel von tiefer und reiner Bläue breitete sich über die Welt.

Ein frischer, sanfter Hauch wehte wie ein Glücksseufzer der Erde, und wenn man an Gärten oder Wäldern vorbeifuhr, hörte man zuweilen den munteren Gesang eines Vogels, der seine Federn trocknete.

Der Abend kam. Alles im Wagen schlief nun, außer Jeanne. Zweimal hielt man an Wirtshäusern, um die Pferde verschnaufen zu lassen und ihnen ein bißchen Hafer mit Wasser zu geben.

Die Sonne war untergegangen. Von ferne tönten Glocken. In einem Dörfchen zündete man die Laternen an, und auch der Himmel erhellte sich mit einem Heer von Sternen. Hie und da wurden erleuchtete Häuser sichtbar, die die Dunkelheit mit einem feurigen Pünktchen durchbrachen, und plötzlich tauchte hinter einem Hang zwischen Fichtengeäst rot und riesig, gleichsam verschlafen, der Mond auf.

Es war so lau, daß man die Wagenfenster offen ließ. Jeanne, von Träumen erschöpft, von glücklichen Bildern gesättigt, ruhte sich jetzt aus. Manchmal ließ sie die Steifheit ihrer Glieder, die zu lange in derselben Lage geblieben waren, die Augen wieder öffnen. Dann blickte sie hinaus und sah in der leuchtenden Nacht die Bäume eines Meierhofs vorbeiziehen oder aber ein paar Kühe, die, hie und da in einem Feld gelagert, den Kopf hoben. Nun versuchte sie eine neue Stellung und strengte sich an, einen angefangenen Traum wieder zu erhaschen, aber das unablässige Rollen des Wagens erfüllte ihre Ohren und zermürbte ihre Gedanken. Und sie schloß wieder die Augen, an der Seele wie am Körper erschöpft.

Jetzt aber hielt man. Männer und Frauen standen vor dem Wagenschlag mit Laternen in der Hand. Man war angekommen. Jeanne, die plötzlich wach geworden war, sprang ganz schnell aus dem Wagen. Der Vater und Rosalie, denen ein Pächter leuchtete, trugen beinahe die Baronin aus dem Wagen, die gänzlich entkräftet, vor Elend wimmernd mit einem versagenden Stimmchen immer wiederholte: »Ach, du mein Gott, ach, meine armen Kinder!« Sie wollte nichts trinken, nichts essen, legte sich ins Bett und schlief alsbald.

Jeanne und der Baron aßen unter vier Augen zu Abend.

Sie lächelten, wenn sie sich anblickten, reichten sich über dem Tisch die Hände, und plötzlich, beide von einer kindlichen Freude erfaßt, gingen sie daran, das neu instandgesetzte Schloß zu besichtigen.

Es war einer jener hohen und weitläufigen normannischen Herrensitze, die zugleich etwas vom Meierhof und vom Schloß an sich haben, aus weißen Quadern, die grau geworden waren, erbaut und geräumig genug, ein Geschlecht zu beherbergen.

Eine ungeheuere Halle teilte das Gebäude der ganzen Tiefe nach in zwei Teile und öffnete ihre großen Tore nach beiden Fassaden. Eine Doppeltreppe schien diesen Vorraum gewissermaßen zwischen die Beine zu nehmen, indem sie die Mitte freiließ und die beiden Aufgänge im ersten Stock in Gestalt einer Brücke verband.

Im Erdgeschoß gelangte man rechts in den übergroßen Salon, der mit Tapisserien mit Laubwerk, in dem Vögel herumspazierten, ausgeschlagen war. Die ganzen Polstermöbel, mit Tapisserien *á petits points* bespannt, waren nichts als eine Illustration der Fabeln von La Fontaine; und Jeanne hüpfte vor Vergnügen, als sie einen Stuhl wiederfand, den sie als kleines Mädchen geliebt hatte, und der die Geschichte vom Fuchs und vom Storch darstellte.

Neben dem Salon tat sich die Bibliothek auf, voll von altertümlichen Büchern, und noch zwei andere unbenutzte Räume. Links der Speisesaal mit neuen Vertäfelungen, die Wäschekammer, das Anrichtezimmer, die Küche und ein kleines Gelaß, das eine Badewanne enthielt.

Ein Korridor durchschnitt der Länge nach den ganzen ersten Stock. Die zehn Türen der zehn Zimmer reihten sich in diesem Gang aneinander. Ganz hinten rechts war Jeannes Appartement. Sie traten ein. Der Baron hatte es gerade neu herrichten lassen und dazu einfach die Bespannungen und Möbelstücke verwendet, die unbenutzt in den Bodenräumen geblieben waren.

Gobelins flämischer Herkunft, die sehr alt waren, bevölkerten diesen Ort mit sonderbaren Personen.

Als aber das junge Mädchen sein Bett sah, stieß es Freudenschreie aus. An den vier Ecken trugen vier große Vögel aus Eichenholz, ganz schwarz und glänzend poliert, das Lager; sie schienen seine Hüter zu sein. Die Seitenteile stellten zwei breite Girlanden aus geschnitzten Blumen und Früchten vor, und vier fein kannelierte Säulen, die in korinthischen Kapitellen endigten, hoben ein Gesims mit verschnörkelten Rosen und Liebesgöttern.

Monumental und dennoch anmutig stand es da, trotz des düstern Aussehens des von der Zeit gebräunten Holzes.

Das Fußdeckbett und die Bespannung des Betthimmels funkelten wie zwei Firmamente. Sie waren aus einer altertümlichen Seide von tiefem Blau verfertigt und stellenweise mit großen goldgestickten Lilien bestirnt.

Als sie alles richtig bewundert hatte, hob sie die Kerze und beschaute die Tapisserien, um zu sehen, was sie vorstellten.

Ein junger Edelmann und eine junge Dame, grün, rot und gelb auf die seltsamste Art gekleidet, plauderten unter einem blauen Baum, an dem weiße Früchte reiften. Ein dickes Kaninchen von der gleichen Farbe knabberte ein wenig graues Gras.

Gerade über diesen Personen in einem konventionellen Hintergrund sah man fünf runde Häuschen mit spitzen Dächern und oben, beinahe im Himmel, eine ganz rote Windmühle. Über diese ganze Fläche breitete sich ein Rankenwerk, das Blumen vorstellte.

Die beiden andern Felder glichen ziemlich dem ersten, nur daß man aus den Häuschen vier Männchen in flämischer Tracht hervorkommen sah, welche die Arme zum Himmel erhoben, als Zeichen äußerster Verwunderung und höchsten Zorns.

Aber der letzte Gobelin zeigte ein Drama. Neben dem Kaninchen, das noch immer knabberte, lag der junge Mann ausgestreckt und schien tot. Die junge Dame erblickte ihn, durchbohrte ihren Busen mit einem Schwert, und die Früchte des Baumes waren schwarz geworden.

Schon gab es Jeanne auf, das alles zu begreifen, als sie in einer Ecke ein mikroskopisches Tierchen entdeckte, welches das Kaninchen, wenn es lebendig gewesen wäre, wie ein Gräschen hätte verschlukken können. Und dennoch war es ein Löwe.

Nun erkannte sie die unglücklichen Schicksale von Pyramus und Thisbe; und obwohl sie über die Einfalt der Bilder lächelte, fühlte sie sich doch glücklich, in dieses Liebesabenteuer eingesponnen zu sein. Es würde zu ihr unaufhörlich von teueren Hoffnungen sprechen und jede Nacht über ihrem Schlummer die alte zärtliche Sage schweben lassen.

Der ganze Rest der Einrichtung vereinigte die verschiedensten Stilarten. Es waren Stücke, die aus alten Häusern eine Art Museum machen, wo alles sich vermischt. Neben einer prächtigen Kommode aus der Zeit Ludwigs XIV. mit glänzenden Messingbeschlägen standen zwei Fauteuils aus der Zeit Ludwigs XV., noch mit ihrer mit Blumensträußchen gemusterten Seide bekleidet. Ein Sekretär aus Rosenholz stand gegenüber dem Kamin, der unter einem runden Glassturz eine Stutzuhr des Empire zeigte.

Es war ein Bienenkorb aus Bronze, der an vier Marmorsäulchen über einem Garten von vergoldeten Blumen aufgehängt war. Ein dünner Pendel kam aus einem länglichen Spalt des Bienenkorbs hervor und führte über diesem Beet eine kleine Biene mit Emailflügeln unaufhörlich spazieren. Das Zifferblatt aus gemalter Fayence war in die Seite des Bienenkorbs eingelassen.

Sie begann nun elf Uhr zu schlagen. Der Baron umarmte seine Tochter und zog sich in sein Zimmer zurück.

Jeanne legte sich ungern zu Bett. Mit einem letzten Blick überflog sie das Zimmer und löschte dann die Kerze. Aber das Bett, das nur mit seinem Kopfende an die Wand stieß, hatte zur Linken ein Fenster, durch das sich das Mondlicht ergoß, das auf dem Fußboden einen Tümpel von Licht bildete.

Reflexe wurden an die Wände geworfen, blasse Reflexe, die leise die unbeweglichen Liebesabenteuer von Pyramus und Thisbe streichelten.

Durch das andere Fenster, dem Fußende gegenüber, sah Jeanne einen großen Baum, ganz gebadet in sanftes Licht. Sie drehte sich auf die Seite und schloß die Augen, bald aber nach kurzer Zeit öffnete sie sie wieder.

Sie glaubte sich von den Stößen des Wagens geschüttelt, dessen Rollen immer noch in ihrem Kopfe forttönte. Zuerst blieb sie regungslos, in der Hoffnung, diese Ruhe würde sie schließlich einschläfern, aber bald teilte sich die Ungeduld ihrer Seele ihrem ganzen Körper mit.

Sie fühlte ein Kribbeln in den Beinen, eine wachsende Hitze. Nun erhob sie sich bloßfüßig mit nackten Armen in ihrem langen Hemd, in dem sie wie ein Gespenst aussah, schritt durch den Lichttümpel, der auf dem Parkett lag, öffnete das Fenster und sah hinaus.

Die Nacht war so klar, daß man sah wie am hellen Tage. Und das junge Mädchen erkannte diese ganze Gegend wieder, die sie einst in ihrer frühen Kindheit geliebt hatte.

Da war zuerst ihr gegenüber ein weiter Rasenplatz, gelb wie Butter im nächtlichen Licht. Zwei riesige Bäume erhoben sich an beiden Ecken vor dem Schloß, eine Platane im Norden, eine Linde im Süden.

Ganz am Ende der ausgedehnten Rasenfläche beschloß ein kleines Gehölz in Gestalt eines Bosketts das Besitztum, das vor den Seewinden durch fünf Reihen uralter Ulmen beschützt wurde. Sie waren gewunden, abrasiert, benagt, schräge, gleichsam dachförmig, zurechtgeschnitten von den stets entfesselten Stürmen.

Diese Art Park war rechts und links von zwei langen Alleen sehr hoher Pappeln begrenzt, die man in der Normandie *peuples* nennt. Sie trennten den Sitz der Herrschaft von den beiden benachbarten Pachthöfen, von denen der eine von der Familie Couillard, der andere von der Familie Martin bewohnt wurde.

Diese *peuples* hatten dem Schloß ihren Namen gegeben. Jenseits dieses Bezirks dehnte sich eine weite, unbebaute, hie und da von Binsen bewachsene Fläche aus, über die bei Tag und Nacht der Wind raste und pfiff. Dann plötzlich stürzte sie zu einer Steilküste von hundert Metern Höhe ab, die senkrecht und weiß ihren Fuß in den Fluten badete.

Jeanne betrachtete in der Ferne die lange, von den Wellen gekräuselte Fläche, die unter den Sternen zu schlafen schien.

In dieser durch die Abwesenheit der Sonne beruhigten Atmosphäre verbreiteten sich alle Gerüche der Erde. Ein Jasminstrauch, der unten an den Fenstern hinaufgeklettert war, strömte unablässig seinen betäubenden Atem aus, der sich mit dem schwächeren Duft der keimenden Blätter vermischte. Leise Windstöße strichen vorbei und brachten den scharfen Geschmack der Salzluft und der klebrigen Säfte des Seetangs mit.

Das junge Mädchen gab sich zuerst ganz dem Glück des Atmens hin. Der ländliche Friede beruhigte sie wie ein kühles Bad.

Alle die Tiere, die wach werden, wenn der Abend kommt und ihr geheimes Leben in der Stille der Nächte verbergen, erfüllten das Halbdunkel mit geräuschloser Regsamkeit. Große Vögel, die nicht schrien, flohen in der Luft wie schwarze Flecken, wie Schatten dahin. Das Gesurr unsichtbarer Insekten streifte das Ohr. Unhörbares Laufen eilte durch das taubedeckte Gras oder den Sand der verlassenen Wege. Nur ein paar Kröten stießen gegen den Mond ihre kurzen, einförmigen Laute aus.

Es war Jeanne, als ob ihr Herz sich weitete, voll Flüstern wie diese helle Nacht, plötzlich belebt von tausend heimlichen Sehnsüchten, gleich den nächtlichen Tieren, deren Geschwirr sie umgab. Eine Verwandtschaft verband sie mit diesem lebendigen Gedicht. Und in dieser weichen Weiße der Nacht fühlte sie, von überirdischen Schauern durchzuckt, ungreifbare Hoffnungen sich regen, etwas wie einen Hauch des Glücks.

Und sie begann von der Liebe zu träumen.

Die Liebe! Seit zwei Jahren erfüllte sie ihr Nahen mit wachsender Unruhe. Jetzt war ihr verstattet zu lieben. Sie brauchte ihm nur zu begegnen, ihm!

Wie würde er sein? Sie wußte es nicht genau und fragte es sich nicht einmal. Er würde Er sein, das war alles.

Sie wußte nur, daß sie ihn anbeten würde von ganzer Seele, und daß er sie lieben würde mit ganzer Kraft. Sie würden an Abenden gleich diesem miteinander spazieren gehen unter dem leuchtenden Staub, der von den Sternen niederfiel. Sie würden Hand in Hand, eng aneinander gepreßt, ihre Herzen schlagen hören, die Wärme ihrer Schultern fühlen und, ihre Liebe mit der lieblichen Klarheit der Sommernächte vermischend, so eins sein, daß sie durch die bloße Kraft ihrer Zärtlichkeit ihre geheimsten Gedanken erraten würden.

Und so würde es weitergehen ohne Ende in der ruhigen Heiterkeit einer unzerstörbaren Zuneigung.

Und auf einmal schien es ihr, als ob sie ihn fühlte, hier, dicht an sich, und plötzlich überlief sie vom Scheitel bis zur Sohle ein unbestimmtes sinnliches Erschauern. Sie schloß ihre Arme über der Brust mit einer unbewußten Bewegung, wie um ihren Traum an sich zu pressen, und ihre Lippen, die sie dem Unbekannten hinhielt, streifte etwas, was sie einer Ohnmacht nahe brachte, als ob der Atem des Frühlings ihr einen Liebeskuß gegeben hätte.

Plötzlich hörte sie dort, hinter dem Schloß, auf der Landstraße durch die Nacht Schritte. Und in einer leidenschaftlichen Aufwallung ihrer betörten Seele, einem Anfall von Glauben an das Unmögliche, an vorherbestimmte Zufälle, an göttliche Ahnungen, an romantische Verknüpfungen des Schicksals dachte sie: Wenn er es wäre? Sie lauschte ungeduldig dem rhythmischen Schritt des Wanderers, überzeugt, daß er am Gittertor stehen bleiben und um Gastfreundschaft bitten würde.

Als er vorbei war, fühlte sie sich traurig wie nach einer Enttäuschung. Doch begriff sie jetzt die Überspanntheit ihrer Hoffnung und lächelte über ihren Wahnwitz.

Nun überließ sie sich ein wenig beruhigt dem Gedankengang einer vernünftigeren Träumerei. Sie versuchte in die Zukunft einzudringen, das Gerüst ihres Daseins aufzubauen.

An seiner Seite würde sie hier leben, in diesem stillen Schloß, das über das Meer sah. Sie würde sicher zwei Kinder haben, für ihn einen Sohn, für sich eine Tochter. Und sie sah sie, wie sie zwischen der Platane und der Linde über den Rasen hinliefen, während Vater und Mutter ihnen entzückten Auges folgten und über ihre Köpfe hinweg leidenschaftliche Blicke miteinander wechselten.

Und so blieb sie lange, lange vor sich hinträumend, während der

Mond, der seine Wanderung über den Himmel vollendet hatte, sich anschickte, im Meere zu verschwinden. Die Luft wurde frischer. Gen Osten erhellte sich der Horizont. Ein Hahn krähte in dem Pachthof zur Rechten und erhielt von andern im Pachthof zur Linken Antwort. Ihre heiseren Stimmen schienen durch die Wand der Hühnerställe von weither zu kommen. Auf dem unermeßlichen Himmelsgewölbe, das unmerklich weißer geworden war, verschwanden die Sterne.

Irgendwo wurde ein schwacher Vogelruf wach. Gezwitscher kam anfangs schüchtern aus dem Laub; dann wurde es kühner, tönender, freudig, verbreitete sich von Ast zu Ast, von Baum zu Baum.

Plötzlich fühlte Jeanne eine Helle um sich. Sie erhob den Kopf, den sie in ihre Hände geborgen hatte, und schloß, von dem Glanz der Morgenröte geblendet, die Augen.

Ein Gebirge purpurner Wolken, die zum Teil durch die große Pappelallee verdeckt waren, warf einen blutigen Widerschein auf die erwachte Erde.

Und langsam, das glänzende Gewölk durchbrechend, die Bäume, die Ebenen, den Ozean, den ganzen Horizont mit Feuer überströmend, tauchte die riesige, flammende Kugel auf.

Und Jeanne fühlte sich vor Glück von Sinnen. Eine fiebernde Freude, eine unendliche Rührung vor dem Glanz der Welt überschwemmte ihr hinschmelzendes Herz. Das war ihre Sonne, ihre Morgenröte, der Beginn ihres Lebens, der Aufgang ihrer Hoffnungen! Sie streckte die Arme aus in die strahlende Weite mit dem Wunsch, die Sonne zu umarmen; sie wollte sprechen, rufen, irgend etwas Göttliches wie der Anbruch dieses Tages, aber sie blieb gelähmt in ohnmächtiger Begeisterung. Nun barg sie ihre Stirne in ihre Hände, sie fühlte, wie ihre Augen sich mit Tränen füllten. Und sie weinte voller Wonne.

Als sie den Kopf wieder hob, da war die Pracht des anbrechenden Tages bereits verschwunden. Sie selbst fühlte sich beruhigt, ein wenig müde, gleichsam abgekühlt. Ohne das Fenster zu schließen, streckte sie sich auf ihrem Bette aus, gab sich noch einige Minuten ihren Gedanken hin und schlief dann so fest ein, daß sie um acht Uhr das Rufen ihres Vaters gar nicht hörte und erst erwachte, als er ins Zimmer trat.

Er wollte ihr die Verschönerungen des Schlosses zeigen, ihres Schlosses.

Die Fassade, die nach dem Innern des Landes gerichtet war, war von der Straße durch einen großen, mit Apfelbäumen bepflanzten Hof getrennt. Diese sogenannte Vizinalstraße lief zwischen den Hecken der Bauern hin und mündete eine halbe Stunde weiter in die große Landstraße von Le Havre nach Fécamp.

Ein gerader, breiter Weg führte vom Holzgatter bis zur Freitreppe. Die Gesindewohnungen, kleine, strohgedeckte, aus Strandkieseln erbaute Häuser, standen zu beiden Seiten des Hofes längs der Gräben der beiden Pachthöfe Spalier.

Die Dächer waren neu gedeckt worden, das ganze Sparrenwerk ausgebessert, die Mauern instand gesetzt, die Zimmer neu tapeziert, das ganze Innere neu getüncht. Und die vom Alter verfärbte Burg trug ihre silberweißen, frischgestrichenen Fensterläden und den neuen Verputz auf ihrer mächtigen, altersgrauen Fassade wie Flecken.

Die andere Fassade, auf die eines von Jeannes Fenstern ging, sah in der Ferne über das Boskett und die Mauer der vom Winde benagten Ulmen hinweg auf das Meer.

Jeanne und der Baron besichtigten Arm in Arm alles, ohne auch nur ein Winkelchen zu vernachlässigen. Dann gingen sie langsam in den langen Pappelalleen, die den Teil einschlossen, welchen man den Park nannte, auf und ab. Unter den Bäumen war Gras gewachsen, das seinen grünen Teppich ausbreitete. Das Boskett ganz am Ende war reizend, kreuz und quer durchzogen von kleinen, sich windenden Fußwegen, die durch Laubwände voneinander getrennt waren. Plötzlich sprang ein Hase davon und erschreckte das junge Mädchen. Dann hüpfte er die Böschung hinab und lief in die Binsen, der Steilküste zu.

Da Madame Adelaide, noch ganz erschöpft, nach dem Mittagessen erklärte, sie wolle sich ausruhen, schlug der Baron vor, nach Yport hinunterzugehen.

Sie durchquerten den Weiler Etouvent, zu dem Les Peuples gehörte. Drei Bauern begrüßten sie, als hätten sie sie von jeher gekannt.

Sie kamen in den bis zum Meer abfallenden Wald und folgten einem gewundenen Tal.

Bald tauchte das Dorf Yport auf. Frauen, die ihre Sachen flickten, saßen auf der Schwelle ihrer Behausungen und sahen den Vorübergehenden nach. Die steile Straße, mit einem Bach in der Mitte und einem Haufen Abfälle vor den Türen, strömte einen starken Seewassergeruch aus. Braune Netze, in denen hie und da glänzende Schuppen, wie kleine Silbermünzen, hängen geblieben waren, trockneten an den Eingängen von Löchern, aus denen die Ausdünstungen einer zahlreichen Familie kamen, die in einem einzigen großen Raum zusammengepfercht war.

Ein paar Tauben trippelten am Rande des Baches und suchten ihre Nahrung.

Jeanne betrachtete dies alles. Es kam ihr merkwürdig und neu vor, wie eine Theaterdekoration.

Aber mit einem Male, als sie um eine Mauer bogen, erblickte sie das Meer mit seinem undurchsichtigen, glatten Blau, das sich ins Unabsehbare ausdehnte.

Sie blieben am Strande betrachtend stehen. Draußen auf hoher See strichen Segel vorbei, weiß wie Vogelflügel. Zur Rechten wie zur Linken erhob sich der riesige Absturz. Auf der einen Seite hemmte eine Art Kap den Blick, während auf der andern die Küstenlinie sich endlos hinzog, bis sie nur noch ein kaum merklicher Strich war.

Ein Hafen und Häuser wurden in einem der nahen Einrisse sichtbar, und ganz kleine Wellen, die das Meer mit einer Schaumfranse einsäumten, rollten mit leisem Geräusch über die Steine.

Die Fischerboote des Dorfes, die man über die runden Strandkiesel hinaufgezogen hatte, lagen auf der Seite und hielten ihre bauchigen, geteerten Flanken der Sonne entgegen. Ein paar Fischer setzten sie für die am Abend erwartete Flut instand. Ein Seemann trat an sie heran, um ihnen Fische anzubieten, und Jeanne kaufte einen Steinbutt, den sie selbst nach Les Peuples tragen wollte.

Nun trug der Mann seine Dienste für Spazierfahrten auf dem Meere an, wiederholte immer wieder seinen Namen, um ihn dem Gedächtnis recht einzuprägen: »Lastique, Joséphin Lastique.«

Der Baron versprach, ihn nicht zu vergessen.

Sie schlugen den Rückweg zum Schlosse ein.

Da der dicke Fisch Jeanne müde machte, zog sie den Stock ihres Vaters durch die Kiemen, und jeder trug an einem Ende. So stiegen sie fröhlich den Abhang wieder hinauf, schwatzten, die Stirne dem Wind preisgegeben, mit glänzenden Augen wie zwei Kinder, während der Steinbutt, da ihre Arme nach und nach erlahmten, mit seinem fetten Schwanz durch das Gras fegte.

II

Ein entzückendes freies Leben begann nun für Jeanne. Sie las, träumte und strich ganz allein in der Gegend umher. Sie schweifte gemächlichen Schritts, in Träume verloren, die Landstraßen entlang, oder aber sie hüpfte die gewundenen Tälchen hinab zwischen Hügelrücken, die wie einen goldenen Chorrock ein Vlies blühender Binsen trugen. Ihr starker und süßer, durch die Hitze gesteigerter Geruch berauschte sie wie duftiger Wein; und beim fernen Rauschen des Meeres über den Strand schien eine höhere Welle ihre Seele zu heben und wieder zu senken.

Manchmal legte sie sich erschlafft in das dichte Gras eines Abhanges, und manchmal, wenn, bei der plötzlichen Biegung eines Tales, tief unten in einem Rasentrichter ein Dreieck blauen Meers in der Sonne auffunkelte, mit einem Segel am Horizont, befiel sie eine maßlose Freude, wie beim geheimnisvollen Nahen eines Glücks, das über ihr schwebte.

Eine Liebe zur Einsamkeit überkam sie in der Frische dieses köstlichen Landes, bei dem Frieden der welligen Linien des Horizonts, und sie blieb auf den Hügeln so lange sitzen, daß kleine wilde Kaninchen an ihren Füßen vorbeisprangen.

Oft begann sie am Absturz entlang zu laufen, beschwingt von sanften Küstenwinden, ganz erfüllt von dem wunderbaren Genuß, sich ohne Ermüdung zu bewegen, wie die Fische im Wasser oder die Schwalben in der Luft.

Überall säte sie Erinnerungen aus, wie man Samenkörner in die Erde versenkt, Erinnerungen, die bis zum Tode festwurzeln. Es war ihr, als ob sie in alle Falten dieser Täler ein Stückchen ihres Herzens versenkte.

Sie begann mit Begeisterung zu baden, schwamm hinaus, bis man sie nicht mehr sah, denn sie war kräftig und kühn und ohne Bewußtsein einer Gefahr. Sie fühlte sich wohl in diesem kalten, durchsichtigen blauen Wasser, das sie trug und wiegte. Wenn sie fern vom Ufer war, legte sie sich auf den Rücken, die Arme über der Brust gekreuzt, die Augen in die tiefe Bläue des Himmels verloren, durch die der Flug einer Schwalbe oder die weiße Silhouette eines Seevogels flitzte. Man hörte keinen Laut mehr als das ferne Murmeln der Fluten gegen das Strandgeröll und ein unbestimmtes Geräusch vom Lande her, das noch über das Auf und Ab der Wellen herübergeglitten kam, aber verworren, beinahe ungreifbar. Und plötzlich richtete Jeanne sich auf und stieß in einem Anfall närrischer Freude ein helles Jauchzen aus und schlug mit beiden Händen aufs Wasser.

Manchmal, wenn sie sich zu weit hinauswagte, kam ein Boot, um sie zu holen.

Sie kam ins Schloß zurück, vor Hunger blaß, aber leichtfüßig, munter, mit lächelnden Lippen, die Augen voller Glück.

Der Baron seinerseits hatte große landwirtschaftliche Unternehmungen im Kopf. Er wollte Versuche machen, den Fortschritt organisieren, neue Gerätschaften ausprobieren, ausländische Rassen züchten. Und er verbrachte einen Teil seiner Tage im Gespräch mit Bauern, die über seine Experimente ungläubig den Kopf schüttelten. Oft fuhr er auch mit den Seeleuten von Yport aufs Meer. Als er die Grotten, die Quellen und Felsnadeln der Umgebung besucht hatte, wollte er fischen wie ein einfacher Seemann.

An den Tagen, an denen die Brise weht und das windgeschwellte Segel die bauchige Schale über den Rücken der Wellen laufen läßt, wenn von jedem Bord die lange Leine bis zum Meeresgrund hinabhängt, fliehend, von Makrelenschwärmen verfolgt, hielt er in seiner vor Ungeduld bebenden Hand das Schnürchen, das man zittern fühlt, sobald ein gefangener Fisch daran zappelt.

Er fuhr bei Mondschein hinaus, um die tags zuvor ausgelegten Netze aufzuholen. Er liebte es, den Mast krachen zu hören, die frischen, pfeifenden Nachtwinde zu atmen, und nachdem er lange, sich an einem Felskamm, an einer Kirchturmspitze und dem Leuchtturm von Fécamp orientierend, hin und her gekreuzt war, um die Bojen zu finden, genoß er es, stille zu liegen unter den ersten Feuerstrahlen der aufgehenden Sonne, in der auf Deck die schleimigen Rücken der breiten, fächerförmig aufgereihten Rochen und die feisten Bäuche der Steinbutte aufblitzten.

Bei jeder Mahlzeit erzählte er mit Begeisterung von seinen Fahrten, und Mamachen ihrerseits berichtete ihm, wieviele Male sie durch die große Pappelallee gegangen sei, die rechts neben dem Gehöft von Couillard, denn die andere hatte zu wenig Sonne.

Da man ihr empfohlen hatte, »Bewegung zu machen«, versteifte sie sich auf das Gehen. Sowie die nächtliche Kühle gewichen war, kam sie herunter, gestützt auf den Arm Rosalies, eingehüllt in eine Pelerine und zwei Schals, den Kopf vermummt in einer Kapuze, die noch ein rotes gestricktes Tuch bedeckte.

Nun begann sie immer von neuem die endlose Wanderung in gerader Linie von der Schloßecke bis zu den ersten Sträuchern des Bosketts und wieder zurück, indem sie den linken, etwas schwereren Fuß nachschleppte, der in der ganzen Länge der Allee zwei staubige Furchen gezogen hatte, in denen kein Gras mehr wuchs – die eine am Hinweg, die andere am Rückweg. Sie hatte an die beiden Enden dieses Gleises eine Bank setzen lassen, und alle fünf Minuten blieb sie stehen und sagte dem armen, geduldigen Mädchen, das sie stützte: »Setzen wir uns, ich bin ein wenig müde.«

Und bei jedem Aufenthalt ließ sie auf einer der Bänke bald das gestrickte Tuch, mit dem sie den Kopf einhüllte, bald den einen Schal, dann noch den andern, dann die Kapuze und schließlich den Mantel. Das alles bildete an den beiden Enden der Allee zwei große Berge von Kleidungsstücken, die Rosalie auf ihrem freien Arm trug, wenn man zum Mittagessen ins Haus zurückkehrte.

Und am Nachmittag fing die Baronin wieder von vorne an, in noch aufgelösterem Zustand, mit noch längeren Ruhepausen, indem sie sogar von Zeit zu Zeit auf einem Liegestuhl, den man ihr herausgestellt hatte, ein Schlummerstündchen abhielt.

Sie nannte das »ihre Motion«, so wie sie sagte »meine Hypertrophie«. Ein Arzt, den man vor zehn Jahren konsultiert hatte, weil sie an Erstickungsanfällen litt, hatte von Hypertrophie gesprochen. Seither hatte sich dieses Wort, dessen Bedeutung sie nicht verstand, in ihrem Kopf festgesetzt. Sie bestand darauf, daß der Baron, Jeanne und Rosalie ihr Herz betasteten, das niemand mehr fühlen konnte, so sehr war es in der Fettmasse ihrer Brust begraben. Aber sie weigerte sich energisch, sich von einem neuen Arzt untersuchen zu lassen, aus Furcht, er würde noch andere Krankheiten an ihr entdecken. Und sie sprach bei jeder Gelegenheit und so oft von ihrer

Hypertrophie, daß es schien, als wäre dieses Leiden ihr besonderes Eigentum, daß es ihr gehöre wie eine einzigartige Sache, auf die die andern kein Recht hatten.

Der Baron sagte »die Hypertrophie meiner Frau« und Jeanne »Mamas Hypertrophie«, als ob sie gesagt hätten »ihr Kleid, ihr Hut oder ihr Schirm«.

In ihrer Jugend war sie sehr hübsch gewesen und schlanker als ein Schilfrohr. Nachdem sie in der Kaiserzeit in den Armen der Offiziere sämtlicher Waffengattungen im Walzer dahingeflogen war, hatte sie »Corinna« gelesen, die sie zu Tränen rührte. Seither lebte sie gleichsam unter dem unauslöschlichen Eindruck dieses Romans.

Je dicker ihre Taille wurde, um so poetischer wurde der Aufschwung ihrer Seele. Und als die Fettleibigkeit sie an den Lehnstuhl fesselte, schweiften ihre Gedanken durch zärtliche Aventüren, deren Heldin sie sich dünkte. Sie hatte Lieblingsaventüren, die sie immer wieder von neuem träumte, wie eine Spieluhr, die man wieder aufzieht, unaufhörlich dieselbe Melodie wiederholt. Bei allen schmachtenden Romanzen, in denen von gefangenen Jungfrauen und Schwalben die Rede ist, kamen ihr unfehlbar die Tränen in die Augen, und sie liebte sogar gewisse schlüpfrige Liedchen von Béranger, wegen der Sehnsucht, die sie ausdrücken.

Oft blieb sie stundenlang bewegungslos, ganz entrückt in ihre Träume. Sie fühlte sich ausnehmend wohl in Les Peuples, weil es für ihre eingebildeten Romane eine Dekoration abgab und sowohl durch die Wälder der Umgebung als auch durch die öde Heide und die Nachbarschaft des Meeres sie an die Bücher von Walter Scott erinnerte, die sie seit einigen Monaten las.

An Regentagen blieb sie im Zimmer, um das durchzusehen, was sie ihre »Reliquien« nannte. Das waren alle ihren alten Briefe, die Briefe ihres Vaters und ihrer Mutter, die Briefe des Barons, als sie Braut war, und noch andere.

Sie bewahrte sie in einem Mahagonisekretär auf, der an den Ecken Sphinxe aus Messing trug. Und sie sagte mit einer besonderen Stimme: »Rosalie, meine Liebe, bring mir das Schubfach mit den Andenken.«

Die junge Magd schloß den Sekretär auf, nahm das Schubfach heraus und setzte es auf einen Stuhl neben ihre Herrin, die nun begann, langsam, Stück für Stück, die Briefe zu lesen, indem sie von Zeit zu Zeit eine Träne auf sie fallen ließ.

Manchmal nahm Jeanne die Stelle Rosalies ein und führte Mamachen spazieren, das ihr dann Kindheitserinnerungen erzählte. Das junge Mädchen fand in diesen Geschichten aus alter Zeit sich selbst wieder, verwundert über die Ähnlichkeit ihrer Gedanken, die Verwandtschaft ihrer Sehnsüchte; denn jedes Herz bildet sich ein, gerade so vor allen andern gebebt zu haben unter einer Fülle von Empfindungen, die schon die Herzen der ersten Menschen schlagen ließen und noch jene der letzten Männer und Frauen bewegen werden.

Ihre langsamen Schritte paßten sich der Langsamkeit der Erzählung an, die zuweilen sekundenlang von Beklemmungen unterbrochen wurde. Dann hüpften Jeannes Gedanken über die angefangenen Geschichten hinweg und schwangen sich einer freudeerfüllten Zukunft entgegen und wiegten sich in Hoffnungen.

Eines Nachmittags, als sie sich auf der rückwärtigen Bank ausruhten, bemerkten sie plötzlich am Ende der Allee einen dicken Geistlichen, der auf sie zusteuerte.

Er grüßte schon von weitem, nahm eine lächelnde Miene an, grüßte von neuem, als er bis auf drei Schritte herangekommen war, und rief: »Nun, Frau Baronin, wie geht es uns?« Es war der Pfarrer des Dorfes.

Mamachen, die im Zeitalter der Philosophen geboren und von einem wenig gläubigen Vater in den Tagen der Revolution erzogen worden war, ging selten zur Kirche, wiewohl sie aus einer Art weiblichen religiösen Instinktes heraus die Geistlichkeit gern hatte.

Sie hatte den Abbé Picot, ihren Pfarrer, ganz und gar vergessen und wurde rot, als sie ihn erblickte. Sie entschuldigte sich, daß sie seinem Besuch nicht zuvorgekommen war. Aber der gute Mann schien gar nicht gekränkt, er betrachtete Jeanne, machte ihr Komplimente über ihr gutes Aussehen, setzte sich, legte seinen Dreispitz auf die Knie und wischte sich die Stirne. Er war sehr dick, sehr rot und schwitzte in Strömen. Jeden Augenblick zog er aus seiner Tasche ein riesiges, gewürfeltes Taschentuch, das ganz durchnäßt von Schweiß war, und fuhr sich damit über Gesicht und Hals. Aber kaum war der nasse Lappen in den schwarzen Tiefen seiner Kutte untergetaucht, als neue Tropfen aus seiner Haut hervorbrachen, die, indem sie auf seine über dem Bauch gespannte Soutane fielen, den herumfliegenden Staub der Wege als kleine runde Flecken festhielten.

Er war lustig, ein richtiger Landpfarrer, tolerant, geschwätzig und ein guter Kerl. Er erzählte Geschichten, sprach von den Leuten der Gegend und schien gar nicht bemerkt zu haben, daß seine beiden Pfarrkinder noch nicht in die Messe gekommen waren, die Baronin, bei der die Indolenz sich mit dem schwachen Glauben vereinte, und Jeanne, die gar zu glücklich war, dem Kloster entronnen zu sein, wo man sie mit frommen Zeremonien überfüttert hatte.

Der Baron erschien. Seine pantheistische Religion machte ihn gleichgültig für die Dogmen. Er war liebenswürdig gegen den Abbé, den er seit langem kannte, und behielt ihn zum Abendessen zurück.

Der Pfarrer verstand zu gefallen, dank jener unbewußten Schläue, die das Hantieren mit Seelen selbst den beschränktesten Menschen gibt, welche der Zufall der Umstände dazu berufen hat, eine Macht über ihresgleichen auszuüben.

Die Baronin verhätschelte ihn, vielleicht durch eine jener Verwandtschaften angezogen, welche ähnliche Naturen einander nahebringt. Das sanguinische Gesicht und der kurze Atem des dicken Mannes behagten ihrer schnaufenden Fettleibigkeit.

Als das Dessert an die Reihe kam, geriet er in die Wohlgelauntheit eines lustigen Pfarrers, das familiäre Sichgehenlassen gegen Ende fröhlicher Mahlzeiten.

Und plötzlich rief er aus, als ob ihm eine glänzende Idee durch den Kopf gefahren wäre: »Denken Sie, ich habe ein neues Pfarrkind, das ich Ihnen vorstellen muß, den Herrn Vicomte de Lamare.«

Die Baronin, die das ganze Wappenbuch ihrer Provinz im kleinen Finger hatte, fragte: »Ist er aus der Familie Lamare aus dem Departement Eure?«

Der Priester verneigte sich: »Jawohl, Frau Baronin, es ist der Sohn des im vorigen Jahr gestorbenen Vicomte Jean de Lamare.«

Nun stellte Madame Adelaide, die den Adel über alles schätzte, eine Menge Fragen und erfuhr, daß der junge Mann nach Verkauf des Familienschlosses und Bezahlung der väterlichen Schulden sich in einem der drei Meierhöfe, die er in der Gemeinde Etouvent besaß, ein kleines Absteigequartier eingerichtet hatte. Diese Güter repräsentierten im ganzen ein Einkommen von fünf- bis sechstausend Franc; aber der Vicomte war ein sparsamer Charakter und vernünftig, und so gedachte er denn während zweier oder dreier Jahre in diesem bescheidenen Landhaus einfach zu leben und so viel zurückzulegen, daß er in der Gesellschaft eine Rolle spielen und sich, ohne Schulden zu machen oder Hypotheken auf die Höfe aufzunehmen, verheiraten konnte.

Der Pfarrer fügte hinzu: » Er ist ein ganz reizender junger Mann und so solide und verträglich. Aber er hat gar keine Unterhaltung hierzulande.«

Der Baron sagte: »Bringen Sie ihn zu uns, Herr Pfarrer, das wird ihn vielleicht von Zeit zu Zeit zerstreuen.«

Und man sprach von etwas anderem.

Als man den Kaffee genommen hatte und in den Salon ging, bat der Pfarrer um die Erlaubnis, ein wenig in den Garten gehen zu dürfen, da er die Gewohnheit habe, sich nach den Mahlzeiten etwas Bewegung zu machen. Der Baron begleitete ihn. Sie wandelten langsam die ganze weiße Fassade des Schlosses entlang und wieder zurück. Ihre beiden Schatten, der eine mager, der andere rund mit einem Pilz auf dem Kopf, wandelten mit, bald vor ihnen, bald hinter ihnen, je nachdem sie dem Mond entgegenschritten oder ihm den Rücken kehrten. Der Pfarrer lutschte an einer Art Zigarette, die er aus der Tasche gezogen hatte. Er erklärte ihre Nützlichkeit mit der freimütigen Redeweise der Leute vom Lande: »Das befördert das Aufstoßen, denn meine Verdauung ist ein bißchen schwer.«

Dann plötzlich blickte er zum Himmel auf, über den das leuchtende Gestirn wanderte, und tat den Ausspruch: »Dieses Schauspiels wird man doch niemals müde.«

Und er ging ins Haus, um sich von den Damen zu verabschieden.

III

Am folgenden Sonntag gingen die Baronin und Jeanne, bewogen von zartfühlendem Entgegenkommen für ihren Pfarrer, zur Kirche.

Nach der Messe warteten sie auf ihn, um ihn für Donnerstag zum Mittagessen einzuladen. Er verließ die Sakristei, von einem großen, eleganten jungen Mann begleitet, der ihm vertraulich den Arm bot.

Sowie er die beiden Frauen erblickte, machte er eine Bewegung freudiger Überraschung und rief: »Wie sich das trifft! Erlauben Sie mir, Frau Baronin und Fräulein Jeanne, daß ich Ihnen Ihren Nachbarn, Herrn Vicomte Lamare, vorstelle.«

Der Vicomte verbeugte sich, sprach seinen schon seit langem gehegten Wunsch aus, die Bekanntschaft der Damen zu machen, und fing als Mann *comme il faut*, der zu leben wußte, ungezwungen zu plaudern an. Er besaß eines jener glücklichen Gesichter, von denen die Frauen träumen, und die allen Männern unangenehm sind. Seine schwarzen, gelockten Haare beschatteten die glatte, gebräunte Stirne; und große Brauen, von einer Regelmäßigkeit, als ob sie künstlich gewesen wären, gaben seinen dunklen Augen, deren Weißes ein wenig ins Bläuliche schimmerte, einen tiefen und zärtlichen Ausdruck.

Seine langen, dichten Wimpern verliehen seinem Blick die leidenschaftliche Beredsamkeit, welche im Salon die schöne, hochmütige Dame verwirrt und das Mädchen in der Haube, das seinen Korb durch die Straßen trägt, veranlaßt, sich umzudrehen.

Der schmachtende Reiz dieser Augen ließ Gedankentiefe vermuten und gab den nichtssagenden Worten Bedeutung.

Der dichte, glänzende und feine Bart verbarg einen etwas zu starken Unterkiefer.

Man trennte sich nach vielen Komplimenten. Zwei Tage später machte Herr von Lamare seinen ersten Besuch.

Er kam, als man eine ländliche Bank ausprobierte, die man gerade an diesem Morgen unter der großen Platane gegenüber den Salonfenstern aufgestellt hatte. Der Baron wollte eine zweite als Pendant unter die Linde stellen lassen; Mamachen, die eine Feindin der Symmetrie war, wollte es nicht. Der Vicomte, den man um Rat fragte, war der Meinung der Baronin.

Dann sprach er von der Gegend, die er für sehr »pittoresk« erklärte; er hatte auf seinen einsamen Spaziergängen viele »entzükkende Aussichtspunkte« gefunden. Von Zeit zu Zeit begegneten seine Augen wie zufällig den Augen Jeannes, und sie hatte eine eigentümliche Empfindung unter diesem schnell wieder abgewendeten Blick, in dem etwas von schmeichelnder Bewunderung und erwachendem Interesse lag.

Es traf sich, daß der im vorigen Jahre verstorbene Vater des Herrn

von Lamare einen intimen Freund von Herrn des Cultaur, dessen Tochter Mamachen war, gekannt hatte; und die Entdeckung dieser Bekanntschaft gebar ein endloses Gespräch über Heiraten, Daten, Verwandtschaften. Die Baronin spannte ihr Gedächtnis zu wahren Kraftleistungen an, indem sie die Aszendenz und Deszendenz anderer Familien feststellte, sich in dem verwickelten Labyrinth der Abstammungen bewegend, ohne jemals den Faden zu verlieren.

»Sagen Sie, Vicomte, haben Sie von den Saunoy de Varfleur reden hören? Der ältere Sohn Gontran hat ein Fräulein von Coursil geheiratet, eine Coursil-Courville, und der jüngere eine meiner Kusinen, ein Fräulein de la Roche-Aubert, die mit den Crisange verschwägert war. Dieser Herr von Crisange war ein intimer Freund meines Vaters und hat sicher auch den Ihren gekannt.«

»Gewiß, Madame. War das nicht der Herr von Crisange, der emigrierte, und dessen Sohn sich ruiniert hat?«

»Ja, der. Er hat nach dem Tode ihres Gatten, des Grafen d' Eretry, um die Hand meiner Tante angehalten. Aber sie wollte von ihm nichts wissen, weil er schnupfte. Apropos, wissen Sie, was aus den Viloises geworden ist? Sie haben um 1813 als Folge von Schicksalsschlägen die Touraine verlassen, um sich in der Auvergne anzusiedeln, und ich habe nichts mehr von ihnen gehört.«

»Ich glaube, Madame, daß der alte Marquis nach einem Sturz vom Pferde gestorben ist und zwei Töchter hinterlassen hat, die eine war an einen Engländer verheiratet, die andere an einen gewissen Bassolle, einen, wie man sagt, reichen Kaufmann, der sie verführt hatte.«

Und Namen, die sie in ihrer Kindheit in den Gesprächen alter Verwandten gehört und behalten hatte, tauchten wieder auf. Und die Heiraten dieser ebenbürtigen Familien nahmen in ihrer Vorstellung die Wichtigkeit von Staatsaktionen an. Sie sprachen von Leuten, die sie nie gesehen hatten, als ob sie sie genau kannten, und diese Leute wieder in andern Gegenden sprachen von ihnen in derselben Weise. Und sie kamen sich als längst bekannt, beinahe als befreundet, beinahe als verschwägert vor, durch die bloße Tatsache, derselben Klasse, derselben Kaste anzugehören und von gleichwertigem Blut zu sein.

Der Baron, der ziemlich menschenscheu war, und dessen Erziehung mit den Glaubenssätzen und Vorurteilen der Leute seines

Standes keineswegs übereinstimmte, kannte die Familien der Umgebung nicht. Er erkundigte sich beim Vicomte über sie.

Herr von Lamare antwortete: »Oh, es gibt nicht viel Adel im Arrondissement«, im selben Tone, in dem er erklärt hätte, daß es wenig Kaninchen auf den Hügeln gäbe, und er ging auf die Einzelheiten ein. In einem nicht allzu weiten Umkreis waren nur drei Familien ansässig: der Marquis von Coutelier, eine Art Oberhaupt der normannischen Aristokratie, der Vicomte und die Vicomtesse Briseville, Leute von ausgezeichneter Abstammung, die aber ziemlich zurückgezogen lebten, endlich der Graf von Fourville, eine Art Schreckgespenst, von dem man erzählte, daß er seine Frau zu Tode quäle, und der als Jäger in seinem Schlosse Vrillette lebte, das an einem Teich gelegen war.

Einige Emporkömmlinge, die untereinander verkehrten, hatten da und dort Güter gekauft. Der Vicomte kannte sie nicht.

Er verabschiedete sich, und sein letzter Blick galt Jeanne, wie um sie besonders zu grüßen, herzlicher und inniger.

Die Baronin fand ihn reizend und vor allem sehr *comme il faut*. Papachen antwortete: »Ja gewiß, er ist ein sehr wohlerzogener junger Mann.«

Man lud ihn für die nächste Woche zum Essen ein. Von da ab kam er regelmäßig.

Meistens erschien er gegen vier Uhr nachmittags, ging zu Mamachen in »ihre Allee« und bot ihr bei »ihrer Motion« den Arm. Wenn Jeanne nicht spazierengegangen war, stützte sie die Baronin auf der andern Seite, und alle drei marschierten langsam auf dem breiten, schnurgeraden Wege unaufhörlich von einem Ende bis zum andern, hin und wieder zurück. Er sprach nicht mit dem jungen Mädchen. Aber seine Augen, die aus schwarzem Samt zu sein schienen, begegneten oft den Augen Jeannes, die man mit blauem Achat hätte vergleichen können.

Mehrmals gingen sie beide mit dem Baron nach Yport hinunter.

Eines Abends, als sie am Strand waren, sprach sie Gevatter Lastique an, und ohne seine Pfeife aus dem Munde zu lassen, deren Abwesenheit ihn vielleicht mehr verwundert hätte als das Verschwinden seiner Nase, gab er die Worte von sich: »Bei diesem Windchen, Herr Baron, könnte man morgen leicht bis nach Etretat und wieder zurück kommen, ohne viel Mühe.«

Jeanne faltete die Hände: »O Papa, wenn du wolltest!«

Der Baron wendete sich an Herrn von Lamare: »Fahren Sie mit, Vicomte? Wir könnten dort Mittag essen.«

Und der Ausflug wurde sofort beschlossen.

Mit der Morgenröte war Jeanne auf den Beinen. Sie wartete auf ihren Vater, der länger zu seiner Toilette brauchte. Und dann brachen sie im Morgentau auf, gingen zuerst über die Ebene, dann durch die von Vogelsang erfüllten Wälder. Der Vicomte und Gevatter Lastique saßen auf einer Schiffswinde.

Zwei andere Seeleute waren bei der Abfahrt behilflich. Die Männer stemmten sich mit den Schultern gegen die Planken und stießen aus aller Kraft. Man kam auf dem flachen Geröll nur mühsam vorwärts. Lastique schob eingefettete, runde Hölzer unter den Kiel, nahm dann seinen Platz wieder ein und heulte mit schleppender Stimme sein nicht endenwollendes »He hopp«, das der gemeinsamen Anstrengung einen Rhythmus geben sollte.

Aber als man zum Abhang gelangte, kam das Boot plötzlich in Schwung und glitt mit einem Geräusch wie beim Zerreißen von Leinwand über die runden Kiesel abwärts. Im Schaum der kleinen Wellen blieb es plötzlich stehen, und alle nahmen auf den Bänken Platz; dann stießen es die beiden Matrosen, die an Land geblieben waren, ab.

Eine sanfte, stetige Brise, die von der See kam, streifte und kräuselte die Oberfläche des Wassers. Das Segel wurde gehißt, es rundete sich ein wenig, und das Boot glitt ruhig, kaum von den Wellen gewiegt,dahin.

Zuerst entfernte man sich vom Ufer. Am Horizont senkte sich der Himmel in den Ozean und vermischte sich mit ihm. Am Lande erhob sich die hohe, senkrechte Felswand über dem großen Schatten, den sie warf; besonnte Rasenhänge unterbrachen sie ab und zu. Dort hinter ihnen kamen braune Segel von dem weißen Hafendamm von Fécamp; und dort vor ihnen hatte ein seltsam geformter und durchbrochener Felsen ungefähr die Gestalt eines riesigen Elefanten, der seinen Rüssel in die Fluten taucht. Das war »das kleine Tor von Etretat«.

Jeanne hielt sich ein wenig betäubt vom Schaukeln der Wellen am Schiffsrand fest. Ihr schien, als seien nur drei Dinge der Schöpfung wahrhaft schön: das Licht, die Weite und das Wasser.

Niemand sprach. Gevatter Lastique, der das Steuer und die Segelleine hielt, trank von Zeit zu Zeit einen Schluck aus seiner Flasche, die er unter der Bank versteckt hatte, und er rauchte unaufhörlich seine Stummelpfeife, die unauslöschlich schien. Immer stieg ein dünner Faden blauen Rauchs aus ihr auf, indes ein anderer ganz ähnlicher seinem Mundwinkel entwich. Niemals sah man ihn den tönernen Pfeifenkopf, der schwärzer war als Ebenholz, neu mit Tabak stopfen oder wieder anzünden. Manchmal nahm er sie mit einer Hand und zog sie von den Lippen, und aus demselben Mundwinkel, aus dem der Rauch kam, schoß er einen langen Strahl braunen Speichels in das Meer.

Der Baron saß im Vorderschiff und paßte auf das Segel auf, er ersetzte einen Matrosen. Jeanne und der Vicomte saßen Seite an Seite, beide ein wenig befangen. Eine unbekannte Macht ließ sich ihre Blicke begegnen, die sie, als ob sie eine Anziehung spürten, im gleichen Moment erhoben. Denn zwischen ihnen vibrierte schon jene subtile und unbestimmte Zärtlichkeit, die so schnell zwischen zwei jungen Menschen entsteht, wenn der junge Mann nicht häßlich und das Mädchen hübsch ist. Sie fühlten sich glücklich nebeneinander, vielleicht weil sie aneinander dachten.

Die Sonne stieg, wie um das weite, unter ihr ausgebreitete Meer von einem höheren Standpunkt aus zu betrachten. Aber dieses war gleichsam kokett und hüllte sich in einen leichten Nebel, der es vor ihren Strahlen verschleierte. Es war ein durchsichtiger, sehr niederer, goldschimmernder Nebel, der nichts verbarg, sondern die Ferne noch sanfter erscheinen ließ. Das Gestirn verschoß all seine Flammen und zerschmolz diesen leuchtenden Duft, und als es in all seiner Kraft war, verflüchtigte sich der Dunst und verschwand. Und das Meer lag glatt wie ein Spiegel und begann im Licht zu flimmern.

Jeanne flüsterte ergriffen: »Wie schön!« Der Vicomte antwortete: »Ja, das ist schön!« Die heitere Klarheit dieses Morgens weckte in ihren Herzen gleichsam einen Widerhall.

Und plötzlich entdeckte man die große bogenförmige Öffnung von Etretat, wie zwei steinerne Beine, die durch das Meer waten, hoch genug, um große Schiffe wie unter einer Brücke durchzulassen. Eine Felsnadel ragte weiß und spitz vor dem Bogen auf.

Man stieß an Land, und während der Baron, der zuerst ausgestie-

gen war, das Boot mit einem Tau am Ufer festhielt, nahm der Vicomte Jeanne in seine Arme, um sie, ohne daß ihre Füße naß wurden, auf die Erde zu setzen. Dann gingen sie über das harte Strandgeröll hinauf, Seite an Seite, beide erregt von der flüchtigen Umschlingung. Und plötzlich hörten sie, wie Gevatter Lastique zum Baron sagte: »Die beiden würden ein schönes Paar abgeben. Das ist meine Meinung, Herr Baron.«

Das Mittagessen in einer kleinen Wirtschaft am Strand war reizend. Der Ozean, der die Stimmen und die Gedanken einschläfert, hatte sie schweigsam gemacht. Die Mahlzeit machte sie geschwätzig, geschwätzig wie Schulkinder, die frei haben. Die einfachsten Dinge gaben ihnen Anlaß zu einer Heiterkeit, die kein Ende fand.

Als Gevatter Lastique sich zu Tische setzte, verbarg er vorsorglich in seiner Mütze die Pfeife, die noch immer rauchte, und sie lachten.

Eine Fliege, zweifelsohne von seiner roten Nase angezogen, kam zu mehreren Malen herangeflogen und setzte sich auf sie. Und wenn er sie mit einer Handbewegung, die allzu langsam war, um sie zu erwischen, verscheucht hatte, postierte sie sich auf einen Musselinvorhang, den viele ihrer Schwestern schon befleckt hatten, und schien von dort aus gierig das illuminierte Riechwerkzeug des Seemanns zu belauern, denn alsbald kam sie wieder herangeschwirrt und ließ sich darauf nieder.

Bei jeder Attacke des Insekts brachen sie in ein tolles Lachen aus, und als der Alte, von dem Kitzeln geärgert, murmelte: »Sie ist ekelhaft zudringlich«, steigerte sich ihre Heiterkeit bis zu Tränen. Sie wanden sich und prusteten, die Serviette vor dem Mund, um nicht herauszuschreien.

Nach dem Kaffee sagte Jeanne: »Wollen wir nicht spazieren gehen?«

Der Vicomte erhob sich, aber der Baron zog es vor, sich auf dem Strand wie eine Eidechse zu sonnen. »Geht nur, liebe Kinder, in einer Stunde könnt ihr mich hier abholen.«

Sie gingen in gerader Linie zwischen den wenigen Strohhütten des Dorfes hindurch, und nachdem sie ein kleines Schloß hinter sich gelassen hatten, das wie ein großer Meierhof aussah, befanden sie sich in einem unbewaldeten Tal, das sich vor ihnen ausdehnte.

Vom Schaukeln des Meeres war eine Erschlaffung über sie gekommen, die ihr gewohntes Gleichgewicht störte, die scharfe Seeluft hatte sie hungrig gemacht, dann hatte sie das Essen betäubt und die Lustigkeit überreizt. Nun fühlten sie sich ein wenig verrückt, mit dem Drang, atemlos durch die Felder zu laufen. Jeanne, durchzuckt von tausend neuen und flüchtigen Empfindungen, fühlte, wie es in ihren Ohren sauste.

Eine verzehrende Sonne schien auf sie nieder. Zu beiden Seiten des Weges neigte sich die reife Ernte, unter der Hitze gebeugt. Die Heuschrecken, zahlreich wie die Grashalme, schrien sich heiser; von überallher aus dem Korn, aus dem Roggen, aus den Seebinsen am Strande stieg ihr dünnes, betäubendes Zirpen auf.

Keine andere Stimme erhob sich zum glühenden Himmel. Er war von flimmerndem Blau, beinahe ins Gelbe spielend, als ob er plötzlich rot werden müßte, wie Metall, das man dem Feuer zu nahe gebracht hat.

Als sie etwas weiter rechts einen kleinen Wald bemerkten, gingen sie auf ihn zu.

Zwischen zwei Böschungen eingezwängt führte ein schmaler Weg zwischen hohen Bäumen, durch die kein Sonnenstrahl zu dringen vermochte, dahin. Eine Art modriger Kühle überfiel sie, als sie ihn betraten, die Feuchtigkeit, unter der die Haut schaudert und die in die Lungen dringt. Aus Mangel an Licht und freier Luft war das Gras verschwunden, aber Moos bedeckte den Boden.

Sie gingen weiter. »Sehen Sie, da hinten werden wir uns ein bißchen setzen können«, sagte sie. Zwei alte Bäume waren abgestorben, und diese Lücke im Grün ausnutzend, ergoß sich ein Platzregen von Licht, erhitzte die Erde, hatte die Graskeime, Löwenzahn und Schlingpflanzen aufgeweckt und kleine weiße Blumen, zart wie ein Nebel, zum Blühen gebracht, dann Fingerhut wie sprühende Raketen. Schmetterlinge, Bienen, dicke Hornissen, ungeheuere Mücken, die aussahen wie Skelette von Fliegen, tausende geflügelter Insekten, Marienkäferchen, rot und gepünktelt, spanische Fliegen mit grünlichen Reflexen, schwarze Käfer mit Hörnern bevölkerten diesen warmen, in die frostigen Schatten des dichten Laubes eingelassenen Lichtschacht.

Sie setzten sich, den Kopf im Kühlen, die Füße in der Hitze. Sie betrachteten all das winzige, wimmelnde Leben, das ein Sonnen-

strahl sichtbar macht. Und Jeanne wiederholte gerührt: »Wie hübsch es hier ist, wie schön ist das Landleben! Es gibt Augenblicke, in denen ich eine Fliege oder ein Schmetterling sein und mich in den Blumen verstecken möchte.«

Sie sprachen in dem leisen vertraulichen Ton, in dem man Bekenntnisse macht, von sich, von ihren Gewohnheiten, ihren Neigungen. Er sagte, er sei der großen Welt überdrüssig, müde dieses nichtigen Lebens; es sei immer dasselbe, niemals begegne man etwas Echtem, etwas Aufrichtigem.

Die Welt! Ja, sie hätte sie wohl kennenlernen mögen. Aber sie war im voraus überzeugt davon, daß sie dem Leben auf dem Lande nicht gleichkomme.

Und je mehr ihre Herzen sich einander näherten, um so förmlicher nannten sie sich »mein Herr« und »mein Fräulein«, um so mehr lächelten ihre Blicke einander zu und tauchten ineinander. Es war ihnen, als ob ein nie gekanntes Gefühl von Güte in ihnen wach würde, ein sich ausbreitendes Sympathiegefühl, eine Teilnahme an tausend Dingen, um die sie sich nie gekümmert hatten.

Als sie zurückkamen, hatte der Baron zu Fuß einen Ausflug nach der *Chambre aux Demoiselles*, einer Grotte auf dem Grat eines Küstenfelsens, gemacht. Sie erwarteten ihn im Wirtshaus.

Er erschien erst um fünf Uhr nachmittags, nach einem langen Spaziergang an der Küste.

Man bestieg wieder das Boot. Es segelte gemächlich mit dem Wind im Rücken, ohne jede Erschütterung, und schien kaum vorwärts zu kommen. Die Brise kam in langsamen, lauen Stößen, die das Segel für eine Sekunde strafften und es dann wieder schlaff am Mast herabfallen ließen. Die undurchsichtige Flut war wie tot, und die Sonne, die all ihre Glut verbraucht hatte, verfolgte ihren Kreislauf und näherte sich ihr ganz langsam.

Die Schläfrigkeit des Meeres machte alle schweigsam.

Endlich sagte Jeanne: »Wie gerne würde ich reisen!«

Der Vicomte fuhr fort: »Ja, aber es ist traurig, allein zu reisen, man muß wenigstens zu zweit sein, um sich seine Eindrücke mitzuteilen.« Sie dachte nach: »Das ist wahr ... Trotzdem gehe ich gerne allein spazieren ... Wie schön ist es, zu träumen, so ganz allein ...« Er warf ihr einen langen Blick zu: »Man kann auch zu zweit träumen.«

Sie schlug die Augen nieder. War das eine Anspielung? Vielleicht. Sie sah nach dem Horizont, als ob sie mit ihrem Blick noch weiter dringen wollte, dann sagte sie langsam: »Ich möchte nach Italien reisen ... und nach Griechenland ... Ach ja, nach Griechenland ... und nach Korsika! Muß das wild und schön sein!«

Er zog die Schweiz vor wegen der Schweizerhäuschen und der Seen.

Sie sagte: »Nein, ich möchte in die ganz unbekannten Länder, wie Korsika, oder in die sehr alten, die voll Erinnerung sind, wie Griechenland. Das muß himmlisch sein, in den Spuren der Völker zu wandeln, deren Geschichte wir seit unserer Kindheit kennen, und die Stätten zu sehen, wo große Taten vollbracht wurden.«

Der weniger exaltierte Vicomte erklärte: »Mich zieht England sehr an. Man kann in diesem Land viel lernen.«

Und so gingen sie das ganze Universum durch, indem sie über die Annehmlichkeiten jedes Landes, von den Polen zum Äquator, stritten und über phantastische Landschaften oder die unwahrscheinlichen Sitten gewisser Völker, wie der Chinesen oder der Lappländer, in Entzücken gerieten. Aber am Ende kamen sie zu dem Schluß, daß das schönste Land der Welt doch Frankreich sei, mit seinem gemäßigten Klima, kühl im Sommer und mild im Winter, seinen üppigen Feldern, seinen grünen Wäldern und großen, ruhigen Strömen und der Pflege der schönen Künste, wie die Welt sie seit der großen Zeit Athens nicht gekannt hatte.

Dann schwiegen sie.

Die tieferstehende Sonne schien zu bluten, und ein breiter, leuchtender Streif, eine blendende Straße lief über das Wasser hin vom äußersten Rande des Ozeans bis zum Kielwasser des Bootes.

Der letzte Hauch des Windes legte sich, jedes Fältchen glättete sich, das Segel war reglos und rot. Eine unendliche Windstille schien die Weite einzulullen und diese Begegnung der Elemente mit Stillschweigen zu umgeben, während die See, das bräutliche Ungeheuer, ihren glänzenden flüssigen Leib unter dem Himmel spreitend, den liebenden Feuergott erwartete, der zu ihr niederstieg. Er beschleunigte seinen Abstieg, gleichsam vor Verlangen nach der Umarmung purpurn. Jetzt erreichte er sie, und langsam, langsam verschlang sie ihn.

Jetzt kam ein kühles Lüftchen vom Horizonte her, und ein

Schauer kräuselte den beweglichen Busen der Flut, wie wenn die Welt nach dem Untergang des Gestirns beruhigt aufatmete.

Die Dämmerung war kurz, schon breitete sich die sternbesäte Nacht aus. Gevatter Lastique griff zu den Rudern, und man bemerkte, daß die See phosphoreszierte. Jeanne und der Vicomte betrachteten Seite an Seite die leuchtenden Wellen, die das Boot hinter sich ließ. Sie dachten kaum mehr, sahen vor sich hin und atmeten voll köstlichen Glücksgefühls den Abend ein. Und als Jeanne sich mit einer Hand auf die Bank stützte, berührte ein Finger ihres Nachbarn wie zufällig ihre Haut. Sie regte sich nicht, bestürzt, glücklich und verwirrt über diese leichte Berührung.

Als sie abends wieder in ihrem Zimmer war, fühlte sie sich seltsam aufgewühlt und dermaßen weich, daß sie alles bis zum Weinen rührte. Sie betrachtete die Stutzuhr, dachte, daß das Bienchen wie ein Herz schlage, wie ein Freundesherz, daß es Zeuge ihres ganzen Lebens sein werde und ihre Freuden wie ihren Kummer mit seinem lebhaften und regelmäßigen Ticktack begleiten würde. Und sie hielt das goldene Insekt an, um einen Kuß auf seine Flügel zu drücken. Alles hätte sie umarmt. Sie erinnerte sich, daß sie tief in einer Schublade eine alte Puppe versteckt hatte, suchte sie hervor und freute sich über sie wie über eine geliebte Freundin, die man wiedergefunden hat. Sie preßte sie an ihre Brust und bedeckte die gemalten Wangen und die flachsgelben Locken des Spielzeugs mit glühenden Küssen.

Und während sie es in ihren Armen hielt, dachte sie: War das Er, der von tausend heimlichen Stimmen verheißene Gemahl, der ihr durch das Wirken einer grundgütigen Vorsehung auf ihrem Wege begegnete? War das wirklich das für sie geschaffene Wesen, dem sie ihr Dasein widmen würde? Waren sie die beiden füreinander bestimmten Menschen, deren Neigungen sich verbinden, sich umschlingen, sich unlösbar vermischen und die Liebe erzeugen sollten?

Sie empfand noch nicht den Aufruhr ihres ganzen Wesens, die rasenden Entzückungen, den Sturm der Gefühle, welche, wie sie meinte, die Leidenschaft ausmachten. Dennoch schien es ihr, als ob sie ihn zu lieben beginne, denn manchmal fühlte sie sich einer Ohnmacht nahe, wenn sie an ihn dachte, und sie dachte unaufhörlich an ihn. Seine Gegenwart brachte sie aus der Fassung, sie wurde

blaß und rot, wenn ein Blick von ihm sie traf, und ein Schauer überlief sie, wenn sie seine Stimme hörte.

In dieser Nacht schlief sie wenig.

Nun überkam sie von Tag zu Tag, mehr und mehr, der betörende Wunsch, zu lieben. Immer wieder befragte sie sich, befragte die Margeriten, die Wolken, die Geldstücke, die sie in die Luft warf.

Es war eines Abends, da sagte ihr Vater zu ihr: »Mach dich morgen früh schön.« Sie fragte: »Warum, Papa?« Er antwortete: »Das ist ein Geheimnis.«

Und als sie am nächsten Morgen ganz frisch in einem hellen Kleide herunterkam, fand sie den Tisch von Schachteln voll Bonbons bedeckt und auf einem Stuhle ein riesiges Bukett.

Ein Wagen fuhr in den Hof, darauf stand zu lesen: »Lerat, Pastetenbäcker in Fécamp. Empfiehlt sich für Hochzeitsschmäuse.« Und Ludivine zog mit Hilfe eines Küchenjungen aus einer Klappe auf der Rückseite des Wagens viele große, flache Körbe, die gut rochen.

Nun erschien der Vicomte de Lamare. Sein Beinkleid war gespannt und wurde unter winzigen Lackstiefelchen festgehalten, die die Kleinheit seiner Füße zur Geltung brachten. Aus dem Brustausschnitt seines langen, in der Taille geschweiften Fracks quoll das Spitzenjabot hervor. Eine feine, mehrmals um den Hals gewundene Krawatte zwang ihn, das schöne, dunkle Haupt mit seinem Ausdruck vornehmer Distinktion hoch zu tragen. Er hatte ein anderes Aussehen als gewöhnlich, das besondere Aussehen, das die große Toilette plötzlich den bekanntesten Gesichtern gibt. Jeanne starrte ihn verblüfft an, als ob sie ihn noch niemals gesehen hätte, sie fand ihn unübertrefflich vornehm, einen Grandseigneur vom Scheitel bis zur Sohle.

Er verbeugte sich lächelnd: »Nun, Gevatterin, sind Sie bereit?«

Sie stammelte: »Was denn, was gibt's denn?«

»Du wirst es binnen kurzem erfahren!« sagte der Baron.

Die Kalesche fuhr vor, und Madame Adelaide kam in großer Gala am Arme Rosalies die Treppe hinab. Diese schien durch die Eleganz Herrn von Lamares dermaßen betroffen, daß Papachen flüsterte: »Hören Sie mal, Vicomte, ich glaube, Sie haben auf unser Mädchen Eindruck gemacht.«

Er errötete bis an die Ohren, tat, als ob er nicht gehört habe,

bemächtigte sich des großen Buketts und überreichte es Jeanne. Sie nahm es, noch erstaunter. Alle vier stiegen in den Wagen, und die Köchin Ludivine, die der Baronin zur Stärkung eine kalte Bouillon brachte, erklärte: »Wirklich, Madame, wie eine Hochzeit.«

Als man in Yport eingefahren war, stieg man aus, und je weiter sie im Dorfe kamen, desto mehr Seeleute strömten in ihren neuen Anzügen, an denen noch die Falten zu sehen waren, aus ihren Häusern, grüßten, schüttelten dem Baron die Hand und gingen hinterdrein, wie bei einer Prozession.

Der Vicomte hatte Jeanne seinen Arm geboten und marschierte mit ihr an der Spitze.

Vor der Kirche angelangt, machte man halt. Und nun erschien das große silberne Kreuz, aufrecht getragen von einem Chorknaben, dem ein anderer rot und weißer Schlingel mit dem Weihwasserbecken, in das der Weihwedel getaucht war, folgte.

Dann kamen drei alte Sänger, von denen einer hinkte, dann der Schlangenhornbläser, dann der Pfarrer, dessen Spitzbauch die goldene Stola mit dem Kreuz darauf ein wenig hob. Er grüßte mit einem Lächeln und einem Kopfnicken, dann ging er mit halbgeschlossenen Augen, die Lippen im Gebete bewegend, das Barett bis zur Nase in den Kopf gedrückt, hinter seinen Hilfstruppen im Chorhemd, die die Richtung nach dem Meer einschlugen, her.

Am Strande wartete eine Menschenmenge rings um ein neues, bekränztes Boot. Der Mast, das Segel, das Takelwerk waren mit langen Bändern behängt, die im Winde flatterten, und sein Name Jeanne war in goldenen Lettern auf dem Heck zu sehen.

Gevatter Lastique, der Besitzer dieses von dem Gelde des Barons gebauten Schiffes, kam dem Zuge entgegen. Alle Männer nahmen mit einer einzigen Bewegung die Kopfbedeckung ab, und eine Schar andächtiger Weiber in Kapuzen und weiten schwarzen Pelerinen, die in großen Falten von den Schultern fielen, knieten beim Anblick des Kreuzes im Kreise nieder.

Der Pfarrer begab sich zwischen den beiden Chorknaben zu dem einen Ende des Fahrzeuges, während an dem andern die drei alten Sänger mit Bartstoppeln am Kinn, dreckig, trotz ihrer weißen Gewandung, mit ernsthafter Miene, die Augen in ihr Gesangbuch geheftet, aus voller Kehle in den klaren Morgen grölten.

Jedesmal, wenn sie Atem holten, setzte der Schlangenhornbläser

ganz allein sein Tuten fort; und in der Schwellung seiner Backen voll Wind verschwanden seine grauen Äuglein. Ja, sogar die Haut an der Stirn und am Halse schien sich vom Fleische losgelöst zu haben, so blies er sich beim Tuten auf.

Die stille und durchsichtige See schien andächtig der Taufe ihres Kahnes beizuwohnen. Kaum, daß sie mit dem ganz leisen Geräusch eines Rechens, der über den Strandkies kratzt, fingerhohe Wellen rollte. Und die großen weißen Möwen zogen mit entfalteten Schwingen vorüber, beschrieben Kurven im blauen Himmel, entfernten sich und kamen in kreisförmigem Fluge wieder über der knienden Menge an, wie um auch zu sehen, was da vorging.

Jetzt aber hörte nach einem fünf Minuten lang geheulten Amen der Gesang auf, und der Priester begann mit verschleimter Stimme ein paar lateinische Worte zu glucksen, von denen man nur die sonoren Endungen verstand.

Dann schritt er um das Boot herum, indem er es mit Weihwasser besprengte, danach begann er Gebete zu murmeln, aber diesmal an einer Längsseite des Schiffes und zwar vor dem Paten und der Patin, die unbeweglich Hand in Hand standen.

Der junge Mann verzog keine Miene seines ernsten, hübschen Gesichtes. Aber dem jungen Mädchen preßte eine plötzliche Aufregung das Herz zusammen, so daß sie, einer Ohnmacht nahe, dermaßen zu zittern anfing, daß ihre Zähne aufeinander schlugen. Der Traum, von dem sie seit einiger Zeit besessen war, hatte mit einem Male in einer Art von Halluzination den Anschein der Wirklichkeit angenommen. Man sprach von Hochzeit, ein Priester war da, der segnete, Männer in Chorhemden sangen Gebete. War sie es nicht, die man verheiratete?

War in ihren Fingern ein nervöses Zittern? Hatte sich die Besessenheit ihres Herzens durch ihre Adern bis in das Herz ihres Nachbarn fortgepflanzt? Begriff er, erriet er, wurde er wie sie von einer Art Liebesrausch erfaßt? Oder aber, wußte er aus Erfahrung, daß keine Frau ihm widerstand? Sie bemerkte plötzlich, daß er ihre Hand preßte, erst sanft, dann stärker, noch stärker, als ob er sie zerbrechen wollte. Und ohne daß sein Gesicht sich verzog, ohne daß irgend jemand etwas bemerkte, sagte er, ja wirklich, er sagte sehr deutlich: »O Jeanne, wenn Sie nur wollten, so wäre es unsere Verlobungsfeier.«

Sie senkte den Kopf mit einer sehr langsamen Bewegung, die vielleicht »ja« bedeuten sollte, und der Priester versprengte noch immer Weihwasser und spritzte ein paar Tropfen auf ihre Finger.

Es war zu Ende. Die Weiber standen auf. Die Rückkehr war ein wüstes Durcheinander. Das Kreuz hatte in den Händen des Chorknaben seine Würde verloren, es raste davon, von rechts nach links schwankend oder nach vorne geneigt, bereit, auf die Nase zu fallen. Der Pfarrer, der nicht mehr betete, galoppierte hinterdrein. Der Sänger und der Schlangenhornbläser waren durch ein Seitengäßchen verschwunden, um schneller umgezogen zu sein, und die Seeleute drängten sich hastig in Scharen. Ein einziger Gedanke, der in ihren Köpfen gleichsam einen Küchengeruch verbreitete, streckte ihre Beine, ließ in ihren Mäulern den Speichel zusammenlaufen, stieg bis in ihre Bäuche hinab, so daß ihre Därme sangen.

In Les Peuples erwartete sie ein gutes Mittagessen.

Eine große Tafel war im Hofe unter den Apfelbäumen gedeckt. Sechzig Personen nahmen an ihr Platz, Seeleute und Bauern. Die Baronin in der Mitte hatte zu ihren Seiten die beiden Pfarrer, den von Yport und den von Les Peuples. Der Baron ihr gegenüber war vom Bürgermeister und seiner Frau eingeschlossen, einer mageren, ältlichen Bäuerin, die nach allen Seiten hin mit dem Kopfe nickte. Sie hatte ein schmales Gesicht in ihrer normannischen Haube, genau wie ein Huhn mit weißem Schopf sah sie aus mit ganz rundem, immer erstauntem Auge. Und sie aß mit kurzen, hastigen Stößen, als ob sie mit der Nase in den Teller pickte.

Jeanne, die an der Seite des Taufpaten saß, war in ihr Glück versunken. Sie sah nichts mehr, wußte nichts mehr, sie sprach kein Wort, ihr Kopf war wirr vor Freude.

Sie fragte ihn: »Wie heißen Sie denn mit dem Vornamen?«

Er antwortete: »Julien, wußten Sie es nicht?«

Aber sie gab keine Antwort, sie dachte: Wie oft werde ich diesen Namen wiederholen.

Als die Mahlzeit beendet war, überließ man den Hof den Seeleuten und begab sich auf die andere Seite des Schlosses. Die Baronin begann ihre Motion zu machen, gestützt auf den Baron, begleitet von ihren beiden Pfarrern. Jeanne und Julien gingen zum Boskett und verloren sich in seinen dichtbelaubten Pfaden, und plötzlich ergriff er ihre Hände: »Wollen Sie meine Frau werden?«

Wieder senkte sie den Kopf, und als er stammelte: »Antworten Sie, ich flehe Sie an«, hob sie sehr langsam ihre Augen zu ihm auf, und er las ihre Antwort in ihrem Blick.

IV

Der Baron trat eines Morgens in Jeannes Zimmer, ehe sie aufgestanden war, und sagte, indem er sich an das Fußende des Bettes setzte: »Herr Vicomte de Lamare hat bei uns um deine Hand angehalten.«

Sie hatte Lust, ihr Gesicht unter der Decke zu verstecken.

Ihr Vater sagte weiter: »Wir haben ihm baldigst Antwort zugesagt.«

Sie atmete heftig, die Gemütsbewegung schnürte ihr das Herz zusammen. Nach einer Minute fügte der Baron, welcher lächelte, hinzu: »Wir wollten nichts tun, ohne vorher mit dir darüber gesprochen zu haben. Deine Mutter und ich sind dieser Heirat nicht abgeneigt, ohne dich indessen dazu bestimmen zu wollen. Du bist sehr viel reicher als er, aber wenn es sich um das Glück eines Lebens handelt, darf man sich nicht ausschließlich mit dem Geld beschäftigen. Er hat keinen Verwandten mehr, wenn du ihn also heiratest, würde ein Sohn in unsere Familie eintreten, während bei einem anderen du, unsere Tochter, es wärest, die zu Fremden ginge. Der junge Mann gefällt uns. Sollte er dir auch gefallen?«

Sie stammelte errötend: »Ich will gern, Papa.«

Und Papachen sagte leise, indem er ihr tief in die Augen sah und immer noch lachte: »Ich ahnte es ein wenig, mein Fräulein.«

Den ganzen Tag bis zum Abend lebte sie wie in einer Trunkenheit, sie wußte nicht, was sie tat, verwechselte mechanisch die Dinge, und ihre Beine waren ganz schlaff vor Müdigkeit, ohne daß sie gegangen war.

Gegen sechs Uhr, als sie mit Mamachen unter der Platane saß, erschien der Vicomte.

Jeannes Herz fing an wie rasend zu schlagen. Der junge Mann näherte sich, ohne daß er aufgeregt schien. Als er bei ihnen war, nahm er die Finger der Baronin und küßte sie, dann hob er ebenfalls die zitternde Hand des jungen Mädchens auf und drückte mit vollen Lippen einen langen, zärtlichen Kuß darauf.

Und die herrliche Verlobungszeit begann. Sie plauderten allein in den Winkeln des Salons oder aber tief im Boskett auf der Böschung sitzend, angesichts der wilden Heide. Manchmal gingen sie in Mamachens Allee auf und ab, er, indem er von der Zukunft sprach, sie, indem sie ihre Augen auf die staubige Spur des Fußes der Baronin gesenkt hielt.

Da die Sache nun einmal abgemacht war, wollte man rasch zu einem Ende kommen; es wurde also beschlossen, daß die Feierlichkeiten in sechs Wochen, am 15. August, stattfinden und daß die Neuvermählten unmittelbar darauf ihre Hochzeitsreise antreten sollten. Jeanne, nach dem Lande befragt, das sie aufsuchen wollte, entschied sich für Korsika, wo man mehr allein sein würde als in den Städten Italiens.

Sie erwarteten den für ihre Verbindung festgesetzten Zeitpunkt ohne allzu lebhafte Ungeduld, aber eingehüllt, gewiegt in eine köstliche Zärtlichkeit, den auserlesenen Reiz der geringfügigen Liebkosungen auskostend, der Händedrücke, der leidenschaftlichen, langen Blicke, so lang, daß ihre Seelen in eins zu schmelzen schienen, und ein wenig gequält durch das unbestimmte Verlangen nach inniger Umschlingung.

Man beschloß, niemanden zur Hochzeit einzuladen mit Ausnahme von Tante Lison, der Schwester der Baronin, die als Pensionsdame in einem Kloster zu Versailles lebte.

Nach dem Tode ihres Vaters hatte die Baronin die Schwester zu sich nehmen wollen, aber das alte Mädchen zog sich, von der Idee verfolgt, daß sie jedermann beschwerlich falle, daß sie unnütz und lästig sei, in eines jener Klöster zurück, welche an unglückliche und im Leben alleinstehende Menschen Zimmer vermieten.

Von Zeit zu Zeit kam sie und verbrachte einen Monat oder zwei in der Familie.

Sie war eine kleine Frau, die wenig sprach, sich immer unsichtbar machte, nur zu den Mahlzeiten erschien und dann gleich wieder in ihr Zimmer hinaufging, in dem sie sich fortwährend aufhielt.

Sie hatte ein gutmütiges und ältliches Aussehen, obgleich sie erst zweiundvierzig Jahre alt war, sanfte und traurige Augen; sie hatte niemals in ihrer Familie etwas gegolten. Als ganz kleines Mädchen hatte man sie, da sie weder hübsch noch ausgelassen war, niemals geliebkost, und sie war still und sanft in ihren Winkeln geblieben.

Seitdem war sie immer die Zurückgesetzte. Als sie ein junges Mädchen war, beschäftigte sich niemand mit ihr.

Sie war etwas wie ein Schatten oder ein Familienstück, ein lebendiges Möbel, das man täglich zu sehen gewohnt ist, aber über das man sich niemals beunruhigt.

Ihre Schwester betrachtete sie aus einer Angewohnheit, die sie aus dem väterlichen Hause übernommen hatte, als eine verfehlte Existenz, als ganz und gar bedeutungslos. Man behandelte sie mit ungenierter Vertrautheit, hinter der sich eine Art gutmütiger Verachtung verbarg. Sie hieß Lise und schien sich dieses koketten und jugendlichen Namens zu schämen. Als man sah, daß sie sich nicht verheiratete, daß sie sich ohne Zweifel niemals verheiraten würde, hatte man aus Lise Lison gemacht. Seit Jeannes Geburt war aus ihr »Tante Lison« geworden, eine armselige Verwandte, säuberlich, entsetzlich schüchtern, selbst gegen ihre Schwester und ihren Schwager, die sie trotzdem liebten, aber mit einer unbestimmbaren Zuneigung, die etwas von gleichgültiger Freundschaft, unbewußtem Mitleiden und einem natürlichen Wohlwollen hatte.

Manchmal, wenn die Baronin von längst vergangenen Dingen aus ihrer Jugend sprach, sagte sie, um den Zeitpunkt zu bestimmen: »Das war damals, als Lison ihren ›dummen Streich‹ beging.«

Niemals sagte man mehr; dieser dumme Streich war in einen Nebel eingehüllt.

Eines Abends war Lise, die damals zwanzig Jahre alt war, ins Wasser gesprungen, ohne daß man wußte warum. Nichts in ihrem Leben, in ihrem Gehaben konnte eine solche Tollheit vermuten lassen. Man hatte sie halbtot wieder aufgefischt, und ihre Verwandten, die entrüstet ihre Arme zum Himmel hoben, statt dem geheimnisvollen Grund dieser Tat nachzuforschen, begnügten sich damit, von diesem »dummen Streich« zu reden, wie sie von dem Unfall des Pferdes Coco sprachen, das sich kurz vorher in einer Wagenspur das Bein gebrochen hatte, so daß man es umbringen mußte.

Seither wurde Lise, die sehr bald Lison hieß, als ziemlich schwach von Verstand betrachtet. Die leise Verachtung, die sie den Nahestehenden einflößte, hatte sich allmählich allen, die sie umgaben, mitgeteilt. Selbst die kleine Jeanne, mit dem natürlichen Instinkt der Kinder, kümmerte sich gar nicht um sie, kam niemals herauf, um

ihr in ihrem Bett guten Morgen zu sagen, betrat niemals ihr Zimmer. Die gute Rosalie, die in diesem Zimmer die wenigen nötigen Verrichtungen vornahm, schien allein zu wissen, wo es lag.

Wenn Tante Lison zum Mittagessen ins Speisezimmer kam, ging ihr »die Kleine« aus Gewohnheit entgegen und hielt ihr die Stirne hin, und das war alles.

Wenn jemand mit ihr sprechen wollte, schickte man einen Dienstboten sie holen. Und wenn sie nicht da war, beschäftigte man sich niemals mit ihr, dachte niemals an sie, wäre niemals auf den Gedanken gekommen, sich zu beunruhigen, zu fragen: »Ja, wo ist denn Lison, ich habe sie heute morgen nicht gesehen.«

Sie nahm keinen Platz ein, sie gehörte zu jenen Geschöpfen, die selbst den Nahestehenden unbekannt bleiben, gleichsam unerforscht, deren Tod weder eine Lücke, noch eine Leere im Hause läßt, eines jener Geschöpfe, die es nicht verstehen, sich in das Dasein oder die Gewohnheiten oder die Liebe derjenigen, an deren Seite sie leben, Eingang zu verschaffen.

Wenn man sagte: »Tante Lison«, so erweckten diese beiden Worte gewissermaßen in niemandes Gemüt irgendein Gefühl. Es war, als ob man sagte: »die Kaffeekanne« oder »die Zuckerdose«.

Sie ging immer mit kleinen, hastigen, unhörbaren Schritten, machte keinerlei Geräusch, stieß nirgends an und schien den Gegenständen die Eigenschaft mitzuteilen, keinen Laut von sich zu geben. Ihre Hände schienen wie aus Watte gemacht, so leicht und fein hantierte sie mit allem, was sie berührte.

Sie kam gegen Mitte Juli, ganz außer sich von dem Gedanken an diese Heirat. Sie brachte eine Menge Geschenke mit, die, da sie von ihr kamen, beinahe unbeachtet blieben.

Schon am Morgen nach ihrer Ankunft bemerkte man nicht mehr, daß sie da war.

Aber in ihr gärte eine außerordentliche Aufregung, und ihre Augen wichen nicht von den Verlobten. Sie widmete sich der Ausstattung mit einer seltsamen Energie, mit einer fieberhaften Rührigkeit und arbeitete wie eine gewöhnliche Näherin in ihrem Zimmer, in dem sie niemand aufsuchte.

Jeden Augenblick zeigte sie der Baronin Taschentücher, die sie selbst gesäumt hatte, Servietten, in die sie das Monogramm gestickt hatte, und fragte: »Ist es recht so, Adelaide?« Und

Mamachen antwortete, indem sie den Gegenstand nachlässig besah: »Mach dir nicht soviel Mühe, meine gute Lison.«

Eines Abends gegen Ende des Monats, nach einem Tag voll schwüler Hitze, erhob sich der Mond in einer jener klaren, lauen Nächte, die betören, rühren und entzücken und alle die heimlichen poetischen Gefühle der Seele zu wecken scheinen. Der duftige Hauch der Wiesen drang in den stillen Salon. In dem Lichtkreis, den der Lampenschirm auf den Tisch malte, spielten der Baron und die Baronin müde eine Partie Karten, Tante Lison, die zwischen ihnen saß, strickte, und die jungen Leute lehnten am geöffneten Fenster und blickten in den Garten voll Helligkeit.

Die Linde und die Platane streuten ihre Schatten auf den großen Rasenplatz, der weiß und leuchtend dalag, bis zu dem tiefschwarzen Boskett.

Von dem lieblichen Zauber dieser Nacht, der duftigen Beleuchtung der Bäume und Baumgruppen unwiderstehlich angelockt, wendete sich Jeanne zu ihren Eltern: »Papachen, wir möchten draußen auf dem Gras vor dem Schloß ein wenig spazierengehen.« Der Baron sagte, ohne von seinem Spiel aufzusehen: »Geht nur, Kinder«, und setzte seine Partie fort.

Sie gingen hinaus und schritten langsam über die große, weiße Rasenfläche bis zu dem Wäldchen im Hintergrund.

Es wurde spät, ohne daß sie daran dachten, wiederzukommen. Die Baronin war müde und wollte auf ihr Zimmer gehen. »Man muß das Liebespaar rufen«, sagte sie. Der Baron warf einen Blick über den weiten, schimmernden Garten, in dem die beiden Schatten langsam umherwandelten.

»Laß sie doch«, erwiderte er, »es ist so schön draußen. Lison wird auf sie warten, nicht wahr, Lison?«

Die alte Jungfer erhob ihre unruhigen Augen und antwortete mit ihrer schüchternen Stimme: »Gewiß, ich werde auf sie warten.«

Papachen half der Baronin auf, und da er selbst von der Hitze des Tages erschöpft war, sagte er: »Ich gehe auch zu Bett.« Und er verließ mit seiner Frau das Zimmer.

Nun stand Tante Lison ebenfalls auf, und indem sie auf dem Arm des Lehnsessels die angefangene Arbeit, ihre Wolle und die dicke Nadel zurückließ, ging sie zum Fenster, lehnte sich hinaus und betrachtete die herrliche Nacht.

Die beiden Verlobten gingen unaufhörlich auf und ab, über den Rasen, vom Boskett bis zur Freitreppe, von der Freitreppe bis zum Boskett. Sie schlangen die Finger ineinander und sprachen nicht mehr, sie waren wie über sich selbst hinweggehoben, sich ganz vermischend mit all der sichtbaren Poesie, welche die Erde ausströmte.

Jeanne bemerkte plötzlich in der Fenstereinrahmung die Umrisse der alten Jungfer, die sich gegen die Helligkeit der Lampe abzeichneten.

»Da sieht Tante Lison auf uns«, sagte sie.

Der Vicomte sah auf und sagte mit jener Stimme, mit der man spricht, ohne sich etwas dabei zu denken: »Ja, da sieht Tante Lison auf uns.«

Und sie träumten weiter, wandelten langsam dahin und liebten sich.

Aber der Tau bedeckte das Gras, und sie empfanden in der Kühle ein leichtes Frösteln.

»Gehen wir jetzt hinein«, sagte sie.

Und sie gingen.

Als sie den Salon betraten, hatte Tante Lison wieder ihr Strickzeug zur Hand genommen; sie hatte ihren Kopf über die Arbeit gebeugt, und ihre mageren Finger zitterten ein wenig, als wären sie sehr müde.

Jeanne trat zu ihr. »Tante, es ist jetzt Schlafenszeit.«

Die alte Jungfer schlug die Augen auf, sie waren rot wie vom Weinen. Die Liebenden achteten nicht darauf, aber plötzlich bemerkte der junge Mann, daß die feinen Schuhe des jungen Mädchens ganz naß waren. Er war besorgt und fragte zärtlich: »Frieren Sie nicht an Ihren lieben kleinen Füßen?«

Und mit einem Male wurden die Finger der Tante von einem so heftigen Zittern geschüttelt, daß ihnen die Handarbeit entglitt; das Wollknäuel rollte weit über das Parkett, und plötzlich, ihr Gesicht in den Händen bergend, fing sie tief und krampfhaft aufschluchzend zu weinen an.

Die beiden Verlobten betrachteten sie verblüfft und regungslos. Jeanne kniete plötzlich nieder, breitete bestürzt die Arme aus und sagte immer wieder: »Aber was hast du denn, was hast du denn, Tante Lison?«

Da antwortete das arme Wesen, stammelnd, die Stimme ganz ertränkt in Tränen, den Körper von Herzeleid gekrümmt: »Wie er dich gefragt hat... ›Frieren Sie nicht an... an... Ihren... lieben... lieben... kleinen Füßen?‹... Zu mir hat man niemals so etwas gesagt, ...zu mir... niemals... niemals.«

Jeanne war überrascht und gerührt, und dennoch hatte sie bei dem Gedanken an einen Liebhaber, der Lison zärtliche Dinge sagte, Lust zu lachen. Der Vicomte hatte sich abgewendet, um seine Heiterkeit zu verbergen.

Aber die Tante erhob sich plötzlich, ließ ihre Wolle auf dem Boden liegen und ihr Strickzeug auf dem Lehnsessel und rettete sich ohne Licht auf die dunkle Treppe und suchte, im Finstern tappend, ihr Zimmer auf.

Allein zurückgeblieben, sahen sich die beiden jungen Leute belustigt und gerührt an. Jeanne sagte leise: »Die arme Tante! . . .« Julien erwiderte: »Sie ist wohl ein wenig verrückt heute abend.«

Sie hielten sich an den Händen, ohne sich zur Trennung entschließen zu können, und langsam, ganz langsam tauschten sie ihren ersten Kuß vor dem leeren Sessel, den Tante Lison soeben verlassen hatte.

Am andern Morgen dachten sie kaum noch an die Tränen der alten Jungfer.

Die beiden Wochen, die der Hochzeit vorausgingen, verbrachte Jeanne ziemlich ruhig und friedlich, wie ermüdet von zarten Gefühlen.

Auch am Morgen des entscheidenden Tages fand sie keine Zeit mehr, nachzudenken. Sie empfand nur ein starkes Gefühl von Leere in ihrem ganzen Leibe, als ob ihr Fleisch, ihr Blut, ihre Knochen unter ihrer Haut zerschmolzen wären, und wenn sie einen Gegenstand berührte, bemerkte sie, daß ihre Finger zitterten.

Erst in dem Chor der Kirche während der heiligen Handlung kam sie wieder zu sich.

Verheiratet! Nun war sie also verheiratet! Die Aufeinanderfolge von Dingen, Bewegungen, Ereignissen, die sich seit dem Morgengrauen begeben hatten, kamen ihr vor wie ein Traum, ein richtiger Traum. Es gibt Augenblicke, in denen es ist, als habe sich alles um uns verändert, selbst die Gebärden haben eine neue Bedeutung, ja sogar die Stunden scheinen nicht mehr denselben Gang zu gehen.

Sie fühlte sich betäubt und vor allem erstaunt. Am Abend vorher war in ihrem Dasein noch nichts verändert; die ständige Hoffnung ihres Lebens war nur näher gerückt, beinahe greifbar. Als Mädchen war sie eingeschlafen, jetzt war sie Frau.

So hatte sie denn die Schranke überschritten, welche die Zukunft mit all ihren Freuden, mit all ihrem erträumten Glück zu verbergen scheint. Sie fühlte etwas wie ein geöffnetes Tor vor sich, sie sollte in das Land der Erwartung eintreten.

Die Trauung nahte sich ihrem Ende. Man ging in die beinahe menschenleere Sakristei, denn man hatte niemanden geladen. Dann ging man hinaus.

Als sie auf der Schwelle des Kirchenportals erschienen, ließ ein furchtbarer Krach die junge Frau zusammenfahren, während die Baronin hell aufschrie; es war eine Gewehrsalve, die die Dorfbewohner abfeuerten, und bis Les Peuples hörte das Knallen nicht mehr auf.

Für die Familie, den Schloßpfarrer und den von Yport, den Bürgermeister und die Trauzeugen, die man unter den großen Bauern der Gegend gewählt hatte, wurde ein Imbiß aufgetragen.

Dann machte man einen Spaziergang im Garten, um das Diner abzuwarten. Der Baron, die Baronin, Tante Lison, der Bürgermeister und der Abbé Picot gingen in Mamachens Allee auf und ab, während in der gegenüberliegenden Allee der andere Pfarrer große Schritte machte und in seinem Brevier las.

Von der andern Seite des Schlosses hörte man die lärmende Fröhlichkeit der Landleute, die unter den Apfelbäumen Zider tranken. Die ganze Gegend war festlich angetan im Hof versammelt. Die Burschen und die Mädchen jagten sich.

Jeanne und Julien durchschritten das Boskett, stiegen dann die Böschung hinan und betrachteten beide stumm das Meer. Es war ein wenig kühl, obwohl man Mitte August schrieb, der Nordwind blies, und die helle Sonne glänzte hart am wolkenlosen Himmel.

Die jungen Leute gingen, sich nach rechts wendend, über die Heide, um eine geschützte Stelle zu finden und in das sich schlängelnde, bewaldete Tal zu gelangen, das gegen Yport abfällt. Sowie sie das Gehölz erreicht hatten, streifte sie kein Windhauch mehr, und sie verließen die Straße, um einen schmalen Pfad zu nehmen, über dem das Laubdach tief zusammenschlug. Sie konnten kaum

nebeneinander gehen, da spürte Jeanne einen Arm, der sich langsam um ihre Taille legte.

Sie sagte nichts, atemlos mit stürmisch klopfendem Herzen. Die niedrig hängenden Zweige streichelten beider Haare, oft bückten sie sich, um durchzukommen. Sie pflückte ein Blatt ab, zwei Marienkäferchen, vergleichbar zwei zarten, roten Muscheln, saßen darauf.

Da sagte sie naiv und ein wenig beruhigt: »Sieh da, ein Ehepaar.«

Julien streifte ihr Ohr mit seinem Munde: »Heut nacht wirst du mein Weib sein.«

Obwohl sie während ihres Aufenthaltes auf dem Lande gar viele Dinge erfahren hatte, dachte sie doch immer nur an die Poesie der Liebe und war überrascht. Sein Weib? War sie es nicht schon?

Da begann er sie zu küssen mit kleinen, hastigen Küssen auf Schläfen und Hals, da, wo die ersten Härchen sich kräuselten. Jedesmal neigte sie, von diesen Küssen eines Mannes, an die sie nicht gewöhnt war, erschreckt, instinktiv den Kopf zur Seite, um dieser Liebkosung auszuweichen, die sie dennoch entzückte.

Aber plötzlich befanden sie sich am Rand des Waldes. Ganz bestürzt, daß sie sich so weit entfernt hatten, blieb sie stehen. Was würde man denken? »Kehren wir um«, sagte sie.

Er zog den Arm zurück, mit dem er ihre Taille umschlang, und indem sie sich umwandten, standen sie sich von Angesicht zu Angesicht gegenüber, so nahe, daß jeder den Atem des andern auf seinem Gesicht spürte; sie sahen sich an. Sie sahen sich an mit einem jener starren, bis in die Tiefe dringenden Blick, in dem zwei Seelen sich miteinander zu vermischen glauben. Sie suchten einander in ihren Augen, hinter ihren Augen, in dem undurchdringlichen Rätsel ihres Seins, sie forschten ineinander mit einer stummen, beharrlichen Frage. Was würden sie einer dem andern sein? Wie würde das Leben sein, das sie miteinander begannen? Was konnten sie einander geben an Freuden, an Glück oder an Enttäuschungen in diesem langen, unauflöslichen Zusammensein der Ehe? Und es schien ihnen allen beiden, als hätten sie sich noch nicht gesehen.

Und plötzlich legte Julien seine beiden Hände auf die Schultern seiner Frau und gab ihr mit vollen Lippen einen so stürmischen, so tiefen Kuß, wie sie ihn noch niemals empfangen hatte. Er drang in sie ein, dieser Kuß, er durchlief ihre Adern und ihr Mark; und sie

empfand eine solche unsägliche Erregung, daß sie wie von Sinnen Julien mit beiden Armen zurückstieß und beinahe umgefallen wäre.

»Gehen wir, gehen wir«, stammelte sie.

Er antwortete nicht, aber er nahm ihre beiden Hände und behielt sie in den seinen.

Bis zum Hause wechselten sie kein Wort mehr. Der Rest des Nachmittags kam ihnen lang vor.

Man begab sich beim Einbruch der Nacht zu Tisch.

Gegen den normannischen Brauch war das Diner einfach und kurz. Eine Art Befangenheit lähmte die Teilnehmer an der Mahlzeit. Nur die beiden Geistlichen, der Bürgermeister und die vier eingeladenen Hofbesitzer zeigten etwas von der derben Lustigkeit, die bei Hochzeiten üblich ist.

Das Lachen schien erstorben, eine Bemerkung des Bürgermeisters belebte es wieder. Es war etwa neun Uhr, man wollte Kaffee trinken. Draußen unter den Apfelbäumen des ersten Hofes begann der ländliche Ball. Durch das offene Fenster konnte man das ganze Fest sehen. An den Ästen befestigte Lichter verliehen den Blättern die Färbung des Grünspans. Burschen und Dirnen hopsten im Kreise herum, ein wildes Tanzlied brüllend, das zwei Geiger und ein Klarinettist, die auf einem als Estrade dienenden Küchentisch hockten, kümmerlich begleiteten. Zuweilen übertönte das lärmende Singen der Bauern ganz und gar die Melodie der Instrumente; und die dünne, von ausgelassenen Stimmen zerrissene Musik schien in Fetzen vom Himmel zu fallen in kleinen vereinzelten Tönchen.

Zwei große, von flammenden Fackeln umgebene Fässer schenkten der Menge zum Trinken aus. Zwei Mägde waren unaufhörlich damit beschäftigt, die Gläser und Schalen in einem Eimer zu spülen, um sie noch triefend von Wasser unter den Hahn zu halten, aus dem der rote Strahl des Weins oder der goldene des unvermischten Ziders floß. Und die durstigen Tänzer, die gesetzten Alten, die schwitzenden Dirnen drängten sich heran, streckten die Arme aus, um ebenfalls irgendein Gefäß zu erwischen und sich in großen Schlucken, den Kopf zurückgebogen, die Flüssigkeit durch die Kehle zu gießen, der sie den Vorzug gaben.

Auf einem Tisch befand sich Brot, Butter, Käse und Würste. Jeder verschlang von Zeit zu Zeit einen Bissen; und dieses gesunde

und stürmische Fest unter dem erleuchteten Blätterdach machte den trübseligen Gästen im Saal Lust, mitzutanzen, aus dem Bauche dieser mächtigen Fässer mitzutrinken und ein Stück Brot zu verspeisen mit Butter und einer rohen Zwiebel.

Der Bürgermeister, der mit seinem Messer den Takt schlug, rief aus: »Herrje! Geht's da zu, wie bei der Hochzeit von Ganache.«

Ein unterdrücktes Gelächter brach los. Aber der Abbé Picot, als natürlicher Feind der Zivilgewalt, erwiderte: »Sie wollen wohl sagen, die Hochzeit zu Kana.« Der andere ließ sich die Lektion nicht gefallen. »Nein, Herr Pfarrer, ich weiß, was ich sage, wenn ich sage Ganache, so ist es Ganache.«

Man erhob sich und begab sich in den Salon. Dann wollte man sich ein bißchen unter das feiernde Volk mischen. Dann zogen sich die Gäste zurück.

Der Baron und die Baronin hatten mit leiser Stimme eine Art Streit. Madame Adelaide schien, atemloser denn je, dasjenige, was ihr Gatte von ihr verlangte, abzuschlagen. Endlich sagte sie beinahe laut: »Nein, mein Freund, ich kann nicht, ich wüßte nicht, wie ich es anfangen sollte.«

Da ließ Papachen sie unvermittelt stehen und trat auf Jeanne zu. »Willst du mit mir einen kleinen Spaziergang machen, Töchterchen?« Sehr aufgeregt antwortete sie: »Ganz wie du willst, Papa.« Und sie verließen das Zimmer.

Sowie sie vor dem Tore auf der Seeseite waren, fiel sie ein schwacher, trockener Wind an, einer jener kalten Sommerwinde, die schon den Herbst verkünden.

Wolken flohen über den Himmel, die Sterne bedeckend und wieder entschleiernd.

Der Baron preßte den Arm seiner Tochter an sich und drückte ihr zärtlich die Hand. Sie schritten einige Minuten dahin. Er schien unentschlossen und verwirrt. Endlich entschloß er sich.

»Liebling, ich muß eine schwierige Rolle übernehmen, die von Rechts wegen deiner Mutter zukommt, aber da sie sich weigert, muß ich wohl an ihre Stelle treten. Ich weiß nicht, was dir von den Dingen dieses Lebens bekannt ist. Es gibt Geheimnisse, die man Kindern sorgfältig verbirgt, vor allem den Mädchen, ihnen, die rein an ihrer Seele bleiben sollen, makellos rein bis zu der Stunde, wo wir sie den Armen des Gatten anvertrauen, der für ihr Glück sorgen soll.

An ihm ist es, den Schleier von diesem süßen Geheimnis des Lebens zu heben. Aber sie, die noch keine Ahnung gestreift hat, entsetzen sich zuweilen vor der ein wenig brutalen Wirklichkeit, die sich hinter den Träumen verbirgt. An ihrer Seele, ja sogar an ihrem Körper verletzt, verweigern sie dem Gatten, was ihm das Gesetz, das Gesetz der Menschen und der Natur als ein unbedingtes Recht gewährt. Ich kann dir nicht mehr sagen, mein Liebling, aber vergiß nicht dies eine, daß du ganz und gar deinem Gatten gehörst.«

Was wußte sie nun eigentlich? Was erriet sie? Sie begann zu zittern, bedrückt von einer Schwermut, lastend und quälend wie ein Vorgefühl.

Sie gingen ins Haus zurück. Vor Überraschung blieben sie in der Türe stehen. Madame Adelaide schluchzte am Herzen Juliens. Ihr Weinen, ein lärmendes, wie aus dem Blasebalg einer Schmiede hervorgestoßenes Weinen, schien gleichzeitig aus ihrer Nase, aus ihrem Mund und aus ihren Augen zu kommen; und der junge Mann hielt sprachlos und linkisch die dicke Frau, die in seinen Armen zusammengebrochen war, um ihm ihr geliebtes, ihr einziges, ihr angebetetes Töchterchen ans Herz zu legen.

Der Baron stürzte hinzu: »Oh, kein Szene, keine Rührung, bitte.« Er ergriff seine Frau und setzte sie auf ein Fauteuil, während sie sich das Gesicht abwischte. Hierauf wandte er sich zu Jeanne: »So, Kleine, jetzt umarme rasch deine Mutter und leg dich zu Bett.«

Ebenfalls dem Weinen nahe, küßte sie schnell ihre Eltern und entfloh.

Tante Lison hatte sich schon auf ihr Zimmer zurückgezogen. Der Baron und seine Frau blieben allein mit Julien. Und sie fühlten sich alle drei so befangen, daß ihnen kein Wort einfiel, die beiden Männer standen in Abendtoilette, mit den Augen ins Leere starrend, während Mama Adelaide mit dem letzten Schluchzen in der Kehle auf ihrem Sessel zusammengesunken war. Da ihre Verlegenheit unerträglich wurde, begann der Baron von der Reise zu sprechen, welche die jungen Leute in ein paar Tagen antreten sollten.

Jeanne ließ sich in ihrem Zimmer von Rosalie, welche wie ein Bächlein weinte, auskleiden. Mit aufs Geratewohl tastenden Händen fand sie weder die Schnüre noch die Nadeln und schien ganz gewiß noch aufgeregter als ihre Herrin. Aber Jeanne bekümmerte

sich nicht um die Tränen ihres Dienstmädchens, es war ihr, als ob sie in eine andere Welt eingetreten wäre, auf eine andere Erde versetzt, getrennt von allem, was sie gekannt, von allem, was sie geliebt hatte. Alles in ihrem Leben, in ihren Gedanken schien auf den Kopf gestellt zu sein, ja, es kam ihr sogar diese seltsame Idee: Liebte sie ihren Gatten? Plötzlich erschien er ihr wie ein Fremder, den sie kaum kannte. Drei Monate vorher hatte sie nicht gewußt, daß er existierte, und jetzt war sie sein Weib. Wie kam das? Warum fiel man so schnell in die Ehe, wie in ein Loch, das sich unter unsern Schritten öffnet?

Als sie im Nachtgewand war, schlüpfte sie in das Bett, und die ein wenig kühlen Leintücher ließen ihre Haut erschauern, vermehrten noch das Gefühl von Kälte, von Einsamkeit und Trauer, das seit zwei Stunden auf ihrem Gemüt lastete.

Rosalie rannte, immer noch schluchzend, davon; und Jeanne wartete. Sie erwartete ängstlich, mit krampfhaft zuckendem Herzen, dieses unbestimmte Etwas, geahnt, von ihrem Vater in verworrenen Ausdrücken angekündigt, die geheimnisvolle Offenbarung dessen, was das große Mysterium der Liebe ist.

Ohne daß sie jemand die Treppe heraufkommen gehört hätte, wurde mit drei leichten Schlägen an ihre Türe gepocht. Sie zuckte furchtbar zusammen und antwortete nicht. Es klopfte noch einmal, dann kreischte das Schloß. Sie verbarg ihren Kopf unter der Decke, als wäre ein Dieb in ihr Zimmer gedrungen. Stiefel knarrten leise auf dem Parkett, und plötzlich berührte man ihr Bett.

Sie fuhr nervös zusammen und stieß einen kleinen Schrei aus; und da ihr Kopf frei wurde, sah sie Julien vor sich stehen, der lächelte, indem er sie betrachtete. »Oh, was für eine Angst Sie mir eingejagt haben!« sagte sie.

Er erwiderte: »Haben Sie mich denn nicht erwartet?« Sie antwortete nicht. Er war in großer Toilette und hatte sein würdevolles, hübsches Gesicht, sie schämte sich furchtbar, daß sie vor einem so korrekten Herrn im Bette lag.

Sie wußten nicht mehr, was sagen, was tun; in dieser ernsten und entscheidenden Stunde, von der das intime Glück des ganzen Lebens abhängt, wagten sie nicht einmal, sich anzublicken.

Vielleicht fühlte er dunkel, welche Gefahren dieser Kampf in sich birgt, und welche geschmeidige Selbstbeherrschung, welch listige

Liebe vonnöten ist, um keines der zarten, schamhaften Gefühle, keine der unzähligen Empfindlichkeiten einer jungfräulichen, mit Träumen erfüllten Seele zu verletzen.

Nun nahm er ganz sachte ihre Hand und küßte sie, und indem er vor ihrem Bette wie vor einem Altar niederkniete, flüsterte er mit einer Stimme so leicht wie ein Hauch: »Wollen Sie mich lieben?« Da hob sie, plötzlich beruhigt, ihren von einem Gewölk von Spitzen umgebenen Kopf und lächelte: »Ich liebe Sie ja schon, mein Freund.«

Er nahm die kleinen, feinen Finger seines Weibes in den Mund und sagte mit von diesem Knebel von lebendigem Fleisch veränderter Stimme: »Wollen Sie mir beweisen, daß Sie mich lieben?«

Sie antwortete, von neuem beunruhigt, ohne eigentlich zu wissen, was sie sagte, unter dem Eindruck der Worte ihres Vaters: »Ich gehöre Ihnen, mein Freund.«

Er bedeckte ihr Handgelenk mit feuchten Küssen, und sich langsam aufrichtend, näherte er sich ihrem Gesicht, das sie wieder zu verstecken begann.

Plötzlich warf er einen Arm über das Bett, umschlang seine Frau durch die Decken hindurch, während er den andern unter das Kopfkissen gleiten ließ und ihren Kopf hob; und leise, ganz leise fragte er: »Sie wollen mir also wirklich ein ganz, ganz kleines Plätzchen an Ihrer Seite einräumen?«

Sie bekam Angst, eine instinktive Angst, und stammelte: »Ach jetzt noch nicht, bitte.«

Er schien enttäuscht, ein wenig verletzt, und erwiderte mit immer noch bittender Stimme, doch viel schroffer: »Warum später, da es doch dazu kommen wird.«

Sie nahm ihm diese Worte übel, aber unterwürfig und ergeben wiederholte sie zum zweiten Male: »Ich gehöre Ihnen, mein Freund.«

Da verschwand er ganz schnell im Ankleidezimmer; und sie hörte deutlich seine Bewegungen mit dem Rascheln der Kleidungsstücke, deren er sich entledigte, ein Klimpern von Geld in den Taschen, das Geräusch der Stiefel, die einer nach dem andern zu Boden fielen.

Und plötzlich ging er hastig, in Unterhosen und Socken, durch das Zimmer, um seine Taschenuhr auf den Kamin zu legen. Dann lief er wieder in den kleinen Nebenraum zurück, bewegte sich darin

noch einige Zeit, und Jeanne drehte sich rasch auf die andere Seite und schloß die Augen, da fühlte sie, daß er kam.

Sie machte einen Satz, wie um sich auf den Fußboden zu werfen, als ein anderes Bein, kalt und behaart, sich schnell an das ihre schob. Und wie von Sinnen, das Gesicht in den Händen, bereit, vor Furcht und Bestürzung zu schreien, kauerte sie sich in den äußersten Winkel des Bettes.

Sogleich nahm er sie in die Arme, obwohl sie ihm den Rücken zuwandte, und bedeckte gierig ihren Hals, die flatternden Spitzen ihres Nachthäubchens und den gestickten Kragen ihres Hemdes mit Küssen.

Sie rührte sich nicht, ganz steif in ihrer entsetzlichen Angst, sie fühlte eine starke Hand, welche ihre unter den Ellbogen verborgene Brust suchte. Unter dieser brutalen Berührung rang sie fassungslos nach Atem, und sie empfand nur einen Drang, sich zu retten, weg durch das Haus zu laufen, sich irgendwo, fern von diesem Manne einzuschließen.

Er bewegte sich nicht mehr. Sie spürte die Wärme seines Körpers in ihrem Rücken. Da wich ihr Entsetzen, und plötzlich fiel ihr ein, daß sie sich nur umzudrehen brauchte, um ihn zu umarmen.

Schließlich schien er ungeduldig zu werden und fragte mit betrübter Stimme: »Sie wollen also nicht meine kleine Frau werden?« Sie sagte leise zwischen ihren Fingern: »Bin ich es denn nicht schon?« Er antwortete mit einem Anflug von schlechter Laune: »Gewiß nicht, meine Liebe, machen Sie sich doch nicht über mich lustig.«

Sie war von dem unzufriedenen Ton seiner Stimme ganz ergriffen, und drehte sich plötzlich um, um ihn um Verzeihung zu bitten.

Er umfaßte sie mit beiden Armen um den Leib, wütend, wie ausgehungert nach ihr; und überlief mit schnellen, beißenden, wahnwitzigen Küssen ihr ganzes Gesicht und den obern Teil ihres Busens, sie unter seinen Liebkosungen betäubend. Sie hatte ihre Hände geöffnet und blieb wie leblos unter seinem Rasen, ohne mehr zu wissen, was sie tat, was er tat, in einer Trübung des Bewußtseins, die sie nichts begreifen ließ. Plötzlich zerriß sie ein scharfer Schmerz; und sie fing zu stöhnen an, sich in seinen Armen windend, während er gewaltsam von ihr Besitz nahm.

Was geschah dann? Sie hatte kaum eine Erinnerung daran, denn

sie hatte den Kopf verloren; es schien ihr nur, als ob er ihre Lippen mit einem Schauer dankbarer Küßchen überschüttete.

Dann mußte er mit ihr sprechen und sie ihm antworten. Dann machte er neue Versuche, die sie mit Entsetzen zurückstieß, und als sie sich wehrte, begegnete sie auf seiner Brust jener dicken Behaarung, welche sie schon an seinem Bein gespürt hatte, und sie zuckte vor Abscheu zurück.

Schließlich wurde er es müde, ohne Erfolg zu betteln, und blieb unbeweglich auf dem Rücken liegen.

Nun begann sie zu denken; sie sagte sich, bis auf den Grund ihrer Seele verzweifelt, enttäuscht von dem erträumten und so ganz andern Rausche, von dieser teuren und zerstörten Erwartung, von diesem zerbrochenen Glück: Das ist es also, was er seine Frau sein nennt. Das ist es! Das ist es!

Und so blieb sie lange, untröstlich, und ihre Augen irrten über die Teppiche an den Wänden, über die alte Liebeslegende, welche das Zimmer einhüllte.

Aber als Julien nicht mehr sprach, sich nicht mehr regte, wandte sie ihm langsam ihren Blick zu, und sie sah, daß er schlief! Er schlief mit halbgeöffnetem Mund und ruhigem Gesicht! Er schlief!

Sie vermochte es nicht zu glauben, sie fühlte sich entrüstet, mehr beleidigt durch diesen Schlaf als durch seine Brutalität, behandelt wie eine Hergelaufene. Brachte er es fertig, in einer solchen Nacht zu schlafen? Das, was zwischen ihnen vorgefallen war, hatte für ihn also nichts Überraschendes? Oh, es wäre ihr lieber gewesen, geschlagen, von neuem vergewaltigt zu werden, zerquetscht unter widerwärtigen Liebkosungen, bis sie das Bewußtsein verlor.

Sie blieb regungslos, auf einen Arm gestützt, über ihn geneigt, sie hörte zwischen seinen Lippen einen leisen Atem hin und her gehen, der zuweilen fast wie ein Schnarchen war.

Der Tag erschien, erst grau, dann lichter, dann rosig, dann strahlend. Julien öffnete die Augen, gähnte, streckte seine Arme aus, betrachtete seine Frau, lächelte und fragte: »Hast du gut geschlafen, mein Liebling?«

Sie bemerkte, daß er jetzt »du« sagte, und sie antwortete betroffen: »Gewiß, und Sie?« Er sagte: »O ich, sehr gut«, und indem er sich zu ihr wandte, küßte er sie und fing ruhig sich zu unterhalten an. Er setzte ihr seine Pläne über das Leben auseinander, mit Ideen

über Sparsamkeit; und dieses Wort, das einige Male wiederkam, setzte Jeanne in Erstaunen. Sie hörte ihm zu, ohne recht den Sinn der Worte zu begreifen, blickte ihn an, dachte an tausenderlei, das flüchtig, kaum ihre Seele berührend, vorbeizog.

Es schlug acht Uhr. »Nun müssen wir aufstehen«, sagte er, »wir machen uns lächerlich, wenn wir lange im Bett bleiben«, und er stand zuerst auf. Als er seine Toilette beendet hatte, half er zuvorkommend seiner Frau bei all den winzigen Einzelheiten der ihrigen und erlaubte nicht, daß Rosalie gerufen wurde.

In dem Augenblick, als sie hinuntergehen wollten, hielt er sie zurück: »Weißt du, unter uns können wir uns jetzt duzen, aber vor deinen Eltern ist es besser, noch zu warten. Nach unserer Hochzeitsreise wird das ganz natürlich sein.«

Sie zeigte sich erst zum Mittagessen. Und so verstrich der Tag wie gewöhnlich, als ob nichts Neues eingetreten wäre. Es war bloß ein Mann mehr im Hause.

V

Vier Tage darauf kam der Reisewagen, der sie nach Marseille bringen sollte.

Nach der Angst der ersten Nacht war Jeanne schon an die Berührung mit Julien, an seine Küsse, seine zärtlichen Liebkosungen gewöhnt, wiewohl sich ihr Widerwille vor den intimeren Beziehungen nicht verringert hatte.

Sie fand ihn schön, sie liebte ihn, sie fühlte sich wieder glücklich.

Der Abschied war kurz und ohne Traurigkeit. Nur die Baronin schien bewegt; und sie drückte in dem Augenblick, als der Wagen sich in Bewegung setzte, eine dicke Geldbörse, schwer wie Blei, in die Hand ihrer Tochter. »Das ist für deine kleinen Ausgaben als junge Frau«, sagte sie.

Jeanne steckte sie in ihre Tasche, und die Pferde zogen an.

Gegen Abend sagte Julien zu ihr: »Wieviel hat dir deine Mutter in die Geldbörse getan?« Sie hatte nicht mehr daran gedacht und leerte sie auf ihrem Schoß aus. Ein Strom von Geld ergoß sich, zweitausend Francs. Sie klatschte in die Hände: »Ich werde Dummheiten machen«, und packte das Geld wieder ein.

Nach achttägiger Reise bei entsetzlicher Hitze kamen sie in Marseille an.

Und am nächsten Tag trug sie der »Roi Louis«, ein kleines Packboot, das über Ajaccio nach Neapel fuhr, Korsika zu.

Korsika! Die Macchia! Die Banditen! Die Berge! Napoleons Vaterland! Jeanne war es, als ob sie die Wirklichkeit verlasse, um ganz wach in einen Traum zu schreiten.

Seite an Seite sahen sie vom Deck des Schiffes die Küstenfelsen der Provence vorüberziehen. Das unbewegliche Meer von starkem Azur breitete sich wie geronnen, wie unter der Lichtglut, die von der Sonne niederströmte, gehärtet, unter dem unermeßlichen Himmel aus, der von fast übertriebener Bläue war.

Sie sagte: »Erinnerst du dich an unsere Fahrt in dem Boot des Vaters Lastique?«

Statt zu antworten, drückte er schnell einen Kuß auf ihr Ohr.

Die Räder des Dampfers schlugen das Wasser und störten seinen festen Schlaf; und rückwärts verlängerte eine lange Schaumspur, in welcher die aufgerührte Flut wie Champagner perlte, die ganz gerade Furche, die das Schiff zog, bis ins Unabsehbare.

Plötzlich sprang am Bug, nur ein paar Faden entfernt, ein riesiger Fisch, ein Delphin, aus dem Wasser, tauchte dann mit dem Kopf voran wieder unter und verschwand. Jeanne erschrak, bekam Angst, stieß einen Schrei aus und warf sich an Juliens Brust. Dann fing sie über ihre Furchtsamkeit zu lachen an und schaute ängstlich, ob das Tier sich wieder zeigen würde. Nach einigen Sekunden schoß es wieder aus dem Wasser hervor wie ein großes mechanisches Spielzeug. Dann fiel es wieder zurück und kam wieder zum Vorschein; dann waren es zwei, drei, sechs, die um das schwerfällige Schiff herumzuhüpfen schienen, wie um ihrem ungeschlachten Bruder, dem Holzfisch mit den Eisenflossen, das Geleit zu geben. Bald waren sie links, bald rechts vom Schiff, bald beisammen, bald einer hinter dem andern, wie bei einem Spiel, einem lustigen Haschen. Mit einem mächtigen Sprung, der eine Kurve beschrieb, schwangen sie sich in die Luft und tauchten der Reihe nach wieder unter.

Jeanne klatschte in die Hände und bebte jedesmal vor Entzücken, wenn die riesigen und gewandten Schwimmer sich zeigten. Ihr Herz hüpfte wie sie in einer närrischen, kindlichen Freude.

Plötzlich verschwanden sie. Man erblickte sie noch einmal ganz fern gegen das offene Meer zu, dann sah man sie nicht mehr, und Jeanne war ein paar Sekunden lang ganz traurig über ihr Verschwinden.

Der Abend kam, ein stiller, süßer, strahlender Abend voll Klarheit, voll glücklichen Friedens. Nicht die leiseste Bewegung, weder in der Luft noch auf dem Wasser, und diese grenzenlose Ruhe des Meeres und des Himmels breitete sich bis in die eingelullten Gemüter aus. Auch in ihnen war nicht die leiseste Bewegung.

Langsam versank die große Sonne dort hinten, wo das unsichtbare Afrika lag, Afrika, das versengte Land, dessen Gluten man schon zu spüren glaubte, doch eine Art kühler Liebkosung, die man aber nicht einmal eine Brise nennen konnte, streifte die Gesichter, als das Gestirn verschwunden war.

Sie wollten nicht in ihre Kabine zurück, in der man all die scheußlichen Schiffsgerüche einatmete, und sie legten sich beide auf Deck nieder, Seite an Seite, in ihre Mäntel gewickelt. Julien schlief sofort ein, aber Jeanne lag noch mit offenen Augen, aufgeregt von all dem Unbekannten der Reise. Das einförmige Rauschen der Räder wiegte sie ein; und sie betrachtete die Legionen der hellen Sterne über sich, die auf diesem reinen südlichen Himmel mit ihrem glitzernden Licht wie funkelnde Tränen waren.

Gegen Morgen schlummerte sie ein. Stimmen und Geräusche weckten sie. Die Matrosen putzten singend das Schiff. Sie rüttelte ihren Gatten, der unbeweglich schlief, und beide standen auf.

Entzückt zog sie den scharfen Duft des salzigen Morgendunstes in sich ein, der sie bis in die Fingerspitzen durchdrang. Überall Meer. Aber vorne schien in der anbrechenden Dämmerung etwas Graues, noch Unbestimmtes, etwas wie eine Anhäufung seltsamer, spitzer, zerfetzter Wolken auf den Fluten zu liegen.

Dann wurde es deutlicher sichtbar; die Formen hoben sich schärfer auf dem hellen Himmel ab, ein langes Gebirge mit hornförmigen und bizarren Gipfeln wuchs empor, die Insel Korsika, wie in einen zarten Schleier gehüllt.

Hinter ihr ging die Sonne auf und zeichnete alle Zacken des Gebirges als schwarze Schatten ab, dann entzündeten sich alle Gipfel, während der übrige Teil der Insel noch von Dünsten umnebelt war.

Der Kapitän, ein kleiner, alter, von der Sonne gegerbter Mann, ganz ausgesogen, eingedörrt, zusammengeschrumpft und verhärtet durch die rauhen, salzigen Winde, erschien auf Deck und sagte zu Jeanne mit einer durch ein dreißigjähriges Kommando heiseren, durch das Schreien im Sturme abgebrauchten Stimme: »Riechen Sie es, das Weibsbild?«

In der Tat spürte sie einen starken und eigentümlichen Duft von Pflanzen, ein herbes Aroma.

Der Kapitän fuhr fort: »Das ist die Insel Korsika, die so riecht, Madame. Das ist das Parfüm einer hübschen Frau, wie sie es versteht. Nach einer Abwesenheit von zwanzig Jahren würde ich es auf fünf Meilen Entfernung erkennen, ich bin Korse. Er, dort hinten in Sankt Helena, spricht, wie man sagt, immer vom Duft seines Heimatlandes. Er ist aus meiner Familie.«

Und der Kapitän zog seinen Hut und grüßte die Insel Korsika und grüßte dort hinten, weit überm Ozean, den gefangenen Kaiser, der aus seiner Familie war.

Jeanne war so ergriffen, daß sie beinahe weinte.

Dann wies der Seemann mit seinem Arm in die Weite und sagte: »Die Sanguinaires-Inseln«.

Julien stand neben seiner Frau und hielt ihre Taille umschlungen, beide sahen in die Ferne, um den angegebenen Punkt zu entdecken.

Schließlich erblickten sie einige pyramidenförmige Felsen, um die das Schiff bald darauf einen Bogen machte, um in den sehr großen, ruhigen, von einem Gedränge hoher Gipfel umstandenen Golf einzufahren, dessen untere Hänge mit Moos bedeckt schienen.

Der Kapitän wies auf dieses Grün hin: »Die Macchia«.

Je weiter man kam, um so mehr schien sich der Kreis der Berge hinter dem Schiff zu schließen, das langsam in einem azurnen See dahinzog, der so klar war, daß man bisweilen den Grund sah.

Und plötzlich tauchte im Hintergrund des Golfes am Rande der Fluten, am Fuße des Gebirges, ganz weiß, die Stadt auf.

Ein paar kleine italienische Schiffe lagen im Hafen vor Anker. Vier, fünf Boote strichen um den »Roi Louis« herum, um Passagiere aufzunehmen.

Julien, der das Gepäck zusammenstellte, fragte seine Frau ganz leise: »Nicht wahr, es ist doch genug, wenn ich dem Manne, der uns bedient hat, einen Franc gebe?«

Seit acht Tagen stellte er bei jeder Gelegenheit diese Frage, unter der sie jedesmal litt. Und sie antwortete ein wenig ärgerlich: »Wenn man nicht sicher ist, genug zu geben, gibt man lieber zuviel.«

Unablässig stritt er sich mit den Hoteliers und Kellnern herum, mit den Kutschern, mit irgendwelchen Verkäufern, und wenn er mit viel Spitzfindigkeit irgendeine Ermäßigung erzielt hatte, rieb er sich die Hände und sagte zu Jeanne: »Ich lasse mich nicht gerne betrügen.«

Sie zitterte, wenn sie die Rechnung kommen sah, im voraus der Anstände gewiß, die er bei jedem einzelnen Posten machen würde, gedemütigt von seinem Feilschen, bis unter die Haare errötend unter dem verächtlichen Blick, mit dem die Dienstboten, das ungenügende Trinkgeld in der Hand, ihrem Manne nachsahen.

Wieder hatte er eine Auseinandersetzung mit dem Schiffer, der sie an Land setzte.

Der erste Baum, den sie erblickte, war eine Palme!

Sie stiegen in einem großen, leeren Hotel ab, das an der Ecke eines weiten, geräumigen Platzes gelegen war, und ließen sich ein Mittagessen servieren.

Nach dem Dessert, in dem Augenblick, als Jeanne sich erhob, um in der Stadt umherzustreifen, nahm sie Julien in seine Arme und flüsterte ihr zärtlich ins Ohr: »Wenn wir uns ein wenig hinlegten, mein Kätzchen?«

Sie war erstaunt: »Uns hinlegen? Ich bin doch gar nicht müde.«

Er umschlang sie: »Ich habe Lust auf dich. Das verstehst du doch? Seit zwei Tagen!...«

Sie wurde purpurrot, schämte sich, stammelte: »Ach jetzt! Was wird man sagen? Was wird man denken? Wie kannst du es wagen, am hellen Tage ein Zimmer zu verlangen? O Julien, ich bitte dich.«

Doch er unterbrach sie: »Mich interessiert es gar nicht, was die Leute im Hotel sagen oder denken. Du wirst gleich sehen, ob mich das geniert.«

Und er klingelte.

Sie schlug die Augen nieder und sagte nichts mehr, ihre Seele wie ihr Leib empörten sich noch immer gegen diese unaufhörliche Begierde ihres Gatten, sie gehorchte nur mit Ekel, resigniert, aber gedemütigt, es kam ihr wie etwas Tierisches, Erniedrigendes, kurz, wie eine Schweinerei vor.

Ihre Sinne schlummerten noch, und ihr Gatte behandelte sie jetzt, als ob sie seine Lüste teilte.

Als der Kellner kam, verlangte Julien aufs Zimmer geführt zu werden. Der Mann, ein echter Korse, bärtig bis unter die Augen, begriff nicht, versicherte, das Zimmer würde bis zum Abend bereit sein.

Julien wurde ungeduldig und erklärte: »Nein, sofort. Wir sind von der Reise müde und wollen uns ausruhen.«

Nun glitt ein Lächeln durch den Bart des Kellners, und Jeanne hatte Lust, davonzulaufen.

Als sie eine Stunde später wieder herunterkamen, wagte sie nicht, den Leuten, die ihr begegneten, in die Augen zu schauen, überzeugt, sie würden hinter ihrem Rücken lachen und tuscheln. Sie war in ihrem Herzen Julien böse, daß er das nicht begriff, daß er so gar nicht diese zarten, schamhaften Empfindungen, dieses instinktive Feingefühl besaß, und sie fühlte zwischen sich und ihm etwas wie einen Schleier, ein Hemmnis, sie bemerkte zum ersten Male, daß zwei Menschen einander nicht bis in die Seele, bis auf den Grund der Gedanken durchdringen, daß sie Seite an Seite wandeln, zuweilen umschlungen, doch niemals verschmolzen, und daß das innerste Wesen eines jeden von uns im Leben ewig allein bleibt.

Sie blieben drei Tage in dieser kleinen, im Schoße ihres blauen Golfes geborgenen Stadt, mit ihrer Backofenhitze hinter dem Vorhang von Bergen, der niemals einen Windhauch bis zu ihr durchläßt.

Dann machten sie einen Reiseplan, und um nicht durch schwierige Wege gehindert zu werden, beschlossen sie, Pferde zu mieten. Sie wählten zwei kleine korsische Hengste mit feurigen Augen, dürr und unermüdlich; und eines Morgens, bei Anbruch des Tages, brachen sie auf. Ein Führer auf einem Maultier begleitete sie mit dem Proviant, denn Wirtshäuser sind in diesem wilden Lande unbekannt.

Die Straße lief zuerst am Golf entlang, um dann in ein ziemlich flaches Tal einzubiegen, das zu den hohen Bergen führte. Oft überschritt man beinahe ausgetrocknete Gebirgsströme; unter Steinen rührte sich noch, wie ein verstecktes Tier, der Rest eines Bächleins und machte schüchtern gluckgluck.

Das unbebaute Land schien ganz nackt zu sein. Die Flanken der

Berge waren mit hohem Gras bedeckt, das in dieser heißen Jahreszeit gelb war. Zuweilen begegnete man einem Bergbewohner, entweder zu Fuß oder auf einem kleinen Pferd oder rittlings auf einem Esel, nicht größer als ein Hund. Und alle trugen auf dem Rücken die geladenen Flinten, alte verrostete Waffen, aber in ihren Händen gefährlich.

Der stechende Geruch der aromatischen Pflanzen, von denen die Insel bedeckt ist, schien die Luft undurchdringlich zu machen, und der Weg führte langsam steigend zwischen den Krümmungen und Falten der Berghänge hin.

Die Gipfel aus rosigem oder blauem Granit verliehen der weiten Landschaft märchenhafte Farben; und auf den tieferliegenden Hängen sahen riesige Kastanienwälder wie grünes Gebüsch aus, so gigantisch sind in diesem Lande die Wellen der Erde.

Manchmal nannte der Führer, indem er mit der Hand auf steile Höhen wies, einen Namen. Jeanne und Julien blickten hin und sahen nichts, endlich entdeckten sie etwas Graues, wie einen Haufen Steine, die vom Gipfel herabgefallen waren. Das war ein Dorf, eine kleine Ansiedlung aus Granit, die dort klebte, angeklammert wie ein richtiges Vogelnest, fast unsichtbar in dem weiten Bergland.

Dies lange Reiten im Schritt machte Jeanne ungeduldig. »Reiten wir ein bißchen schnell«, sagte sie. Und sie spornte ihr Pferd. Nach einer Weile, als sie ihren Mann nicht neben sich galoppieren hörte, wandte sie sich um und begann wie eine Närrin zu lachen, denn sie sah, wie er bleich, sich an der Mähne seines Tieres haltend und seltsam auf und ab hüpfend, herangerast kam. Sogar seine Schönheit, sein hübsches Kavaliersgesicht machten seine Ungeschicklichkeit und Angst noch komischer.

Nun begannen sie in langsamem Trab zu reiten. Der Weg lief nun zwischen endlosem Gehölz, das die Hänge dicht wie ein Mantel bedeckte.

Das war die Macchia, die undurchdringliche Macchia, die aus immergrünen Eichen, Wacholder, Erdbeerbäumen, Pistazien, Wegedorn, Baumheide, Schneeballsträuchern, Myrten und Buchs bestand. Alle diese werden wieder von sich windender Klematis, riesenhaften Farnkräutern, Geißblatt, Zisten, Lavendel und Brombeerranken zusammengeknüpft, verknäueln sich wie Haare und werfen über den Rücken der Berge ein unentwirrbares Vlies.

Sie hatten Hunger. Der Führer holte sie ein und führte sie zu einer der reizenden Quellen, wie sie in den Gebirgsgegenden so häufig sind, ein dünner, runder Strahl eiskalten Wassers, der aus einem kleinen Loch im Felsen kommt und über ein Kastanienblatt fließt, das ein Vorübergehender hingelegt hat, um das winzige Rinnsal zum Munde zu leiten.

Jeanne fühlte sich dermaßen glücklich, daß sie sich nur mit Mühe zurückhalten konnte, vor Freude laut herauszuschreien.

Sie brachen wieder auf und begannen den Abstieg, indem sie um den Golf von Sagone herumritten.

Gegen Abend kamen sie durch Cargese, das griechische Dorf, das vorzeiten von Flüchtlingen, die man aus ihrem Vaterlande verjagt hatte, gegründet worden ist. Große, schöne Mädchen mit schlanken Hüften, schmalen Händen, feiner Taille und einer eigentümlichen Anmut bildeten eine Gruppe um einen Brunnen. Als Julien ihnen »Guten Abend« zurief, antworteten sie ihm mit singender Stimme in der harmonischen Sprache des verlassenen Heimatlandes.

Als sie in Piana ankamen, mußten sie um Gastfreundschaft bitten, wie in alten Zeiten und weltverlorenen Gegenden. Jeanne zitterte vor Freude, während sie wartete, daß die Türe geöffnet wurde, an der Julien geklopft hatte. Ja, das war eine richtige Reise mit all dem Unverhofften unerforschter Länder.

Sie hatten sich gerade an ein junges Ehepaar gewendet. Man empfing sie, wie wohl die Patriarchen den Gast, den Gott gesandt, empfangen haben mögen; und sie schliefen auf einem Maisstrohsack in einem alten, morschen Hause, in dem das ganze wurmstichige Holzwerk, das von den langen Schiffswürmern, die das Gebälk annagen, wimmelte, knisterte, lebendig zu sein und zu seufzen schien.

Sie brachen bei Sonnenaufgang auf und hielten beim Anblick eines Waldes, eines wirklichen Waldes aus purpurnem Granit. Er bestand aus Felsspitzen, Säulen, Glockentürmchen, wunderlichen, von der Zeit, der zerbröckelnden Wirkung des Windes und der Seeluft modellierten Figuren.

Bis zu dreihundert Meter hoch, dünn, rund, krumm und verzerrt, ungestalt, überraschend und phantastisch, wie sie waren, schienen diese wunderlichen Felsbildungen Bäume, Pflanzen,

Tiere, Monumente und Menschen zu sein, Mönche in Kutten, gehörnte Teufel, riesengroße Vögel, ein ganzes ungeheuerliches Volk, eine gespenstische Menagerie, die durch den Willen irgendeines extravaganten Gottes zu Stein geworden war.

Jeanne sprach nicht mehr, ihr Herz klopfte, sie ergriff Juliens Hand und drückte sie, vor dieser Schönheit der Natur von einem Drang zu lieben erfaßt.

Und plötzlich, als sie dieses Chaos verließen, tat sich ein neuer Golf vor ihnen auf, ganz und gar von einer blutroten Mauer von Granit umzirkt. Und diese scharlachfarbigen Felsen spiegelten sich im blauen Meer.

Jeanne stammelte: »O Julien!« Von Bewunderung hingerissen, mit gepreßter Kehle, fand sie keine andern Worte, zwei Tränen rannen über ihre Wangen. Er sah sie verblüfft an und fragte: »Was hast du denn, mein Kätzchen?«

Sie trocknete ihre Wangen, lächelte und sagte mit ein wenig zitternder Stimme: »Es ist nichts, ... das ist nervös, ... ich weiß nicht, wie es kam, es hat mich so gepackt. Ich bin so glücklich, daß das kleinste Ding mich außer sich bringt.«

Er begriff diese weibliche Nervosität nicht, die Erschütterungen dieser vibrierenden Wesen, die ein Nichts entzückt, die eine Begeisterung bewegt wie eine Katastrophe, die ein undefinierbarer Eindruck aufwühlt, vor Freude närrisch macht oder zur Verzweiflung bringt.

Ihre Tränen kamen ihm lächerlich vor, und ganz mit dem schlechten Weg beschäftigt, sagte er: »Gib lieber auf dein Pferd acht.«

Auf einem beinahe unmöglichen Pfade ritten sie zum Golf hinab und bogen dann rechts ein, um das düstere Tal von Ota zu erklimmen.

Aber der Steig erwies sich gleich zu Anfang als abscheulich. Julien schlug vor: »Wollen wir nicht zu Fuß gehen?« Sie wußte sich nichts Besseres, sie war entzückt, gehen zu dürfen, nach dem erlebten Gefühlsausbruch mit ihm allein zu sein.

Der Führer ritt auf dem Maultier mit den beiden Pferden voraus, und sie folgten mit langsamen Schritten.

Der Berg, von oben bis unten gespalten, tut sich auf, der Pfad dringt in diese Bresche ein, er führt auf ihrem Grund hin zwischen

zwei ungeheuern Felswänden; ein starker Gießbach durchströmt diesen Riß. Die Luft ist eiskalt, der Granit scheint schwarz zu sein, und daß man ganz hoch oben ein Stück vom blauen Himmel sieht, erregt Staunen und Entsetzten.

Ein plötzlicher Lärm ließ Jeanne zusammenzucken. Sie erhob die Augen, ein riesiger Vogel flog aus einem Felsloch auf: es war ein Adler. Seine geöffneten Schwingen schienen beinahe die beiden Wände des Schachtes zu streifen, er stieg auf bis in die Bläue, in der er verschwand.

Weiter oben werden aus dem einen Spalt zwei. Der Pfad klettert in scharfem Zickzack zwischen zwei Schluchten bergauf. Jeanne eilte leichtfüßig und ausgelassen voran, Steine rollten unter ihren Füßen bergab, furchtlos beugte sie sich über die Abgründe. Er folgte ihr ein wenig atemlos, die Augen aus Furcht vor Schwindel zu Boden geheftet.

Mit einem Male überströmte sie die Sonne. Es war ihnen, als ob sie aus der Hölle kämen. Sie hatten Durst. Eine feuchte Spur führte sie durch ein Steinchaos bis zu einer ganz kleinen Quelle, die man zur Benutzung für die Ziegenhirten durch einen ausgehöhlten Stock geleitet hatte. Ringsum bedeckte ein Moosteppich den Boden. Jeanne kniete hin, um zu trinken, und Julien tat desgleichen.

Da, als sie das frische, köstliche Wasser schlürfte, umfaßte er ihre Taille und suchte ihr den Platz an der Wasserröhre zu rauben. Sie wehrte sich, beider Lippen kämpften, begegneten sich und stießen einander beiseite. In den Wechselfällen des Kampfes erwischte bald der eine, bald der andere das dünne Ende der Röhre und biß sich fest, um es nicht loslassen zu müssen.

Und der Strahl kalten Wassers, der unaufhörlich erobert und wieder fahren gelassen wurde, zerbrach und vereinigte sich wieder, bespritzte ihre Gesichter, ihre Hälse, ihre Kleider, ihre Hände. Perlengleiche Tröpfchen glänzten in ihren Haaren. Und durch das strömende Wasser liefen Küsse hin und her.

Plötzlich hatte Jeanne eine Eingebung der Liebe. Sie füllte ihren Mund mit der klaren Flüssigkeit, und mit geschwellten Backen gab sie Julien zu verstehn, daß sie ihm aus ihrem Mund zu trinken geben wolle.

Lächelnd, den Kopf zurückgeneigt, mit ausgebreiteten Armen hielt er den offenen Mund hin und trank mit einem Zuge aus dieser

Quelle von lebendigem Fleisch, das in seine Eingeweide eine glühende Begierde goß.

Jeanne lehnte sich mit ungewohnter Zärtlichkeit an ihn; ihr Herz klopfte, ihr Busen hob sich, in ihren Augen war ein weicher, schwimmender Glanz. Sie flüsterte ganz leise: »Julien, ich liebe dich.« Und indem sie ihn nun an sich zog, warf sie sich zurück und verbarg ihr vor Scham tief errötendes Gesicht in ihren Händen.

Er stürzte sich auf sie und umschlang sie leidenschaftlich. Sie keuchte in unsäglicher Erwartung, und plötzlich stieß sie einen Schrei aus, wie vom Blitze getroffen durch die Empfindung, die sie herbeigesehnt hatte.

Sie brauchten lange, um die Höhe zu ersteigen, so aufgewühlt und erschöpft fühlte sie sich, und erst am Abend kamen sie in Evisa bei Paoli Palabretti, einem Verwandten ihres Führers, an.

Er war ein hochgewachsener Mann, ein wenig vorgebeugt, mit dem trübseligen Aussehen eines Schwindsüchtigen. Er führte sie auf ihr Zimmer, ein ödes Zimmer mit nacktem Steinboden, das immerhin für dieses Land, in dem jeder Komfort unbekannt ist, schön war. Eben war er dabei, in seiner Sprache, dem korsischen Dialekt, einem Brei aus Französisch und Italienisch, seine Freude über ihre Ankunft auszudrücken, als ihn eine helle Stimme unterbrach. Und eine brünette kleine Frau mit schwarzen Augen, sonnenverbrannter Haut und schmaler Taille und mit Zähnen, die sie in unausgesetztem Lachen entblößte, stürzte herbei, umarmte Jeanne, schüttelte Julien die Hand und wiederholte immerfort: »Guten Tag, Madame, guten Tag, mein Herr, wie geht's?«

Sie nahm ihnen Hüte und Schals ab, legte alles mit einem Arm hin, denn den andern trug sie in der Binde, dann schob sie alle aus dem Zimmer und sagte zu ihrem Mann: »Führe sie bis zum Abendessen spazieren.«

Herr Palabretti gehorchte sogleich, ging zwischen den beiden jungen Leuten und zeigte ihnen das Dorf. Er schleppte seine Schritte wie seine Worte, hustete häufig und sagte bei jedem Anfall: »Das ist die kalte Luft aus der Schlucht, die sich mir auf die Brust legt.«

Er führte sie auf einem verlorenen Steig unter ungeheueren Kastanienbäumen. Plötzlich blieb er stehen und sagte in seiner eintönigen Weise: »Hier ist die Stelle, wo mein Vetter Jean Rinaldi von Mathieu Lori getötet worden ist. Sehen Sie, ich stand hier dicht

neben Jean, als Mathieu zehn Schritte von uns auftauchte. ›Jean‹, schrie er, ›geh nicht nach Albertacce, geh nicht hin, sonst töte ich dich, auf mein Wort.‹

Ich ergriff Jeans Arm: ›Geh nicht hin, Jean, er wäre dazu imstande.‹

Es handelte sich um ein Mädchen, dem sie beide nachstiegen, Paulina Sinacoupi.

Aber Jean fing zu schreien an: ›Ich gehe doch, Mathieu; du wirst mich nicht davon abhalten.‹

Da senkte Mathieu seine Flinte, bevor ich selber anlegen konnte, und schoß.

Jean tat einen zwei Fuß hohen Sprung wie ein Kind, das auf dem Seil tanzt; ja, mein Herr, er fiel mir mit aller Gewalt auf den Leib, so daß meine Flinte mir entglitt und bis dorthin unter den großen Kastanienbaum rollte.

Jean hatte den Mund weit offen, aber er sagte kein Wort mehr, er war tot.«

Die jungen Leute betrachteten verblüfft den seelenruhigen Zeugen dieses Verbrechens. Jeanne fragte: »Und der Mörder?«

Paoli Palabretti hustete lange, dann fuhr er fort: »Er ist in die Berge entkommen. Im folgenden Jahre hat ihn mein Bruder getötet. Sie wissen doch, mein Bruder Philippi Palabretti, der Bandit.«

Jeanne schauderte: »Ihr Bruder, ein Bandit?«

In den Augen des unerschütterlichen Korsen blitzte ein stolzes Leuchten auf.

»Jawohl, Madame, der war eine Berühmtheit. Er hat sechs Gendarmen geliefert. Er ist zusammen mit Nicolas Morali gestorben, im Niolo, nachdem man sie umzingelt hatte, nach sechstägigem Kampfe, als sie beinahe verhungert waren.«

Dann fügte er resigniert hinzu: »Das ist hierzulande so Brauch«, im selben Tone, in dem er zu sagen pflegte: »Die Luft aus der Schlucht ist kalt.«

Hierauf gingen sie zurück zum Abendessen, und die kleine Korsin behandelte sie, als kennte sie sie seit zwanzig Jahren.

Aber eine Unruhe verfolgte Jeanne. Würde sie in den Armen Juliens wieder jene seltsame und hinreißende Erschütterung der Sinne fühlen, die sie auf dem Moos an der Quelle empfunden hatte?

Als sie allein in ihrem Zimmer waren, zitterte sie davor, unter seinen Küssen wieder fühllos zu bleiben. Doch sehr bald schwand ihre Sorge; und das war ihre erste Liebesnacht.

Und am folgenden Morgen, als sie abreisen sollten, konnte sie sich nicht mehr entschließen, dieses bescheidene Haus zu verlassen, wo, wie ihr schien, ein neues Glück für sie begonnen hatte.

Sie zog die kleine Frau ihres Gastgebers auf ihr Zimmer, und während sie ein für allemal feststellte, daß sie ihr keineswegs ein Geschenk machen wolle, bestand sie doch darauf – und sie wurde sogar ärgerlich –, ihr aus Paris, gleich nach ihrer Ankunft, ein Andenken zu schicken, ein Andenken, das für sie beinahe mit einem abergläubischen Gefühl verknüpft war.

Die junge Korsin wehrte sich lange und wollte es nicht annehmen. Endlich willigte sie ein: »Gut«, sagte sie, »schicken Sie mir eine kleine Pistole, eine ganz, ganz kleine.«

Jeanne sperrte die Augen auf. Die andere fügte ganz leise an ihrem Ohr, wie man ein süßes, intimes Geheimnis anvertraut, hinzu: »Ich brauche es, um meinen Schwager zu töten.« Und lächelnd rollte sie schnell die Binden ab, mit dem der Arm, den sie nicht mehr benutzen konnte, umwickelt war. Dann zeigte sie ihr weißes, rundes Fleisch, das von einem Dolchstich ganz und gar durchbohrt, doch beinahe wieder vernarbt war. »Wäre ich nicht ebenso stark wie er«, sagte sie, »er hätte mich umgebracht. Mein Mann ist nicht eifersüchtig, er kennt mich, und dann ist er krank, das macht das Blut ruhig. Übrigens bin ich eine anständige Frau, Madame, aber mein Schwager glaubt alles, was man ihm sagt. Er ist eifersüchtig für meinen Mann, und er wird sicher wieder anfangen. Dann werde ich meine kleine Pistole haben und ohne Sorge sein und sicher, mich zu rächen.«

Jeanne versprach, die Waffe zu schicken, umarmte zärtlich ihre neue Freundin und setzte ihre Reise fort.

Der Rest der Reise war wie ein Traum, eine Umarmung ohne Ende, ein Rausch von Zärtlichkeiten. Sie sah nichts, weder die Landschaft noch die Leute, noch die Orte, an denen sie sich aufhielten. Sie sah nur noch Julien.

Und nun begann die kindische und reizende Vertraulichkeit der Liebestorheiten, der kleinen albernen und doch köstlichen Worte, der Kosenamen, mit denen sie alle Linien und Krümmungen und

Heimlichkeiten ihrer Körper tauften, an denen ihre Lippen sich berauschten.

Da Jeanne auf der rechten Seite schlief, kam es oft vor, daß ihr linker Busen beim Erwachen entblößt war. Julien, der es bemerkt hatte, nannte ihn »den Herrn, der auswärts schläft«, und den andern »den Verliebten«, weil die Spitze seiner rosigen Knospe für Küsse empfänglicher schien.

Der tiefe Einschnitt zwischen den beiden Brüsten wurde zu »Mamachens Allee«, weil er dort unaufhörlich auf und ab spazierte; und ein anderer noch intimerer Weg wurde zur Erinnerung an das Tal von Ota »der Weg nach Damaskus« genannt.

Bei der Ankunft in Bastia mußte der Führer bezahlt werden. Julien wühlte in seinen Taschen. Als er nicht fand, was er brauchte, sagte er zu Jeanne: »Da du die zweitausend Francs deiner Mutter doch nicht benützt, gib sie mir zur Aufbewahrung. Sie werden in meinem Gürtel sicherer sein, und außerdem vermeide ich das Wechseln.«

Und sie reichte ihm ihre Börse.

Sie kamen nach Livorno, besuchten Florenz, Genua, die ganze französische Riviera.

An einem Morgen, als der Mistral blies, befanden sie sich wieder in Marseille.

Seit ihrer Abreise von Les Peuples waren zwei Monate verstrichen. Man schrieb den 15. Oktober.

Jeanne fröstelte unter dem heftigen, kalten Wind, der von weither, aus der fernen Normandie zu kommen schien. Sie fühlte sich traurig. Seit einiger Zeit schien Julien verändert, müde und gleichgültig; und sie hatte Angst, ohne zu wissen wovor.

Sie verzögerte ihre Rückreise noch um vier Tage, denn sie konnte sich nicht entschließen, das schöne Sonnenland zu verlassen. Es war ihr, als wäre ihr Weg durchs Glück schon zu Ende.

Dann reisten sie ab.

In Paris mußten sie alle Einkäufe für die endgültige Einrichtung ihrer Wohnung in Les Peuples machen; und Jeanne freute sich darauf, dank Mamachens Geschenk Wunderdinge mitzubringen; aber das erste, woran sie dachte, war die Pistole, die sie der jungen Korsin in Evisa versprochen hatte.

Am Morgen nach ihrer Ankunft sagte sie zu Julien: »Liebster,

willst du mir Mamas Geld zurückgeben, denn ich möchte meine Einkäufe machen.«

Er wandte ihr ein unzufriedenes Gesicht zu.

»Wieviel brauchst du?«

Betroffen stammelte sie: »Ach, ... ganz wie du willst.«

Er erwiderte: »Ich gebe dir hundert Franc; aber verschwende sie ja nicht.«

Verwirrt und bestürzt wußte sie nicht mehr, was sie sagen sollte.

Endlich stieß sie zögernd hervor: »Aber ich habe dir doch das Geld zum ...«

Er ließ sie nicht ausreden.

»Gewiß. Ob es in deiner oder meiner Tasche ist, ist gleichgültig von dem Augenblick an, wo wir aus derselben Kasse leben. Ich verweigere es dir ja nicht, nicht wahr, ich gebe dir ja hundert Francs.«

Sie nahm die fünf Goldstücke, ohne ein Wort hinzuzufügen, doch wagte sie nicht mehr zu verlangen und kaufte nichts als die Pistole.

Acht Tage später machten sie sich auf die Heimreise nach Les Peuples.

VI

Vor dem weißen Gittertor mit den Backsteinpfeilern wartete die Familie und das Gesinde. Der Postwagen hielt, die Umarmungen dauerten lange. Mamachen weinte. Jeanne wischte gerührt zwei Tränen aus ihren Augen. Vater ging nervös auf und ab.

Dann wurde, während man das Gepäck ablud, vor dem Kaminfeuer im Salon von der Reise erzählt. Die Worte flossen überströmend von Jeannes Lippen; und in einer halben Stunde war alles gesagt, alles, vielleicht mit Ausnahme von ein paar Details, die sie bei diesem hastigen Bericht vergessen hatte.

Dann ging die junge Frau ans Auspacken. Rosalie, die auch ganz aufgeregt war, half ihr. Als man fertig war, als die Wäsche, die Kleider, die Toilettengegenstände eingeräumt waren, verließ das junge Dienstmädchen ihre Herrin; und Jeanne setzte sich ein wenig matt nieder.

Sie fragte sich, was sie jetzt tun sollte, suchte nach einer Beschäfti-

gung für ihren Geist, einer Arbeit für ihre Hände. Sie hatte keine Lust, sich wieder in den Salon hinunter zu begeben zu ihrer Mutter, die eingenickt war; sie dachte daran, einen Spaziergang zu machen; aber das Land kam ihr so traurig vor, daß sich bei seinem bloßen Anblick durchs Fenster ein Gefühl von Melancholie schwer auf ihr Herz legte.

Da erkannte sie, daß sie nichts mehr zu tun hatte, daß sie niemals mehr etwas zu tun haben würde. Ihre ganze Jugend im Kloster war eine Beschäftigung mit der Zukunft gewesen, ein Schwelgen in Träumen. Der fortwährende Aufruhr ihrer Hoffnungen erfüllte zu jener Zeit ihre Stunden, ohne daß sie sie verstreichen fühlte. Dann, sie hatte kaum die sittenstrengen Mauern verlassen, zwischen denen ihre Illusionen aufgeblüht waren, da war ihre Erwartung von Liebe alsbald Wirklichkeit geworden. Der ersehnte Mann, gefunden, geliebt, in wenigen Wochen geheiratet, wie man aus einem plötzlichen Entschluß heiratet, entführte sie in seinen Armen, ohne ihr die geringste Zeit zum Nachdenken zu lassen.

Aber nun sollte die holde Wirklichkeit der ersten Tage zur alltäglichen Wirklichkeit werden, die all den unbestimmbaren Hoffnungen, all dem entzückenden Sehnen nach einem Unbekannten das Tor verschloß. Jawohl, die Erwartung hatte ein Ende.

Also nichts mehr zu tun, nicht heute, nicht morgen, niemals mehr. All dies wurde ihr dunkel bewußt an einer gewissen Ernüchterung, einem Zusammensinken ihrer Träume.

Sie erhob sich und preßte ihre Stirne an die kalte Fensterscheibe. Dann, nachdem sie eine Zeitlang den Himmel betrachtet hatte, auf dem düstere Wolken sich wälzten, beschloß sie auszugehen.

War das dasselbe Land, dasselbe Gras wie im Monat Mai? Was war denn aus der durchsonnten Heiterkeit des Laubes geworden, aus dem poetischen Grün des Rasens, in dem der Löwenzahn flammte, die Klatschrosen bluteten, die Margaretenblumen strahlten oder sich schaukelten wie phantastische gelbe Schmetterlinge an unsichtbaren Fäden? Und der Rausch der von Leben, von Dünsten, von befruchtenden Pollen erfüllten Luft war nicht mehr da.

Die von den fortwährenden Herbstregen aufgeweichten Alleen dehnten sich vor ihr aus unter der fröstelnden Dürftigkeit der beinahe nackten Pappeln, von einem dichten Teppich toter Blätter bedeckt. Die mageren Zweige zitterten im Winde, schüttelten noch

ihr bißchen Laub, das bereit war, in die Weite zu verfliegen. Und unaufhörlich, den ganzen Tag lang, war es wie ein nicht endenwollender, zum Weinen trauriger Regen; diese letzten Blätter, die jetzt ganz gelb waren wie große runde Goldpfennige, lösten sich ab, wirbelten umher, flatterten und fielen zu Boden.

Sie ging bis zum Boskett, es sah jämmerlich aus, wie ein Sterbezimmer. Die grüne Laubwand, die die hübschen gewundenen Pfade voneinander trennte und so heimlich machte, hatte sich entblättert. Die Sträucher mit ihrem feinen Geäst, wie zu einer Spitze verflochten, stießen die mageren Zweige gegeneinander; und das Flüstern der dürren, fallenden Blätter, die der Wind hin und her fegte und stellenweise zu Häuflein zusammenwehte, war wie ein schmerzlicher Todesseufzer.

Ganz kleine Vögel hüpften von Ast zu Ast und suchten mit fröstelndem Piepen ein Obdach.

Aber die Linde und die Platane waren unter dem Schutz der Wand von Ulmen, die eine Vorhut gegen den Seewind bildeten, noch von ihrem Sommerschmuck bedeckt, die eine in rotem Samt, die andere in orangefarbiger Seide, nach der Natur ihrer Säfte von den ersten Frösten gefärbt.

Jeanne ging mit langsamen Schritten in Mamachens Allee auf und ab, längs des Grundstücks von Couillard. Etwas lastete auf ihr wie ein Vorgefühl der langen Leere des einförmigen Lebens, das nun begann.

Dann setzte sie sich auf die Böschung, wo Julien ihr das erstemal von Liebe gesprochen hatte; und sie blieb dort sitzen, träumerisch, fast ohne zu denken, bis tief ins Herz ermattet, mit einem Bedürfnis sich hinzulegen, zu schlafen, um der Traurigkeit dieses Tages zu entrinnen.

Mit einem Male erblickte sie eine Möwe, die von einem Windstoß mitgerissen über den Himmel strich; und sie erinnerte sich an den Adler, den sie gesehen hatte, dort im Süden, in Korsika, in dem dunklen Tal von Ota. Und plötzlich fühlte sie einen heftigen Stich in ihrem Herzen, wie ihn die Erinnerung an schöne und vergangene Dinge erzeugt; wieder sah sie die strahlende Insel vor sich mit ihrem wilden Duft, mit ihrer Sonne, in der die Orange und der Zedro reift, den Bergen mit den rosigen Gipfeln, den azurnen Golfen, den Schluchten, in denen Gießbäche dahinschießen.

Und jetzt umfing sie die feuchte und strenge Landschaft, die sie umgab, mit dem traurigen Blätterfall und den grauen, windgepeitschten Wolken mit einem solchen Übermaß von Trostlosigkeit, daß sie ins Haus zurückkehrte, um nicht aufzuschluchzen.

Mamachen war, vom Kaminfeuer erschlafft, eingenickt. Sie war an die Melancholie der Tage gewöhnt und fühlte sie nicht mehr. Vater und Julien waren ausgegangen und sprachen von ihren Geschäften. Und die Nacht kam heran und verbreitete in dem weiten Salon ein trübseliges Dunkel, das ab und zu von dem Widerschein des Feuers erhellt wurde.

Draußen, wenn man durch die Fenster sah, ließ ein Rest von Tageslicht diese mißfarbene Natur des sterbenden Jahres erkennen. Und sogar der graue Himmel sah aus wie mit Kot beschmiert.

Bald erschien der Baron, gefolgt von Julien. Sowie er den in Dunkel gehüllten Raum betrat, klingelte er und schrie: »Schnell, schnell Licht, hier sieht's traurig aus.«

Dann setzte er sich an den Kamin. Während seine nassen Füße neben der Flamme dampften und der von der Hitze getrocknete Kot von den Sohlen abfiel, rieb er sich fröhlich die Hände. »Ich glaube wahrhaftig, es wird frieren«, sagte er, »im Norden wird es klar; wir haben heute Vollmond, heute nacht wird's tüchtig anziehen.«

Dann wandte er sich an seine Tochter: »Nun, Kleine, freust du dich, wieder daheim zu sein in deinem Hause bei den alten Leuten?«

Diese Frage traf Jeanne ins Herz. Sie warf sich mit Tränen in den Augen in die Arme ihres Vaters und küßte ihn krampfhaft, wie um Verzeihung zu erflehen, denn trotz ihrer innigen Bemühungen, lustig zu sein, fühlte sie sich zum Umfallen traurig. Dabei dachte sie an die Freude, die sie sich ausgemalt hatte, wenn sie ihre Eltern wiedersehen würde, und sie wunderte sich über die Kälte, die ihre Zärtlichkeit lähmte. Wenn man in der Ferne viel an die Menschen, die man liebt, gedacht hat und nicht mehr gewohnt ist, zu jeder Stunde mit ihnen zusammenzusein, dann ist es beim Wiedersehen, als ob man einen Stillstand der Liebe empfände, solange bis die Bande des gemeinsamen Lebens wieder geknüpft sind.

Das Abendessen war lang, man sprach kaum. Julien schien seine Frau vergessen zu haben.

Dann im Salon Mamachen gegenüber sitzend, die nun wirklich fest schlief, ließ sie sich vom Feuer einlullen. Und einen Augenblick

lang, von den Stimmen der beiden Männer, die diskutierten, geweckt, fragte sie sich, indem sie sich aufzurütteln suchte, ob auch sie von dieser trübseligen Lethargie der täglichen, durch nichts unterbrochenen Gewohnheiten erfaßt werden würde.

Die Flamme des Kamins, bei Tag sanft und rötlich, wurde jetzt heftig, hell und knisternd. Oft warf sie ganz plötzlich einen starken Lichtschein auf die verblaßten Stickereien der Fauteuils, auf den Fuchs und den Storch, den melancholischen Reiher, die Grille und die Ameise.

Der Baron trat lächelnd heran und hielt die gespreizten Finger über die flackernden Scheite: »Ah, ah! brennt das fein heute abend. Es friert, liebe Kinder, es friert.« Dann legte er seine Hand auf Jeannes Schulter und sagte, indem er auf das Feuer wies: »Siehst du, Töchterchen, das da ist das Beste, was es auf der Welt gibt, der Herd, der heimische Herd mit den Angehörigen ringsum. Nichts kommt dem gleich. Aber wie wär's, wenn man schlafen ginge. Ihr müßt ganz erschöpft sein, Kinder, nicht wahr?«

Wieder in ihrem Zimmer angelangt, fragte sich die junge Frau, wie es komme, daß die Heimkehr an denselben Ort, den sie doch zu lieben glaubte, so verschieden sein könne. Warum fühlte sie sich wie zerschlagen, warum stimmte sie das Haus, dieses geliebte Land, alles, was bis jetzt ihr Herz höher schlagen ließ, heute so traurig?

Doch plötzlich fiel ihr Blick auf die Stutzuhr. Das Bienchen flog noch immer von links nach rechts und von rechts nach links über die vergoldeten Blumen mit derselben schnellen und unablässigen Bewegung. Da durchströmte Jeanne lebhafte Zärtlichkeit; vor diesem kleinen Getriebe, das lebendig zu sein schien, das ihr die Stunden läutete und wie ein Herz klopfte, fühlte sie sich bis zu Tränen bewegt.

In der Tat, als sie Vater und Mutter umarmte, war sie nicht so gerührt gewesen. Das Herz hat Geheimnisse, in die der Verstand nicht eindringt.

Zum ersten Mal seit ihrer Hochzeit lag sie allein in ihrem Bett. Unter dem Vorwand, müde zu sein, hatte Julien ein anderes Zimmer genommen. Es war übrigens abgemacht, daß jeder eines für sich haben sollte.

Sie brauchte lange, um einzuschlafen, erstaunt, keinen Körper mehr an dem ihren zu fühlen, des einsamen Schlafens entwöhnt und

durch den zänkischen Nordwind gestört, der es auf das Dach abgesehen hatte.

Am Morgen wurde sie von einem starken Schein geweckt, der ihr Bett blutrot färbte, und die ganz mit Reif bedeckten Fensterscheiben waren rot, als ob der ganze Horizont in Feuer stünde.

Sie hüllte sich in einen weiten Schlafrock, lief ans Fenster und öffnete es.

Ein eisiger, scharfer und gesunder Wind verfing sich im Zimmer und peitschte mit beißender Kälte ihre Haut, so daß ihr die Augen tränten; und in dem purpurnen Himmel stieg rötlich und gedunsen, wie das Gesicht eines Trunkenboldes, die mächtige Sonnenscheibe hinter den Bäumen auf. Der Boden, mit weißem Reif bedeckt, nun hart und trocken, tönte unter den Schritten der Landarbeiter. In dieser einen Nacht hatten sich alle noch belaubten Zweige der Pappeln entblättert; und hinter der Heide tauchte die große, grünliche Fläche des Meeres, ganz besät mit weißen Streifen, auf.

Die Platane und die Linde entlaubten sich schnell unter den Windstößen. Bei jeder Attacke der eisigen Brise zerstoben die durch den plötzlichen Frost gelockerten Blätter im Winde wirbelnd wie ein Vogelschwarm. Jeanne zog sich an, verließ das Haus und besuchte, um irgend etwas zu tun, die Pächter.

Die Martin hoben die Arme zum Himmel, die Bäuerin küßte sie auf beide Backen, dann zwang man sie, ein Gläschen Schnaps zu trinken, und sie begab sich in das andere Gehöft. Die Couillard hoben die Arme zum Himmel; die Bäuerin gab ihr einen Schmatz auf beide Ohren, und sie mußte ein Gläschen Johannisbeersirup hinuntergießen.

Hierauf kehrte sie zum Mittagessen heim.

Und dieser Tag verstrich wie der vorhergehende, nur war er kalt, statt feucht. Und alle die übrigen Tage der Woche glichen diesen beiden; und alle Wochen des Monats glichen dieser ersten.

Doch nach und nach ließ ihre Sehnsucht nach den fernen Ländern nach. Die Gewohnheit breitete über ihr Leben eine Schicht von Resignation wie die Kalkschicht, die das Wasser mancher Gegenden auf den Gegenständen absetzt. Und eine Art Interesse für die tausend belanglosen Dinge des täglichen Lebens, eine Sorge um die einfachen und unbedeutenden, regelmäßigen Verrichtungen tauchte wieder in ihrem Herzen auf. Und es entwickelte sich in ihr

eine gewisse nachdenkliche Schwermut, ein unbestimmtes Enttäuschtsein vom Leben. Wessen bedurfte sie? Was wünschte sie sich? Sie wußte es nicht. Kein mondäner Wunsch beherrschte sie, keine Sucht nach Vergnügungen, nicht einmal ein Trieb nach erreichbaren Freuden; was hätten das auch für welche sein können? Genau so wie die alten, durch die Zeit verblaßten Polsterstühle im Salon verlor allmählich in ihren Augen alles seine Farbe, alles verwischte sich, nahm einen bleichen, trübseligen Ton an.

Ihre Beziehungen zu Julien hatten sich gänzlich geändert. Seit der Rückkehr von der Hochzeitsreise schien er ein ganz anderer, wie ein Schauspieler, der seine Rolle ausgespielt hat, nun seine gewöhnliche Gestalt annimmt, kaum, daß er sich mit ihr befaßte, ja überhaupt mit ihr sprach; jede Spur von Liebe schien plötzlich verschwunden; und die Nächte, in denen er ihr Zimmer betrat, waren selten.

Er hatte die Verwaltung des Vermögens und des Hauses übernommen, revidierte die Pachtverträge, schikanierte die Bauern und beschränkte die Ausgaben; hatte sogar die Allüren eines Landjunkers angenommen und Firnis und Eleganz der Verlobungszeit abgestreift.

Eine alte, mit Messingknöpfen besetzte samtene Jagdjoppe, die er in seiner Junggesellengarderobe gefunden hatte, kam ihm nicht mehr vom Leibe, wiewohl sie ganz mit Flecken besprenkelt war, und von der Nachlässigkeit der Menschen, die es nicht mehr nötig haben zu gefallen, erfaßt, hatte er aufgehört, sich zu rasieren, so daß sein langer, schlecht geschnittener Bart ihn unglaublich verunstaltete. Seine Hände waren nicht mehr gepflegt, und er trank nach jeder Mahlzeit vier bis fünf Gläschen Kognak.

Als Jeanne versuchte, ihm zärtliche Vorwürfe zu machen, hatte er ihr grob geantwortet: »Laß mich in Ruh'«, daß sie nicht mehr wagte, ihm Ratschläge zu erteilen.

Sie hatte sich mit diesen Veränderungen in einer Weise abgefunden, die sie selbst erstaunte. Er war für sie ein Fremder geworden, ein Fremder, dessen Herz und Seele ihr verschlossen blieben. Oft dachte sie darüber nach und fragte sich, woher es käme, daß sie, die einander begegnet, einander geliebt, einander in leidenschaftlicher Zärtlichkeit geheiratet hatten, sich nun plötzlich beinahe so unbekannt gegenüberstanden, als ob sie niemals Seite an Seite geschlafen hätten.

Und wie kam es, daß sie unter seiner Vernachlässigung nicht mehr litt? War das Leben so? Hatte sie sich getäuscht? Gab es für sie keine Zukunft mehr?

Wenn Julien schön, gepflegt, elegant und verführerisch geblieben wäre, würde sie dann vielleicht sehr gelitten haben?

Nach der Verabredung sollten die Neuvermählten nach Neujahr allein bleiben und Papachen und Mamachen einige Monate in ihrem Haus in Rouen verbringen. Die jungen Leute würden in diesem Winter Les Peuples nicht verlassen, sich fertig einrichten und sich an dem Ort, wo ihr ganzes Leben sich abspielen sollte, eingewöhnen und ihn liebgewinnen. Übrigens hatten sie ein paar Nachbarn, denen Julien seine Frau vorstellen wollte. Es waren die Familien Briseville, Coutelier und Fourville.

Aber die jungen Leute konnten mit ihren Besuchen noch nicht beginnen, weil es bisher unmöglich war, den Maler kommen zu lassen, um das Wappen auf der Kalesche zu ändern.

Der alte Familienwagen war nämlich vom Baron seinem Schwiegersohn überlassen worden; und Julien hätte um keinen Preis der Welt eingewilligt, sich in den Nachbarschlössern vorzustellen, solange das Wappenschild der de Lamare mit dem der Le Perthuis des Vauds nicht vereinigt worden war.

Nun übte aber nur noch ein einziger Mann in der Gegend die Spezialität der heraldischen Verzierungen aus, das war ein Maler aus Bolbec namens Bataille, der abwechselnd in alle normannischen Schlösser gerufen wurde, um die vielbedeutenden Verzierungen an den Wagenschlägen anzubringen.

Endlich an einem Vormittag im Dezember, gegen Ende des Mittagessens, sah man ein Individuum das Gatter öffnen und auf dem geraden Wege herankommen. Auf seinem Rücken trug er einen Kasten. Das war Bataille.

Man ließ ihn in den Speisesaal eintreten, wo man ihm ein Essen servierte, als ob er ein Herr gewesen wäre, denn seine Spezialität, seine steten Beziehungen zu der ganzen Aristokratie des Departments, seine Kenntnisse in der Wappenkunde, der üblichen Ausdrücke, der Embleme hatten aus ihm eine Art »Wappenmann« gemacht, dem die Adligen die Hand schüttelten.

Man ließ sofort einen Bleistift und Papier bringen, und während

er aß, skizzierten der Baron und Julien ihre vereinigten Wappenschilder. Die Baronin, ganz aufgemischt, wenn es sich um diese Sachen handelte, gab ihre Meinung zum besten; und selbst Jeanne nahm an dieser Erörterung teil, als ob irgendein geheimnisvolles Interesse plötzlich in ihr wach geworden wäre.

Bataille äußerte seine Meinung, nahm bisweilen den Bleistift, zeichnete einen Entwurf, führte Beispiele an, beschrieb alle herrschaftlichen Wagen der Gegend, alles, während er sein Mittagessen einnahm, und schien in seinem Geist, sogar in seiner Stimme, eine adlige Atmosphäre mitzubringen.

Er war ein kleiner Mann mit grauem, kurzgeschorenem Haar, mit von Farben beschmutzten Händen und roch nach Firnis. Man erzählte, daß er früher einmal eine häßliche Sittlichkeitsaffäre gehabt habe, aber die allgemeine Hochschätzung aller Adelsfamilien hatte seit langem diesen Flecken ausgewischt.

Sowie er mit dem Kaffee fertig war, führte man ihn in die Remise, und man hob die Wachstuchdecke auf, die den Wagen bedeckte. Bataille prüfte ihn, dann sprach er sich feierlich über die Größenverhältnisse aus, die er seinem Entwurf zu geben für nötig befand; und nach einem nochmaligen Ideenaustausch machte er sich ans Werk.

Trotz der Kälte ließ sich die Baronin eine Sitzgelegenheit bringen, um ihm bei der Arbeit zuzusehen, dann verlangte sie einen Fußwärmer für ihre erstarrten Füße; und sie fing gemächlich mit dem Maler zu reden an, indem sie ihn über die Verschwägerungen, die ihr unbekannt waren, über die neuen Todesfälle und Geburten befragte und so durch seine Auskünfte die Stammbäume, die sie in ihrem Gedächtnis bewahrte, vervollständigte.

Julien war neben seiner Schwiegermutter rittlings auf einem Stuhle sitzen geblieben. Er rauchte seine Pfeife, spuckte auf den Boden, hörte zu und verfolgte mit den Blicken, wie sein Adel in Farbe umgesetzt wurde.

Bald blieb sogar Vater Simon, der sich mit einem Spaten über der Schulter in den Gemüsegarten begab, stehen, um die Arbeit zu betrachten, und auch die beiden Bäuerinnen ließen nicht lange auf sich warten. Sie gerieten in Begeisterung, sie standen zu beiden Seiten der Baronin und wiederholten immer wieder: »Es gehört schon eine Mordsgeschicklichkeit dazu, diese Dinger so fein zu machen.«

Die Wappenschilder auf den beiden Wagenschlägen wurden aber erst am nächsten Tage gegen elf Uhr fertig. Sofort stellte sich alle Welt ein, und man zog die Kalesche heraus, um besser urteilen zu können.

Es war nichts auszusetzen. Man machte Bataille, der mit seinem auf dem Rücken befestigten Kasten wieder abzog, Komplimente. Und der Baron, seine Frau, Jeanne und Julien waren in dem Punkt einer Meinung, daß der Maler ein Kerl von großen Fähigkeiten sei, der, wenn es die Umstände erlaubt hätten, ganz ohne Zweifel ein Künstler geworden wäre.

Julien hatte aus Sparsamkeitsrücksichten Reformen eingeführt, die neue Einschränkungen erforderten.

Der alte Kutscher war Gärtner geworden, da der Vicomte selbst lenken wollte und die beiden Kutschpferde verkauft hatte, um ihr Futter nicht zahlen zu müssen.

Außerdem hatte er, da man jemand brauchte, der die Tiere hielt, wenn die Herrschaften ausgestiegen waren, aus einem Kuhjungen namens Marius einen kleinen Diener gemacht.

Endlich setzte er, um sich Pferde zu verschaffen, in den Pachtverträgen der Couillard und der Martin eine besondere Klausel ein, in der er die beiden Pächter verpflichtete, an einem Tag im Monat, den er festsetzen würde, je ein Pferd zu stellen, wofür sie von der Naturalienabgabe in Gestalt von Geflügel entbunden wurden.

Demnach wurden, da die Couillard eine große Mähre mit gelbem Fell und die Martin einen kleinen weißen Gaul mit langen Haaren beigebracht hatten, diese beiden Tiere nebeneinander gespannt; und Marius, in einer alten Livree des Vater Simon untertauchend, führte diese Equipage vor die Schloßterrasse.

Julien hatte, gesäubert, mit geschweifter Taille, ein wenig von seiner verflossenen Eleganz zurückgewonnen; aber sein langer Bart verlieh ihm trotz allem ein gewöhnliches Aussehen.

Er betrachtete das Gespann, den Wagen und den kleinen Diener und fand sie befriedigend, da nur das neugemalte Wappen für ihn von Wichtigkeit war.

Die Baronin, die am Arme ihres Gatten aus ihrem Zimmer heruntergekommen war, stieg mühsam ein und setzte sich, indem sie den Rücken mit Kissen stützte. Jeanne erschien ebenfalls. Sie lachte zuerst über die Zusammenstellung der Pferde, das weiße,

sagte sie, sei das Enkelkind des gelben, dann, als sie Marius bemerkte mit seinem Gesicht, das ganz begraben war unter seinem kokardengeschmückten Hut, dessen weiterem Herunterrutschen allein durch die Nase eine Grenze gesetzt wurde, mit seinen Händen, die in der Tiefe der Ärmel verschwanden, und seinen beiden Beinen, die sich in den Schößen seiner Livree wie in einem Unterrock verfingen, aus denen unten die Füße, mit enormem Schuhwerk bekleidet, seltsam herausragten, und als sie sah, wie er den Kopf nach hinten warf, um zu schauen, das Knie hob, um einen Schritt zu machen, als ob er über einen Strom setzten wollte, und wie er ganz und gar verloren, verschwunden in der Weite seiner Kleider, wie ein Blinder herumtappte, um den Befehlen nachzukommen, erfaßte sie ein unüberwindliches Lachen, das nicht enden wollte.

Der Baron wandte sich um, betrachtete den bestürzten kleinen Mann, ließ sich sofort anstecken und platzte heraus. Er rief seiner Frau zu, vor Lachen stotternd: »Schau Ma . . Ma . . Marius an! Ist er komisch! Mein Gott, ist er ko . . komisch.«

Da wurde die Baronin, die aus dem Wagenschlag lehnte und ihn betrachtete, von einem solchen Heiterkeitsanfall geschüttelt, daß die Kalesche in allen ihren Federn tanzte, als führe sie über eine holprige Straße.

Aber Julien fragte mit fahlem Gesicht: »Was habt ihr zu lachen? Ihr seid wohl verrückt!«

Jeanne setzte sich ganz krank, in Lachkrämpfen, unfähig, sich zu beruhigen, auf eine Treppenstufe. Der Baron tat das gleiche; und in der Kalesche besagte ein krampfhaftes Schnauben, eine Art anhaltendes Glucksen, daß die Baronin am Ersticken war. Und plötzlich geriet auch der Rock von Marius in Zuckungen. Zweifellos hatte er es erfaßt, denn auch er lachte aus Leibeskräften unter seiner Kopfbedeckung hervor.

Jetzt stürzte Julien erbittert dazu. Mit einer Ohrfeige trennte er den Kopf des Jungen von dem riesenhaften Hut, welcher auf den Rasen flog. Dann stotterte er mit vor Zorn bebender Stimme, indem er sich wieder seinem Schwiegervater zuwandte: »Mir scheint, daß Sie keinen Grund haben zu lachen. Wir wären nicht so weit, wenn Sie nicht Ihr Vermögen verschleudert und Ihre Habe aufgegessen hätten. Wessen Schuld ist es, wenn Sie ruiniert sind?«

Die ganze Heiterkeit war wie erstarrt und hörte plötzlich auf. Niemand sprach ein Wort. Jeanne, der jetzt das Weinen nahe war, setzte sich lautlos neben ihre Mutter. Der Baron nahm bestürzt und stumm neben den beiden Frauen Platz, und Julien stieg auf den Bock, nachdem er das flennende Kind, dessen Backe anschwoll, neben sich gesetzt hatte.

Die Fahrt war traurig und schien lang. Im Wagen schwieg man. Alle drei waren düster und befangen und wollten sich nicht eingestehen, was ihre Herzen beschäftigte. Sie fühlten gar wohl, daß sie von nichts anderm hätten sprechen können, so sehr lasteten diese schmerzlichen Gedanken auf ihnen, und lieber schwiegen sie traurig, als daß sie diesen peinlichen Gegenstand berührten.

Im ungleichen Trott der beiden Gäule fuhr die Kalesche an Bauernhöfen vorbei, scheuchte erschreckte schwarze Hennen auf, die eilig flohen, sich in die Hecken duckten und verschwanden, wurde manchmal von einem heulenden Wolfshund verfolgt, der dann mit gesträubtem Fell zu seinem Haus zurücklief, sich noch einmal umdrehte und nach dem Wagen hin bellte. Ein Bursche mit beschmutzten Holzschuhen, der mit langen, schlenkernden Beinen, die Hände in den Taschen, den blauen Kittel im Rücken vom Winde aufgeblasen, dahinschritt, trat zur Seite, um die Equipage vorbeizulassen, und zog linkisch seine Mütze ab, wobei seine glatten, an den Schädel geklebten Haare sichtbar wurden.

Und hinter jedem Bauernhof kam wieder das Flachland und in der Ferne von Zeit zu Zeit neue Höfe.

Endlich gelangte man in eine große Fichtenallee, die in die Landstraße mündete. Infolge der kotigen Wagenspuren neigte sich die Kalesche, und Mamachen schrie auf. Das weiße Gitter am Ende der Allee war geschlossen; Marius lief hin und öffnete es, und man fuhr um einen riesigen Rasenplatz herum und kam auf einem bogenförmigen Weg vor ein hohes, ausgedehntes und düsteres Gebäude mit geschlossenen Fensterläden.

Das Mitteltor öffnete sich plötzlich, und ein alter, gelähmter Diener mit einer rot- und schwarzgestreiften Weste, die zum Teil von seiner Dienstschürze bedeckt war, stieg mit kleinen, schrägen Schritten die Stufen der Freitreppe herab. Er fragte die Besucher nach ihren Namen und führte sie in einen geräumigen Salon, dessen immer geschlossene Läden er mühsam öffnete. Die Möbel waren

mit Überzügen bedeckt, die Stutzuhr und die Leuchter in weiße Tücher gehüllt; und eine muffige Luft, eine Luft von Anno dazumal, schien kalt und feucht die Lungen, das Herz und die Haut mit Trübseligkeit zu durchdringen.

Alle setzten sich und warteten. Schritte, die man in dem Korridor darüber hörte, deuteten auf eine ungewöhnliche Hast. Die überraschten Schloßbesitzer kleideten sich so schnell als möglich an. Es dauerte lange. Mehrmals klingelte eine Glocke. Neue Schritte eilten die Treppe hinauf und hinunter.

Die Baronin, von der durchdringenden Kälte erstarrt, nieste ein über das andere Mal. Julien durchmaß mit langen Schritten das Zimmer. Jeanne blieb trübselig neben ihrer Mutter sitzen. Und der Baron stand mit gesenktem Kopf an den Marmor des Kamins gelehnt.

Endlich drehte sich eine der hohen Türen in den Angeln und ließ den Vicomte und die Vicomtesse von Briseville sehen. Sie waren alle beide klein, kümmerlich, tänzelnd, von unbestimmbarem Alter, zeremoniös und verlegen. Die Dame, in einem geblümten Seidenkleid mit einem bebänderten Häubchen wie eine alte Herzogin angetan, plauderte schnell mit ihrer säuerlichen Stimme.

Der Gemahl, in einen pompösen Frack gezwängt, verneigte sich feierlich, indem er die Knie bog. Seine Nase, seine Augen, seine Zähne, von denen das Zahnfleisch heruntergerutscht war, seine Haare, die wie gewachst aussahen, und sein prächtiger Galaanzug glänzten, wie Dinge glänzen, die man sehr in acht nimmt.

Nach den ersten Komplimenten der Begrüßung und den nachbarlichen Höflichkeiten wußte keiner mehr etwas zu sagen. So beglückwünschte man sich denn gegenseitig ohne Grund. Man würde, so hoffte man beiderseits, die ausgezeichneten Beziehungen fortsetzen. Es wäre eine große Hilfe, sich besuchen zu können, wenn man das ganze Jahr auf dem Lande wohnte.

Und die eisige Atmosphäre des Salons drang in die Knochen, machte die Kehlen heiser. Jetzt hustete die Baronin auch noch, obwohl sie nicht ganz aufgehört hatte zu niesen. Da gab der Baron das Zeichen zum Aufbruch. Die Briseville drangen in sie: »Wie? So schnell? Bleiben Sie doch noch ein wenig.« Aber Jeanne hatte sich erhoben, obwohl ihr Julien, der den Besuch zu kurz fand, Zeichen machte.

Man wollte dem Diener läuten, damit er den Wagen vorfahren lasse. Die Glocke ging nicht mehr. Der Herr des Hauses stürzte fort und kam dann zurück, um zu melden, daß man die Pferde in den Stall geführt habe.

Man mußte warten. Jeder suchte nach einer Phrase, nach einem Wort. Man sprach von dem regnerischen Winter. Jeanne fragte, unwillkürlich vor Ungeduld vibrierend, was ihre beiden Gastgeber so ganz allein das ganze Jahr täten. Aber die Briseville wunderten sich über die Frage, denn sie waren unaufhörlich beschäftigt, schrieben viel an ihre adligen Verwandten, die über ganz Frankreich verstreut waren, verbrachten ihre Tage mit winzigen Beschäftigungen, waren zeremoniell miteinander wie vor Fremden und plauderten majestätisch von den nichtigsten Dingen.

Unter der hohen, geschwärzten Decke des geräumigen, unbewohnten, in Leinwand eingepackten Salons kam Jeanne dies Männlein und dies Weiblein, klein, säuberlich und kokett, wie sie waren, wie adlige Konserven vor.

Endlich fuhr der Wagen mit seinen beiden ungleichen Kleppern draußen vor den Salonfenstern vor. Aber Marius war verschwunden. Er war offenbar, da er sich bis zum Abend frei glaubte, fortgegangen, um einen Spaziergang zu machen.

Julien war wütend und bat, man solle ihn zu Fuß zurückschicken. Und nach vielen beiderseitigen Verbeugungen brach man wieder nach Les Peuples auf.

Sobald sie sich wieder im Wagen befanden, fingen Jeanne und ihr Vater trotz der schweren Gedrücktheit, die Juliens brutales Benehmen in ihnen zurückgelassen hatte, wieder zu spaßen an, indem sie die Gesten und den Tonfall der Briseville nachahmten. Der Baron machte den Gemahl, Jeanne die Gemahlin. Doch die Baronin, die sich in ihrem Respekt vor dem Adel ein wenig verletzt fühlte, sagte: »Es ist unrecht, daß ihr euch so mokiert. Diese Leute sind sehr *comme il faut* und gehören ausgezeichneten Familien an.« Sie schwiegen, um Mamachen nicht zu ärgern, aber von Zeit zu Zeit sahen sie einander an und legten doch wieder los. Er verneigte sich zeremoniell und sagte in feierlichem Ton: »Ihr Schloß Les Peuples muß sehr kalt sein, Madame, bei diesem starken Seewind, der es den ganzen Tag heimsucht?« Sie nahm eine gezierte Miene an, machte ein Mäulchen und schüttelte ein wenig mit dem Kopf wie eine Ente, die

badet: »Ach, mein Herr, ich habe hier das ganze Jahr genug zu tun. Dann haben wir so viele Verwandte, denen wir schreiben müssen. Und Herr von Briseville lädt alles auf mich ab. Er beschäftigt sich zusammen mit dem Abbé Pelle mit wissenschaftlichen Forschungen. Sie schreiben zusammen die religiöse Geschichte der Normandie.«

Jetzt lächelte auch die Baronin in gutmütigem Ärger und wiederholte: »Es ist nicht recht, sich so über Leute unseres Standes zu mokieren.«

Doch plötzlich hielt der Wagen. Julien schrie jemandem hinten zu. Und Jeanne und der Baron, die sich zu den Wagenfenstern herausneigten, bemerkten ein seltsames Wesen, das angerollt zu kommen schien. Die Beine, von den flatternden Rockschößen seiner Livree behindert, von der auf und ab schaukelnden Kopfbedeckung blind gemacht, die Ärmel wie Windmühlenflügel schwenkend, aufs Geratewohl durch große Pfützen patschend, über alle Straßensteine stolpernd, torkelnd, hüpfend, mit Kot bespritzt, folgte Marius dem Wagen, so geschwind als ihn seine Beine tragen wollten.

Kaum hatte er ihn erreicht, als Julien sich bückte, ihn am Kragen packte, zu sich hinaufzog, und, die Zügel fahren lassend, begann, den Hut mit Faustschlägen zu bearbeiten, so daß er dem Jungen bis auf die Schultern rutschte und wie eine Trommel tönte. Der Bursche heulte dadrinnen, versuchte zu fliehen und vom Bock herunterzuspringen, während sein Herr ihn mit der einen Hand festhielt und mit der andern immer drauflosschlug.

Jeanne stammelte fassungslos: »Vater ... o Vater!« und die empörte Baronin preßte den Arm ihres Gatten: »Aber so hindere ihn doch daran, Jacques!« Da ließ der Baron plötzlich das Vorderfenster herunter, packte seinen Schwiegersohn beim Ärmel und stieß mit bebender Stimme hervor: »Werden Sie bald aufhören, das Kind zu schlagen?«

Julien wandte sich verblüfft um: »Ja, sehen Sie denn nicht, in was für einen Zustand der Schuft seine Livree versetzt hat?«

Der Baron hatte den Kopf zwischen die beiden geschoben: »Das ist mir ganz einerlei, man benimmt sich nicht so roh.« Julien ärgerte sich wieder: »Lassen Sie mich gefälligst in Ruhe, das geht Sie nichts an«, und er hob von neuem die Hand. Aber sein Schwiegervater

packte sie plötzlich und zog sie mit solcher Kraft nieder, daß sie an das Holz des Bockes stieß, und schrie so heftig: »Wenn Sie nicht aufhören, dann steige ich ab und ich werde Sie schon zu hindern wissen!«, daß der Vicomte sich sofort beruhigte und achselzuckend, ohne ein Wort zu erwidern, auf die Pferde einpeitschte, die sich in schnellen Trab setzten.

Die beiden Frauen waren aschfahl und regten sich nicht. Man hörte deutlich die schweren Herzschläge der Baronin.

Beim Abendessen war Julien netter wie gewöhnlich, als ob nichts passiert wäre. Jeanne, ihr Vater und Madame Adelaide, die in ihrem unbeirrbaren Wohlwollen schnell vergaßen, waren gerührt über seine Liebenswürdigkeit und gaben sich mit dem behaglichen Gefühl Genesender der Fröhlichkeit hin. Als Jeanne wieder von den Briseville sprach, scherzte sogar ihr Gatte, doch fügte er schnell hinzu: »Gleichviel, sie sehen doch sehr vornehm aus.«

Man machte keine andern Besuche, denn jeder hatte Angst, den Fall Marius wieder aufs Tapet zu bringen. Man beschloß, nur den Nachbarn zu Neujahr Karten zu schicken und die Besuche auf die ersten lauen Tage des kommenden Frühlings zu verschieben.

Weihnachten kam. Man hatte den Pfarrer, den Bürgermeister und seine Frau zum Diner. Dann lud man sie wieder zu Neujahr ein. Das waren die einzigen Zerstreuungen, die die eintönige Kette der Tage unterbrachen.

Papa und Mamachen sollten Les Peuples am 9. Januar verlassen. Jeanne wollte sie zurückhalten, aber Julien tat nichts dergleichen. Und der Baron ließ angesichts der zunehmenden Kühle seines Schwiegersohns einen Postwagen aus Rouen kommen.

Am Tage der Abreise – man war mit dem Packen fertig, und es war klares Frostwetter – beschlossen Jeanne und ihr Vater, nach Yport hinunterzugehen, wo sie seit der Rückkehr aus Korsika nicht mehr gewesen waren.

Sie schritten durch den Wald, durch den sie am Hochzeitstag gegangen war, ganz verschmolzen mit ihm, dessen Gefährtin sie für immer wurde, durch den Wald, in dem sie die erste Liebkosung empfangen hatte, wo sie der erste Schauer durchrieselt hatte, die erste Ahnung jener sinnlichen Liebe, die sie endlich im wilden Tal von Ota kennenlernen sollte, dort neben der Quelle, aus der sie, Küsse und Wasser vermischend, tranken.

Keine Blätter, keine Schlingpflanzen waren mehr da, nichts als das Rauschen der Zweige, das trockene Knistern eines nackten, winterlichen Gehölzes.

Sie kamen in das kleine Dorf. Die leeren, schweigsamen Straßen behielten ihren Geruch von See, Tang und Fischen. Die großen, bräunlichen Netze trockneten noch immer, entweder vor den Haustüren aufgehängt oder aber über die Steine gebreitet. Das graue, kalte Meer mit seinem ewig grollenden Schäumen begann zu sinken und entblößte in der Richtung von Fécamp die grünlichen Klippen am Fuße der Felsküste. Und die dicken, auf der Flanke liegenden Barken längs des Strandes sahen wie riesige tote Fische aus. Der Abend senkte sich nieder, die Fischer strömten gruppenweise zum Steindamm hin. Sie stapften schwer daher in ihren großen Seemannsstiefeln, den Hals in ein Wolltuch gewickelt, eine Literflasche mit Branntwein in der einen, eine Bootslaterne in der andern Hand. Lange drehten sie sich um die auf die Seite geneigten Boote herum, brachten mit der normannischen Langsamkeit ihre Netze, ihre Bojen, einen großen Laib Brot, einen Topf mit Butter, ein Glas und die Flasche mit Fusel an Bord. Dann richteten sie das Boot auf und stießen es ins Wasser. Es rutschte mit großem Gepolter über das Steingeröll hinunter, zerteilte den Schaum, wurde von der Welle gehoben, schaukelte einige Augenblicke lang, öffnete dann seinen braunen Flügel und verschwand, mit dem kleinen Licht an der Mastspitze, in der Nacht.

Und die großen Fischerweiber, deren hartes Knochengerüst sich unter den dünnen Kleidern abzeichnete, blieben, bis der letzte Mann ausgefahren war. Dann kehrten sie in das schlummernde Dorf zurück und störten mit ihrem kreischenden Stimmen den schweren Schlaf der schwarzen Gassen.

Regungslos betrachteten der Baron und Jeanne die Fahrt dieser Männer ins Dunkle, die jede Nacht so auszogen und dem Tode trotzten, um nicht Hungers zu sterben, und doch so bettelarm waren, daß sie niemals Fleisch essen konnten.

Der Baron geriet vor dem Ozean in Entzücken und flüsterte: »Das ist furchtbar und schön. Wie herrlich ist dieses Meer, auf das sich die Finsternis senkt, auf dem so viele Menschenleben in Gefahr sind! Nicht wahr, Jeanette?«

Sie antwortete mit einem erfrorenen Lächeln: »An das Mittel-

meer reicht es doch nicht heran.« Aber der Vater entrüstete sich: »Was, das Mittelmeer! Dieses glatte Öl, dieses Zuckerwasser, dieses Waschblau im Zuber. Sieh nur dieses da an, wie schreckenerregend es ist mit seinen Schaumkämmen! Und denke an alle die Menschen, die darauf sind und die man schon nicht mehr sieht.«

Jeanne stimmte ihm mit einem Seufzer zu: »Ja, wenn du willst.« Aber dieses Wort »das Mittelmeer«, das auf ihre Lippen getreten war, hatte sie von neuem ins Herz getroffen und alle ihre Gedanken in jene fernen Gegenden zurückversetzt, wo ihre Träume begraben lagen.

Statt durch die Wälder zurückzugehen, schlugen Vater und Tochter den Weg über die Landstraße ein und stiegen mit verlangsamten Schritten den Abhang hinan. Traurig über die bevorstehende Trennung, sprachen sie kaum mehr. Manchmal, wenn sie an den Gräben der Meierhöfe entlanggingen, prallte ihnen der Geruch zerstampfter Äpfel ins Gesicht, der Duft von frischem Zider, der in dieser Jahreszeit über dem ganzen normannischen Land zu schweben scheint, oder der fette Stalldunst, dieser laue, herzhafte Gestank, der vom Kuhmist ausströmt. Ein kleines erleuchtetes Fenster hinten im Hof zeigte das Wohnhaus an.

Und Jeanne war es, als ob ihre Seele sich weitete und unnennbare Dinge begriffe. Diese kleinen, in den Feldern verstreuten Lichter gaben ihr plötzlich das lebhafte Gefühl des Alleinseins aller Wesen, die alles entzweit, alles trennt, alles fernhält von allem, was sie lieben würden.

Und sie sagte mit mutloser Stimme: »Es ist nicht immer heiter, das Leben.«

Der Baron seufzte: »Was soll man da machen, Töchterchen, wir können nichts dafür.«

Am nächsten Tag, als Papa und Mamachen abgereist waren, blieben Jeanne und Julien allein.

VII

Jetzt traten die Karten in das Leben der jungen Leute. Täglich, nach dem Mittagessen, während Julien die Pfeife rauchte und seinen Kognak hinuntergoß, von dem er nach und nach sechs bis acht

Gläschen trank, spielte er ein paar Partien Besik mit seiner Frau. Dann ging sie in ihr Zimmer, setzte sich ans Fenster, und während der Regen gegen die Scheiben schlug oder der Wind an ihnen rüttelte, stickte sie unentwegt an dem Besatze eines Unterrockes. Zuweilen, wenn sie müde wurde, erhob sie die Augen und sah in die Ferne auf das düstere, schäumende Meer hinaus. Dann, nachdem sie einige Minuten gedankenlos darauf hingeblickt hatte, nahm sie wieder ihre Handarbeit auf.

Übrigens hatte sie nichts anderes zu tun, da Julien die ganze Leitung des Hauses übernommen hatte, um seinem Bedürfnis nach Autorität und seiner Sparsucht völlig genugzutun. Er zeigte sich übertrieben knickrig, gab niemals Trinkgelder, beschränkte das Essen auf das unumgänglich Notwendige; und da sich Jeanne, seit sie in Les Peuples war, täglich vom Bäcker einen normannischen Kuchen backen ließ, schaffte er diese Ausgabe ab und verurteilte sie zu geröstetem Brot.

Sie sagte nichts, um den Auseinandersetzungen, dem Zank und Streit aus dem Wege zu gehen, aber sie litt unter jeder neuen Äußerung seines Geizes wie unter Nadelstichen. Ihr, die in einer Familie erzogen war, in der das Geld keine Rolle spielte, kam dies niedrig und hassenswert vor. Wie oft hatte sie nicht Mamachen sagen hören: »Das Geld ist doch dazu da, damit man es ausgibt.« Jetzt wiederholte Julien immer wieder: »Willst du dich niemals daran gewöhnen können, das Geld nicht aus dem Fenster zu werfen?« Und jedesmal, wenn er von einer Rechnung oder vom Lohn ein paar Groschen abgezwackt hatte, sagte er, indem er das Kleingeld mit einem Lächeln in seine Tasche gleiten ließ: »Aus kleinen Bächen werden große Ströme.«

Doch an manchen Tagen kam Jeanne wieder ins Träumen. Langsam hielt sie in ihrer Arbeit inne, und mit schlaffen Händen und erloschenem Blick spann sie wieder einen ihrer Kleinmädchenromane fort und ging darin auf reizende Abenteuer aus. Doch plötzlich riß sie die Stimme Juliens, der dem Vater Simon einen Auftrag gab, aus dieser einlullenden Träumerei, und wieder nahm sie ihre geduldige Handarbeit vor und sagte sich: All das ist vorbei; und auf ihre Finger, die die Nadel führten, fiel eine Träne.

Auch Rosalie, die früher so heitere, die immer gesungen hatte, war verändert. Ihre drallen Backen hatten ihren roten Anstrich

verloren, sie schienen jetzt fast hohl, manchmal von fast erdiger Farbe.

Jeanne fragte sie oft: »Bist du krank, mein Kind?« Die junge Magd antwortete dann jedesmal: »Nein, Madame.« Ein wenig Blut stieg ihr in die Wangen, und sie entwischte schnell.

Anstatt wie sonst zu laufen, schleppte sie jetzt mühsam ihre Beine nach. Ja, sie schien nicht einmal mehr putzsüchtig zu sein und kaufte den Hausierern, die ihr vergeblich ihre Seidenbänder, ihre Mieder, ihre verschiedenen Parfüms zeigten, nichts mehr ab.

Und in dem großen Gebäude war es wie eine hallende Leere. Trübselig stand es da mit seiner von den Regengüssen mit langen, grauen Streifen beschmutzten Fassade.

Ende Januar traten Schneefälle ein. Von weitem sah man die großen Wolken über der düstern See vom Norden herkommen; und nun begann der weiße Flockenfall. In einer einzigen Nacht war die ganze Ebene begraben, und am Morgen zeigten sich die Bäume in ihrem Aufputz aus gefrorenem Schaum.

Julien hielt sich, struppig wie ein Waldmensch, in hohen Stiefeln im Boskett auf und lauerte, im Graben, der an die Heide grenzte, versteckt, auf die Wandervögel. Von Zeit zu Zeit zerriß ein Büchsenschuß das starre Schweigen der Felder, und Schwärme schwarzer Raben flogen auf.

Manchmal trat Jeanne, von Langweile überwältigt, auf die große Freitreppe hinaus. Aus großer Entfernung hallten Geräusche des Lebens über die schlafende Stille der bleichen, traurigen Fläche herüber.

Dann hörte sie nichts mehr als eine Art Murren der fernen Wogen und das unbestimmte, unaufhörliche Niederrieseln der staubfeinen Eiskristalle, die fielen und fielen.

Und die Schneeschicht wurde höher und höher unter dem endlosen Fall dieses dichten, leichten Schaumes.

An solch einem fahlen Morgen saß Jeanne regungslos in ihrem Zimmer am Kamin und wärmte ihre Füße, während Rosalie, die sich von Tag zu Tag mehr veränderte, langsam das Bett machte. Plötzlich hörte Jeanne hinter sich einen schmerzlichen Seufzer. Ohne den Kopf zu wenden, fragte sie: »Was hast du denn?«

Das Dienstmädchen antwortete wie immer: »Nichts, Madame.« Aber ihre Stimme klang wie gebrochen, wie verhauchend.

Jeanne dachte schon an etwas anderes, als ihr auffiel, daß sie das junge Mädchen nicht mehr sich bewegen hörte. Sie rief: »Rosalie!« Nichts rührte sich. Nun glaubte sie, sie sei geräuschlos hinausgegangen, und rief lauter: »Rosalie!« Schon wollte sie den Arm ausstrecken, um zu klingeln, als ein tiefes Stöhnen, das ganz in ihrer Nähe ausgestoßen wurde, sie erschreckt vom Stuhl auffahren ließ.

Die kleine Magd saß bleich, mit verstörten Blicken, auf dem Fußboden. Sie hatte die Beine von sich gestreckt und lehnte den Rücken an das Bettgestell.

Jeanne stürzte hinzu: »Was fehlt dir denn, was fehlt dir denn?«

Die andere sprach kein Wort, machte keine Bewegung; sie starrte ihre Herrin mit irrem Blick an und keuchte wie von einem entsetzlichen Schmerz zerrissen. Dann spannte sich plötzlich ihr ganzer Körper, sie glitt auf den Rücken und erstickte zwischen ihren zusammengepreßten Zähnen einen wilden Schmerzensschrei.

Und unter dem Kleide, das sich über die gespreizten Schenkel spannte, bewegte sich nun etwas. Und von dort kam alsbald ein merkwürdiges Geräusch, ein Aufklatschen, ein Schnaufen wie aus einer erstickenden Kehle, die nach Atem ringt, dann plötzlich ein langgezogenes Miau wie von einer Katze, ein dünner und schon jämmerlicher Klagelaut, der erste Schmerzensruf des Kindes, das ins Leben tritt.

Plötzlich hatte Jeanne begriffen, sie rannte kopflos auf die Treppe hinaus und schrie: »Julien, Julien!«

Er antwortete von unten: »Was willst du?«

Es machte ihr große Mühe, hervorzustoßen: »Rosalie... Rosalie hat...«

Julien kam, immer zwei Stufen auf einmal nehmend, herbeigestürzt, betrat ungestüm das Zimmer, hob mit einer einzigen Bewegung die Kleider des Mädchens auf und enthüllte ein scheußliches Stückchen Fleisch, das zerknittert, wimmernd, zusammengekrümmt und ganz schleimig sich zwischen den beiden nackten Beinen bewegte.

Er richtete sich mit bösem Gesicht auf und stieß seine fassungslose Frau hinaus: »Das geht dich nichts an. Geh weg. Schick mir Ludivine und den Vater Simon.«

Jeanne ging, am ganzen Leibe zitternd, in die Küche hinunter, dann begab sie sich, da sie nicht wagte, wieder hinaufzugehen, in

den Salon, der seit der Abreise ihrer Eltern ohne Feuer war, und wartete ängstlich auf Nachricht.

Bald sah sie den Diener eilig aus dem Hause laufen. Fünf Minuten später kam er mit der Witwe Dentu, der Hebamme des Dorfes, zurück.

Und nun hörte man im Treppenhaus ein großes Hinundher, als ob man einen Verwundeten trüge, und Julien kam, um Jeanne zu sagen, sie dürfe wieder in ihr Zimmer gehen.

Sie zitterte, als hätte sie eben einem furchtbaren Unglück beigewohnt, setzte sich wieder an ihr Feuer und fragte dann: »Wie geht es ihr?«

Julien durchmaß nervös und in Gedanken versunken das Zimmer, er schien zornig. Anfangs antwortete er nicht, endlich, nach einigen Sekunden, blieb er stehen: »Was gedenkst du mit diesem Mädchen zu tun?«

Sie begriff nicht und sah ihren Mann an: »Wie? Was willst du damit sagen? Ich – ich weiß nicht.«

Und plötzlich schrie er, als ob er wütend würde: »Wir können doch nicht ein uneheliches Kind im Haus behalten.«

Jetzt war Jeanne ganz vor den Kopf geschlagen, endlich, nach einer langen Pause, sagte sie: »Aber, mein Freund, man könnte es vielleicht zu einer Amme tun?«

Er ließ sie nicht aussprechen: »Und wer wird es zahlen? Wahrscheinlich du?«

Sie dachte wieder lange nach und suchte nach einer Lösung, endlich sagte sie: »Aber der Vater wird sich doch des Kindes annehmen. Und wenn er Rosalie heiratet, ist jede Schwierigkeit behoben.«

Julien, scheinbar am Ende seiner Geduld und wütend, fiel ein: »Der Vater ... der Vater ... kennst du ihn denn ... den Vater? ... Nein, nicht wahr. Also, was dann?«

Jeanne regte sich auf und wurde lebhaft: »Aber er wird doch sicher das Mädchen nicht so lassen. Da wäre er ja ein Feigling! Wir werden seinen Namen erfragen, wir werden ihn aufsuchen, und er wird sich schon erklären müssen.«

Julien hatte sich beruhigt und ging auf und ab: »Meine Liebe, sie will ihn nicht sagen, den Namen dieses Menschen, sie wird ihn dir ebensowenig gestehen wie mir ... und wenn er nichts von ihr

wissen will? ... Wir können doch nicht eine ledige Mutter mit ihrem Bastard unter unserm Dach behalten, verstehst du?«

Jeanne sagte hartnäckig noch einmal: »Dann ist er ein Elender, dieser Mensch. Aber es ist nötig, daß wir ihn kennen, dann wird er es mit uns zu tun haben.«

Julien, der sehr rot geworden war, ärgerte sich wieder: »Und bis dahin?«

Sie wußte nicht, wie sie entscheiden sollte, und fragte ihn: »Was schlägst du denn vor?«

Sogleich sagte er seine Meinung: »Ach ich, das ist ganz einfach. Ich würde ihr etwas Geld geben und sie mit ihrem Balg zum Teufel schicken.«

Doch die junge Frau war empört und widersetzte sich: »Nein! Das niemals! Dieses Mädchen ist meine Milchschwester. Wir sind zusammen aufgewachsen. Sie hat einen Fehltritt begangen, schlimm genug, aber ich werde sie deswegen nicht hinauswerfen. Und wenn es sein muß, so werde ich dieses Kind erziehen.«

Jetzt platzte Julien heraus: »Und wir werden uns ein feines Renommee machen, wir mit unserem Namen und unsern Verbindungen! Und man wird überall sagen, daß wir das Laster beschützen und Dirnen Obdach geben, und die ehrbaren Leute werden keinen Fuß mehr in unser Haus setzen wollen. Nein, wirklich, wie kannst du nur so etwas denken? Du bist verrückt.«

Sie war ruhig geblieben. »Ich werde Rosalie niemals hinauswerfen lassen; und wenn du sie nicht behalten willst, dann wird meine Mutter sie wieder nehmen. Und schließlich müssen wir den Namen des Vaters ihres Kindes doch erfahren.«

Da verließ er aufs äußerste gereizt das Zimmer, schlug mit der Türe und rief aus: »Die Weiber sind blödsinnig mit ihren Ideen!«

Am Nachmittag ging Jeanne die Wöchnerin besuchen. Die junge Dienstmagd lag, von der Witwe Dentu gewartet, unbeweglich mit offenen Augen im Bett, während die Pflegerin das Neugeborene in ihren Armen wiegte.

Kaum hatte Rosalie ihre Herrin erblickt, als sie zu schluchzen anfing und geschüttelt von Verzweiflung ihr Gesicht unter der Decke versteckte. Jeanne wollte ihr einen Kuß geben, aber sie wehrte ab. Jetzt mischte sich die Pflegerin ein und zog ihr die Decke vom Gesicht. Und sie ergab sich, weinte wohl noch, aber leise.

Ein spärliches Feuer brannte im Kamin. Es war kalt, das Kind weinte. Jeanne wagte aus Furcht vor einem neuen Weinkrampf nicht, von dem Kleinen zu sprechen. Sie hatte die Hand des Dienstmädchens in die ihre genommen und wiederholte mechanisch: »Es wird schon gut werden.« Das arme Mädchen warf verstohlene Blicke auf die Pflegerin und zuckte beim Geschrei des Säuglings zusammen. Ein Rest von Kummer preßte ihr noch die Kehle zu und machte sich zuweilen in einem krampfhaften Schluchzen Luft, während die zurückgehaltenen Tränen wie Wasser in ihrer Kehle glucksten.

Jeanne gab ihr noch einmal einen Kuß und flüsterte ihr ganz leise ins Ohr: »Laß gut sein, mein Kind, wir werden schon dafür sorgen.« Dann, als ein neuer Tränenausbruch kam, machte sie sich schnell davon.

Täglich kehrte sie zu ihr zurück, und täglich fing Rosalie zu schluchzen an, wenn sie ihre Herrin erblickte.

Das Kind wurde bei einer Nachbarin in Pflege gegeben.

Julien aber sprach kaum mit seiner Frau, als hege er seit jener Zeit, da sie sich geweigert hatte, das Dienstmädchen zu entlassen, einen heftigen Groll gegen sie. Eines Tages kam er auf diesen Gegenstand zurück, doch Jeanne zog einen Brief aus der Tasche, in welchem die Baronin bat, ihr das Mädchen sofort zu schicken, falls man sie in Les Peuples nicht behalten wolle. Julien rief wütend aus: »Deine Mutter ist ebenso verrückt wie du!« Aber er sprach nicht mehr weiter davon.

Vierzehn Tage später konnte die Wöchnerin schon aufstehen und ihren Dienst wieder übernehmen.

Eines Morgens hieß Jeanne sie sich setzen, faßte sie an beiden Händen und sagte, indem sie ihr tief in die Augen sah: »Nun, mein Kind, sage mir alles.«

Rosalie fing an zu zittern und stammelte: »Was, Madame?«

»Von wem ist das Kind?«

Da wurde das junge Dienstmädchen wieder von furchtbarer Verzweiflung ergriffen, und es suchte fassungslos seine Hände loszumachen, um mit ihnen das Gesicht zu bedecken.

Aber Jeanne gab der Widerstrebenden einen Kuß und tröstete sie: »Es ist ein Unglück, was läßt sich da tun, mein Kind. Du warst eben schwach, doch das passiert auch vielen andern. Wenn der Vater dich

heiratet, wird kein Mensch mehr daran denken. Und wir können ihn mit dir in unsern Dienst nehmen.«

Rosalie stöhnte wie unter der Folter, und von Zeit zu Zeit versuchte sie mit einem Ruck sich loszumachen und zu entfliehen.

Jeanne fuhr fort: »Ich begreife sehr gut, daß du dich schämst. Aber du siehst doch, daß ich mich nicht ärgere, sondern sanft mit dir spreche. Wenn ich dich nach dem Namen des Mannes frage, so ist es für dein Wohl, weil ich an deinem Kummer fühle, daß er dich im Stich läßt, und weil ich das verhindern will. Hör mal, Julien wird ihn aufsuchen, und wir werden ihn zwingen, dich zu heiraten, und da wir euch beide behalten werden, werden wir ihn schon auch zwingen, dich glücklich zu machen.«

Diesmal machte Rosalie einen so ungestümen Befreiungsversuch, daß es ihr gelang, ihre Hände aus den Händen ihrer Herrin zu reißen, und sie lief davon wie eine Närrin.

Beim Abendessen sagte Jeanne zu Julien: »Ich habe Rosalie dazu bestimmen wollen, mir den Namen ihres Verführers zu enthüllen. Es ist mir nicht gelungen. Versuche es doch deinerseits, damit wir diesen Elenden zwingen, sie zu heiraten.«

Jedoch Julien wurde sofort ärgerlich: »Du, hör mal, ich will von dieser Geschichte nichts mehr hören. Du hast dieses Mädchen behalten wollen, gut, behalte sie, aber belästige mich nicht mehr ihrethalben.«

Seit dieser Erklärung schien seine Laune noch reizbarer als sonst; und er hatte die Gewohnheit angenommen, nur noch schreiend mit seiner Frau zu sprechen, als ob er immer in Wut wäre, während sie vielmehr ihre Stimme senkte, sich sanft und versöhnlich benahm, um jedem Streit aus dem Wege zu gehen. Und oft weinte sie nachts in ihrem Bett.

Trotz seiner beständigen Ärgerlichkeit hatte ihr Gatte die seit der Rückreise aus Korsika vergessenen Liebesgewohnheiten wieder aufgenommen. Und selten vergingen drei aufeinanderfolgende Nächte, ohne daß er die Schwelle des ehelichen Schlafgemaches überschritt.

Rosalie war bald völlig genesen und wurde weniger traurig. Gleichwohl blieb sie wie verstört und von einer unbekannten Furcht verfolgt. Zweimal noch ergriff sie die Flucht, als Jeanne von neuem versuchte, sie auszufragen.

Auch Julien schien mit einemmal liebenswürdiger, und die junge Frau klammerte sich an vage Hoffnungen und hatte wieder heitere Augenblicke, obwohl sie manchmal sonderbare Übelkeiten befielen, von denen sie aber nicht sprach. Es war kein Tauwetter eingetreten. Seit bald fünf Wochen dehnte sich ein klarer Himmel über der glatten, harten und glänzenden Schneefläche aus. Bei Tage war er wie ein blauer Kristall, bei Nacht ganz mit Sternen übersät, die man für Reif hätte halten können, so schneidend war die Kälte in dem weiten Raum.

Die Bauernhäuser standen ein jedes abgesondert in seinem viereckigen Hofe hinter der Wand der hohen, vom Rauhreif gepuderten Bäume und schienen eingeschlafen in ihrem weißen Gewand. Weder Mensch noch Tier kam mehr heraus. Nur die Schornsteine auf den Strohdächern verrieten noch durch ein dünnes Räuchlein, das kerzengerade in die eisige Luft stieg, das verborgene Leben.

Die Ebenen, die Hecken, die Ulmen der Einfriedungen, alles schien wie erstorben, vom Frost getötet. Von Zeit zu Zeit hörte man die Bäume knacken, als ob ihre hölzernen Glieder unter der Rinde zerbrächen, und zuweilen löste sich ein dicker Ast ab und fiel zu Boden, denn der unbezwingbare Frost ließ den Saft zu Stein erstarren und schnitt die Fasern entzwei.

Jeanne wartete ungeduldig auf die Wiederkehr der lauen Lüfte, denn sie schrieb alle die unbestimmbaren Leiden, die sie fühlte, der furchtbaren Härte der Jahreszeit zu.

Bald konnte sie, vor jeder Speise von Ekel erfaßt, nichts mehr essen, bald klopfte ihr Puls wie närrisch, bald verursachten ihr die spärlichen Mahlzeiten Übelkeiten, und ihre angespannten, unaufhörlich vibrierenden Nerven ließen sie in einer fortwährenden und unerträglichen Aufregung leben.

Eines Abends sank das Thermometer noch weiter, und Julien, der fröstelnd vom Tisch aufstand (denn der Speisesaal war nie richtig geheizt, weil er zu sehr an dem Holz sparte), rieb sich die Hände und murmelte: »Heut nacht wird's sich gut zu zweit schlafen, nicht wahr, mein Kätzchen?«

Er lachte sein gutmütiges Lachen von ehemals, und Jeanne warf sich ihm um den Hals, doch fühlte sie sich gerade an diesem Abend so übel, so zerschlagen und seltsam nervös, daß sie ihn auf den Mund küßte und ganz leise bat, sie allein schlafen zu lassen. Sie sagte

ihm mit ein paar Worten ihr Leiden: »Ich bitte dich, Liebster. Es ist mir wirklich nicht wohl. Gewiß wird mir morgen besser sein.«

Er drang nicht in sie: »Wie du willst, meine Liebe, wenn du krank bist, mußt du dich pflegen.«

Und man sprach von etwas anderem.

Sie legte sich zeitig zu Bett. Julien ließ ausnahmsweise in seinem eigenen Zimmer Feuer machen. Als man ihm ankündigte, es prassele tüchtig, küßte er seine Frau auf die Stirne und ging.

Das ganze Gebäude schien vom Frost gequält zu werden, er drang durch die Mauern, die wie in Schauern leise Geräusche von sich gaben, und Jeanne in ihrem Bett klapperte vor Kälte.

Zweimal erhob sie sich, um Scheite im Kamin nachzulegen und Kleider, Röcke, alte Mäntel zu holen, die sie über ihr Lager häufte. Nichts vermochte sie zu erwärmen. Ihre Füße wurden steif, zugleich durchlief sie von den Waden bis in die Oberschenkel ein Kribbeln, so daß sie sich unaufhörlich umdrehte, bewegte und aufs äußerste nervös wurde.

Bald schlugen ihre Zähne aufeinander; ihre Hände zitterten, ihre Brust zog sich zusammen, ihr Herz schlug langsam mit starken, dumpfen Schlägen und schien zuweilen still zu stehen, und ihre Kehle keuchte, als ob sie die Luft nicht mehr durchließe.

Zugleich mit der unbezwingbaren Kälte, die sie bis ins Mark durchdrang, ergriff ihre Seele eine entsetzliche Angst. Noch nie hatte sie dies empfunden, noch nie sich so vom Leben verlassen gefühlt, so nahe, den letzten Seufzer auszuhauchen.

Sie dachte: Ich werde sterben ... ich sterbe ...

Und von Entsetzen erfaßt, sprang sie aus dem Bett und klingelte Rosalie, wartete, klingelte noch einmal, wartete wieder, bebend und durchkältet.

Die junge Dienstmagd kam nicht. Gewiß schlief sie den harten, ersten Schlaf, den nichts zu brechen vermag. Und Jeanne, die wie von Sinnen war, stürzte barfuß auf die Treppe hinaus.

Ohne Lärm zu machen, tappte sie hinauf, fand die Türe, öffnete sie, rief: »Rosalie!« tappte immer weiter, stieß ans Bett, fuhr mit den Händen darüber hin und erkannte, daß es leer war. Es war leer und ganz kalt, als hätte niemand darin geschlafen.

Überrascht sagte sie sich: Wie, sie ist noch ausgegangen und läuft herum, bei einem solchen Wetter!

Aber da ihr Herz, das plötzlich in Aufruhr geraten war, hüpfte und sie zu ersticken drohte, ging sie mit wankenden Knien wieder hinunter, um Julien zu wecken.

Stürmisch drang sie bei ihm ein, getrieben von der Überzeugung, daß sie sterben müsse, von dem Wunsch, ihn zu sehen, bevor sie das Bewußtsein verlor.

Beim Scheine des erlöschenden Feuers erblickte sie auf dem Kissen neben dem Kopfe ihres Gatten den Kopf Rosalies.

Bei dem Schrei, den sie ausstieß, fuhren beide hoch. Sie stand sekundenlang regungslos, wie vor den Kopf geschlagen über diese Entdeckung. Dann entfloh sie zurück in ihr Zimmer. Doch als Julien fassungslos Jeanne rief, befiel sie eine wilde Furcht, ihn zu sehen, seine Stimme zu vernehmen, seine Erklärungen, seine Lügen anhören zu müssen, seinem Blick zu begegnen, und sie warf sich von neuem auf die Treppe und lief hinunter.

Jetzt rannte sie in der Dunkelheit auf die Gefahr hin, die Stufen hinabzurollen und sich auf dem Stein die Glieder zu brechen, immer geradeaus, von einem gebieterischen Drang getrieben zu fliehen, nichts mehr zu erfahren, niemand mehr zu sehen.

Als sie unten war, setzte sie sich, immer noch im Hemd und barfuß, auf eine Stufe. Und da blieb sie besinnungslos sitzen.

Julien war aus dem Bett gesprungen und zog sich hastig an. Sie hörte ihn oben sich bewegen, auf und ab gehen. Sie sprang wieder auf, um sich vor ihm zu retten. Schon kam er die Treppe herunter und rief: »Hör doch, Jeanne!«

Nein, sie wollte nicht hören, noch sich auch nur mit den Fingerspitzen berühren lassen; und sie warf sich in den Speisesaal, lief davon wie vor einem Mörder. Sie suchte einen Ausgang, ein Versteck, einen dunklen Winkel, ein Mittel, ihm zu entgehen. Sie duckte sich unter den Tisch. Aber schon öffnete er mit seinem Licht in der Hand die Türe, rief wieder »Jeanne!« und sie lief wieder davon wie ein Hase, stürzte in die Küche, lief in ihr zweimal im Kreise herum wie ein gehetztes Tier, und als er sie wieder einholte, öffnete sie plötzlich die Türe nach dem Garten und stürzte hinaus.

Die eisige Berührung mit dem Schnee, in den sie mit ihren nackten Beinen zuweilen bis an die Knie einsank, gab ihr plötzlich eine verzweifelte Energie. Ihr war nicht kalt, obwohl sie ganz bloß war. Sie spürte nichts mehr, so fühllos hatte der Krampf ihrer Seele

ihren Körper gemacht, und sie rannte, weiß wie das Land ringsumher.

Sie folgte der großen Allee, durchquerte das Boskett, setzte über den Graben, rannte weiter über die Heide.

Der Mond war nicht am Himmel, die Sterne glänzten wie eine feurige Saat in der Schwärze des Firmaments, aber die Ebene war trotzdem hell, von einem toten Weiß, starr und unbeweglich, schweigend und unendlich.

Jeanne lief schnell, ohne Atem zu holen, ohne Bewußtsein, ohne Überlegung. Und mit einem Male befand sie sich am Rande des Absturzes. Instinktiv blieb sie plötzlich stehen, kauerte sich nieder, jedes Gedankens, jedes Willens bar.

Aus dem dunklen Loch vor ihr sandte das unsichtbare und stumme Meer den Salz- und Tanggeruch der Ebbe zu ihr empor.

Hier blieb sie lange, leblos am Körper wie am Geiste. Dann fing sie mit einem Male an zu zittern, ganz wahnsinnig zu zittern wie ein Segel, das der Wind bewegt. Ihre Arme, ihre Hände, ihre Beine bebten, von einer unwiderstehlichen Gewalt geschüttelt, schwangen in rasenden Zuckungen. Und plötzlich kam ihr das Bewußtsein wieder, klar und durchbohrend.

Dann zogen Bilder aus vergangenen Tagen an ihrem Auge vorbei: die Fahrt mit ihm im Boot des alten Vaters Lastique, das Gespräch zwischen ihnen, ihre keimende Liebe, die Taufe der Barke, und ihre Gedanken griffen noch weiter zurück bis zu jener in schwärmerische Träume gewiegten Nacht bei ihrer Ankunft in Les Peuples. Und jetzt! jetzt! Oh, ihr Leben war zerbrochen, alle Freude war vorbei. Jede Hoffnung unmöglich. Und die furchtbare Zukunft voll Qualen, Treubruch und Verzweiflung stieg vor ihr auf. Lieber sterben, dann war alles mit einem Male zu Ende.

Doch eine Stimme schrie in der Ferne: »Hier, hier, da sind ihre Fußspuren, schnell, schnell, mir nach!« Es war Julien, der sie suchte.

Oh, sie wollte ihn nicht wiedersehen! Dort unten in dem Abgrund vor ihr hörte sie jetzt leises Rauschen, das kaum vernehmbare Gleiten des Meeres über die Felsen.

Sie richtete sich auf, alle Glieder gestreckt, sich hinabzustürzen, und sie warf der Welt das Lebewohl der Verzweifelten zu, sie stammelte das letzte Wort der Sterbenden, das letzte Wort des auf dem Schlachtfeld hingemordeten jungen Soldaten: »Mama!«

Plötzlich durchfuhr sie der Gedanke an Mamachen, sie sah, wie sie schluchzte, sie sah ihren Vater vor ihrem zerschmetterten Leichnam auf den Knien liegen; einen Augenblick lang fühlte sie den ganzen Schmerz dieser Verzweiflung.

Da fiel sie schlaff in den Schnee zurück; und sie liet nicht mehr davon, als Julien und Vater Simon, begleitet von Marius, der eine Laterne hielt, sie an den Armen faßten, um sie nach rückwärts zu reißen, so nah war sie dem Rand.

Sie taten mit ihr, was sie wollten, denn sie konnte sich nicht mehr rühren. Sie fühlte, daß man sie wegtrug, daß man sie dann in ein Bett legte und mit heißen Tüchern abrieb; dann verlosch alle Erinnerung, alles Bewußtsein verschwand.

Dann suchte sie ein Angsttraum heim. – War das nur ein Traum? – Sie lag in ihrem Zimmer. Es war Tag, aber sie konnte sich nicht erheben. Warum? Sie wußte es nicht. Da hörte sie ein leises Geräusch auf dem Fußboden, eine Art Kratzen und Rascheln, und plötzlich lief eine Maus, eine kleine graue Maus geschwind über die Bettdecke. Ihr folgte eine zweite, eine dritte, die schnell gegen ihre Brust getrippelt kam. Jeanne empfand kein Furcht, doch sie wollte das Tier fassen und fuhr mit der Hand hin, ohne daß es ihr gelang.

Nun tauchten noch mehr Mäuse auf, von allen Seiten, zehn, zwanzig, hunderte, tausende. Sie kletterten an den Säulen des Betthimmels empor, setzten über die Wandbespannung, bedeckten das ganze Lager. Und bald drangen sie auch unter die Decke. Jeanne fühlte, wie sie über ihre Haut glitten, ihre Beine kitzelten, an ihrem Leib auf und ab stiegen. Sie sah, wie sie an den Füßen des Bettes heraufkamen, um nach innen an ihren Busen zu dringen. Sie wehrte sich, schleuderte ihre Hände nach vorn, um zu greifen, und schloß sie immer leer.

Sie geriet in Verzweiflung, wollte fliehen, schrie, und es war ihr, als hielte man sie ganz fest, als ob starke Arme sie umklammerten und lähmten, doch sah sie niemand.

Sie hatte kein Gefühl für die Zeit. Es war wohl lange, sehr lange.

Dann kam ein Erwachen, müde, zerschlagen und doch süß. Sie fühlte sich schwach, sehr schwach. Sie öffnete die Augen und wunderte sich nicht, daß Mamachen in ihrem Zimmer saß mit einem dicken Mann, den sie nicht kannte.

Wie alt war sie denn? Sie wußte es nicht, sie kam sich wie ein

ganz kleines Mädchen vor. Auch hatte sie gar keine Erinnerung mehr.

Der dicke Mann sagte: »Sehen Sie, das Bewußtsein kehrt wieder.« Und Mamachen fing an zu weinen. Der dicke Mann sagte weiter: »Na, beruhigen Sie sich doch, Frau Baronin, ich sage Ihnen, daß ich jetzt für sie einstehe. Aber sprechen Sie ihr von nichts, von gar nichts. Sie soll schlafen.«

Und es war Jeanne, als lebte sie noch sehr lange Zeit in einem Dämmerzustand, als ob sie, sobald sie nur versuchte zu denken, immer wieder von einem schweren Schlaf niedergedrückt würde, und sie versuchte auch gar nicht mehr, sich an irgend etwas zu erinnern, als ob sie vor der Wirklichkeit, die wieder in ihrem Kopfe auftauchte, ein dunkles Gefühl von Furcht empfände.

Da, als sie einmal erwachte, erblickte sie Julien, allein an ihrem Lager, und plötzlich kam alles wieder, als ob ein Vorhang aufginge, hinter dem ihr vergangenes Leben verborgen lag.

Sie fühlte im Herzen einen furchtbaren Schmerz und wollte wieder fliehen. Sie warf die Decke zurück, sprang zu Boden und fiel. Ihre Beine trugen sie nicht mehr.

Julien stürzte auf sie zu. Sie fing an zu heulen, damit er sie nicht berühre. Sie wand sich, wälzte sich. Da öffnete sich die Türe. Tante Lison mit der Witwe Dentu lief herbei, dann der Baron, endlich kam auch Mamachen, schnaufend und fassungslos.

Man legte sie wieder zu Bett, und schlau machte sie ganz schnell die Augen zu, um nicht sprechen zu müssen und mit Muße nachdenken zu können.

Die Mutter und die Tante pflegten sie, bemühten sich um sie, fragten: »Hörst du uns jetzt, Jeanne, kleine Jeanne?«

Sie antwortete nicht, stellte sich taub, doch merkte sie sehr genau, daß der Tag zu Ende ging. Die Nacht kam. Die Wärterin nahm neben ihrem Lager Platz und gab ihr von Zeit zu Zeit zu trinken.

Sie trank, ohne etwas zu sagen, aber sie schlief nicht mehr. Sie grübelte mühsam nach, suchte nach Dingen, die ihr entglitten, als ob es Löcher in ihrem Gedächtnis gäbe, große weiße, leere Stellen, auf denen die Ereignisse sich nicht eingedrückt hatten.

Allmählich, nach langen Anstrengungen, besann sie sich wieder auf die Tatsachen.

Und sie überdachte sie mit bohrender Hartnäckigkeit.

Mamachen, Tante Lison und der Baron waren gekommen, also war sie sehr krank gewesen. Doch Julien? Was hatte er gesagt? Wußten ihre Eltern es? Und Rosalie? Wo war sie? Und – was nun? Was nun? Plötzlich kam ihr eine Erleuchtung – mit Papa und Mamachen wieder in Rouen leben wie früher. Sie würde dann ganz einfach Witwe sein.

Und nun wartete sie, horchte auf alles, was man um sie sprach, begriff es sehr gut, ohne es sich merken zu lassen, die Rückkehr ihrer Vernunft auskostend, geduldig und verschlagen.

Endlich abends, als sie mit der Baronin allein war, rief sie ganz leise: »Mamachen!« Sie wunderte sich über ihre eigene Stimme, sie kam ihr verändert vor. Die Baronin faßte sie bei den Händen: »Mein Kind, mein Kind, geliebte Jeanne, erkennst du mich wieder?«

»Ja, Mamachen, aber du darfst nicht weinen, wir haben lange miteinander zu sprechen. Hat dir Julien gesagt, warum ich in den Schnee hinausgelaufen bin?«

»Ja, Kindchen, du hast ein sehr gefährliches Fieber gehabt.«

»Nicht darum, Mamachen. Das Fieber habe ich nachher bekommen. Aber hat er dir gesagt, was die Ursache dieses Fiebers war und warum ich davongelaufen bin?«

»Nein, liebes Kind.«

»Weil ich Rosalie in seinem Bett gefunden habe.«

Die Baronin glaubte, daß sie noch immer phantasiere, und streichelte sie: »Schlaf, Kindchen, beruhige dich, versuch zu schlafen.«

Aber Jeanne fuhr hartnäckig fort: »Ich bin bei voller Vernunft, Mama, ich spreche keinen Unsinn, wie ich es wohl in den letzten Tagen getan habe. Eines Nachts fühlte ich mich krank, da ging ich Julien holen. Rosalie lag mit ihm im Bett. Ich habe vor Kummer den Kopf verloren und bin in den Schnee hinausgelaufen, um mich vom Felsen hinunterzustürzen.«

Doch die Baronin sagte wieder: »Ja, ja, Kindchen, du warst krank, sehr, sehr krank.«

»Das ist es nicht, Mamachen, ich habe Rosalie mit Julien im Bett gefunden, und ich will nicht mehr bei ihm bleiben. Du mußt mich wieder nach Rouen mitnehmen wie früher.«

Die Baronin, der der Arzt empfohlen hatte, Jeanne in nichts zu widersprechen, antwortete: »Ja, Kindchen.«

Doch die Kranke wurde ungeduldig: »Ich sehe wohl, daß du mir nicht glaubst. Hol doch Papachen, er wird mir schließlich doch glauben.«

Und Mamachen erhob sich schwerfällig, nahm ihre beiden Stöcke, ging, die Füße nachschleppend, hinaus und kam nach einigen Minuten mit dem Baron, der sie stützte, wieder.

Sie setzten sich an Jeannes Bett, und diese begann sogleich zu reden. Sie erzählte alles, langsam, mit schwacher Stimme, klar und deutlich, sie sprach von Juliens wunderlichem Charakter, von seiner Schroffheit, seinem Geiz, endlich von seiner Untreue.

Als sie zu Ende war, sah der Baron ein, daß sie nicht irre redete, doch wußte er nicht, was er denken, wie er sich entscheiden, was er antworten sollte.

Er faßte ihre Hand mit zärtlichem Druck, wie früher, da er sie mit Märchen einzuschläfern pflegte: »Höre, liebes Kind, wir müssen mit Besonnenheit handeln. Überstürzen wir nichts. Versuche deinen Mann zu ertragen, bis wir einen Entschluß gefaßt haben... Versprichst du mir das?« Sie flüsterte: »Das will ich tun, aber ich will nicht hier bleiben, wenn ich wieder gesund bin.«

Dann fügte sie ganz leise hinzu: »Wo ist jetzt Rosalie?«

Der Baron sagte: »Du wirst sie nicht mehr sehen.« Aber sie blieb hartnäckig: »Wo ist sie? Ich will es wissen.« Da gestand er, daß sie das Haus nicht verlassen hatte, doch versicherte er, sie würde gehen.

Als der Baron das Krankenzimmer verlassen hatte, suchte er, ganz hitzig vor Zorn, in seinem Vaterherzen verletzt, Julien auf und sagte ihm heftig: »Mein Herr, ich komme Rechenschaft von Ihnen zu fordern wegen Ihres Benehmens gegen meine Tochter. Sie haben sie mit ihrem Dienstmädchen betrogen; das ist doppelt nichtswürdig.«

Doch Julien spielte den Unschuldigen, leugnete leidenschaftlich, schwor, rief Gott zum Zeugen an. Und übrigens, was hatte man für einen Beweis? War Jeanne nicht verrückt? Hatte sie nicht eben ein Gehirnfieber gehabt? War sie nicht bei Beginn ihrer Krankheit eines Nachts in einem Anfall von Delirium in den Schnee hinausgelaufen? Und gerade in diesem Anfall, als sie fast nackt durchs Haus rannte, behauptete sie ihr Mädchen in dem Bett ihres Mannes gesehen zu haben!

Und er wurde heftig, drohte mit einem Prozeß, redete sich in ein

Feuer von Entrüstung. Und der Baron geriet in Verwirrung, entschuldigte sich, bat um Verzeihung und hielt ihm seine ehrenhafte Hand hin, die Julien nicht nahm.

Als Jeanne die Antwort ihres Gatten erfuhr, ärgerte sie sich nicht und antwortete: »Er lügt, Papa, aber schließlich werden wir ihn überführen.«

Und während zweier Tage war sie schweigsam, in sich gekehrt und nachdenklich.

Dann, am dritten Morgen, wollte sie Rosalie sehen. Der Baron weigerte sich, Rosalie kommen zu lassen, erklärte, sie sei fort. Doch Jeanne gab nicht nach und sagte immer wieder: »Dann soll man sie in ihrem Hause holen.«

Und schon wurde sie heftig, da trat der Doktor ein. Man sagte ihm alles, damit er sein Urteil abgäbe. Doch Jeanne fing, aufs äußerste überreizt, plötzlich zu weinen an und schrie beinahe: »Ich will Rosalie sehen, ich will sie sehen.«

Da faßte der Arzt ihre Hand und sagte leise: »Beruhigen Sie sich, Madame. Jede Aufregung könnte ernste Folgen haben, denn Sie sind schwanger.«

Sie schwieg bestürzt, wie von einem Schlag getroffen, und sofort hatte sie das Gefühl, daß sich etwas in ihr bewegte. Dann verharrte sie in Schweigen, hörte nicht einmal auf das, was man sprach, vergrub sich in Gedanken. Nachts konnte sie nicht schlafen, die neue, sonderbare Idee, daß ein Kind in ihrem Leibe lebe, hielt sie wach, sie war zugleich traurig und bekümmert darüber, daß es von Julien war, unruhig und ängstlich, es möchte seinem Vater gleichen. Als es Tag geworden war, ließ sie den Baron rufen: »Papachen, mein Beschluß ist gefaßt, ich will alles wissen, jetzt ganz besonders. Ich will es, hörst du, und du weißt, daß man mir in dem Zustand, in dem ich mich befinde, nicht widersprechen darf. Hör zu. Du gehst den Pfarrer holen. Ich brauche ihn, damit Rosalie nicht lügt. Wenn er dann da ist, läßt du Rosalie hereinkommen und bleibst mit Mamachen im Zimmer. Gib vor allem acht, daß Julien keinen Argwohn faßt.«

Ein Stunde später trat der Pfarrer ein. Er war noch dicker geworden und schnaufte ebenso stark wie Mamachen. Er setzte sich neben sie in einen Lehnstuhl, sein Bauch hing ihm zwischen die geöffneten Beine, und er fing, während er sich aus Gewohnheit mit

dem karierten Taschentuch über die Stirne fuhr, zu spaßen an: »Na, Frau Baronin, ich glaube, wir werden nicht magerer, mich dünkt, wir geben ein Paar ab.« Dann wandte er sich gegen das Krankenbett: »Hä, hä, was hat man mir gesagt, junge Frau, wir werden bald einen neuen Täufling haben? Haha, diesmal wird es kein Fischerboot sein!«, und in ernstem Tone fügte er hinzu: »sondern ein Vaterlandsverteidiger«, dann, nach kurzer Überlegung: »oder auch eine brave Hausmutter«, – er verneigte sich gegen die Baronin – »wie Sie, Madame.«

Doch die Türe im Hintergrund tat sich auf, und Rosalie, aufgelöst, in Tränen zerfließend, vom Baron geschoben, weigerte sich, einzutreten, klammerte sich am Türrahmen fest. Er verlor die Geduld und stieß sie mit einem Ruck ins Zimmer. Nun bedeckte sie ihr Gesicht mit den Händen und stand schluchzend da.

Sowie Jeanne sie erblickte, fuhr sie in die Höhe und setzte sich auf, bleicher als ihr Laken. Ihr wie rasend pochendes Herz hob mit seinen Schlägen das dünne, dicht an der Haut anliegende Hemd. Sie vermochte nicht zu reden, kaum zu atmen, sie erstickte. Endlich sagte sie mit vor Aufregung stockender Stimme: »Ich ... ich habe es nicht nötig ... dich auszufragen. Es genügt mir, dich so vor mir zu sehen ... deine Schande zu sehen.«

Nach einer Pause – der Atem verging ihr – fuhr sie fort: »Aber ich will alles wissen, alles ... alles. Ich habe den Herrn Pfarrer kommen lassen, damit es wie eine Beichte ist. Hörst du?«

Rosalie stand regungslos. Durch ihre gegen das Gesicht gekrampften Hände kam es beinahe wie ein Schreien.

Der Baron, von Zorn übermannt, packte ihre Arme, riß sie heftig voneinander und warf sie vor dem Bett auf die Knie: »Jetzt sprich, gib Antwort!«

Sie blieb auf der Erde in der Stellung, wie man sie einer Magdalena gibt, das Häubchen schief, die Schürze auf dem Estrich, das Gesicht wiederum mit den Händen verhüllend.

Nun sprach der Pfarrer zu ihr: »Vorwärts, meine Tochter, hör auf das, was man dir sagt, und gib Antwort. Wir wollen dir nichts Böses tun, aber wir wollen wissen, was geschehen ist.«

Jeanne, die sich über den Rand des Bettes beugte, sah sie an. Sie sagte: »Ist es wahr, daß du in Juliens Bett warst, als ich euch überraschte?«

Rosalie wimmerte zwischen ihren Händen hindurch: »Ja, Madame.«

Die Baronin fing plötzlich geräuschvoll schnaufend zu weinen an. Ihr krampfhaftes Schluchzen begleitete das Schluchzen Rosalies.

Jeanne fragte, die Augen gerade auf die Augen des Dienstmädchens gerichtet: »Wie lange dauert es schon?«

Rosalie stammelte: »Seit er gekommen ist.«

Jeanne begriff nicht: »Seit er gekommen ist? Also seit . . . seit dem Frühling?«

»Ja, Madame.«

»Seit er dieses Haus betreten hat?«

»Ja, Madame.«

Und Jeanne, wie um eine Last von Fragen abzuschütteln, forschte hastig: »Aber wie ist es geschehen? Wie hat er es von dir verlangt? Wie hat er dich erobert? Was hat er gesagt? Wie, in welchem Moment hast du nachgegeben? Wie konntest du dich ihm hingeben?«

Und diesmal tat Rosalie die Hände vom Gesicht. Auch sie wurde von einem Redefieber erfaßt, einem Drang, Antwort zu geben: »Weiß ich's denn selbst? Es war an dem Tag, da er das erstemal hier zum Abendessen war. Da kam er in mein Zimmer. Er hatte sich auf dem Boden versteckt. Ich wagte nicht zu schreien, um keine Geschichten zu haben. Er hat sich mit mir ins Bett gelegt, in diesem Augenblick wußte ich nicht, was ich tat. Er machte mit mir, was er wollte. Ich sagte nichts, weil ich ihn nett fand.«

Jeanne stieß einen Schrei aus: »Und dein . . . dein Kind . . . es ist von ihm?«

Rosalie schluchzte: »Ja, Madame.«

Dann schwiegen beide.

Man hörte nichts als das fast geräuschlose Weinen Rosalies und der Baronin.

Auch Jeanne fühlte jetzt ganz zerschmettert, wie ihre Augen überflossen. Lautlos strömten die Tränen über ihre Wangen.

Das Kind ihrer Magd hatte also denselben Vater wie das ihre. Ihr Zorn war dahin. Jetzt fühlte sie nur noch Verzweiflung, grau, zäh, abgrundtief, unermeßlich.

Endlich fragte sie wieder mit veränderter, in Tränen ertrinkender Stimme, der Stimme einer Frau, die weint: »Als wir zurück-

kamen ... aus dem Süden ... von der Reise ... wann hat er wieder angefangen?«

Das junge Dienstmädchen war ganz auf den Boden gesunken, sie stammelte: »Am ... am ersten Abend ist er gekommen.«

Jedes Wort zerfleischte Jeanne das Herz. Also am ersten Abend, am Abend der Heimkehr nach Les Peuples hatte er sie um jenes Mädchens willen verlassen. Darum also ließ er sie allein schlafen!

Sie wußte genug, jetzt wollte sie nichts mehr hören. Sie schrie: »Geh weg, geh weg!« Und als Rosalie, ganz vernichtet, sich nicht rührte, rief sie ihrem Vater zu: »Führ sie weg, bring sie weg.« Doch der Pfarrer, der bisher nichts gesagt hatte, hielt den Moment für gekommen, eine kleine Predigt anzubringen.

»Es ist sehr schlimm, was du da getan hast, meine Tochter, sehr schlimm. Der liebe Gott wird dir nicht so bald verzeihen. Denk an die Hölle, welche auf dich wartet, wenn du dich nicht von jetzt ab gut aufführst. Jetzt, wo du ein Kind hast, mußt du ordentlich werden. Die Frau Baronin wird gewiß etwas für dich tun, wir werden einen Mann für dich finden ...«

Er hätte noch lange weitergesprochen, aber der Baron packte Rosalie wiederum bei den Schultern, hob sie auf, schleppte sie bis an die Türe und warf sie wie ein Bündel hinaus in den Gang.

Als er, noch bleicher als seine Tochter, zurückkam, ergriff der Pfarrer wieder das Wort: »Was wollen Sie, hier in der Gegend sind alle so. Das ist höchst betrüblich, aber man kann nichts dagegen tun und muß mit den Schwachheiten der Natur ein wenig Geduld haben. Sie heiraten nicht eher, als bis sie schwanger sind, nie, Madame!« Und er setzte lächelnd hinzu: »Das ist gewissermaßen Brauch hierzulande«, und dann im Tone der Entrüstung: »Ja, sogar die Kinder fangen schon an. Hab' ich nicht voriges Jahr auf dem Friedhof zwei Kinder aus der Religionsstunde, einen Jungen und ein Mädchen, beieinander gefunden! Ich habe es den Eltern mitgeteilt. Wissen Sie, was sie mir geantwortet haben? Was soll man machen, Herr Pfarrer, wir haben sie diese Schweinereien nicht gelehrt, wir können nichts dafür. So steht's, Herr Baron, Ihr Dienstmädchen hat getan, was die andern auch tun ...«

Doch der Baron, der vor Ungeduld bebte, unterbrach ihn: »Ach sie, was liegt mir an ihr! Über Julien bin ich entrüstet. Er hat eine Niedertracht begangen, ich nehme meine Tochter mit mir fort.«

Er ging erbittert im Zimmer auf und ab und redete sich immer mehr in Eifer. »Es ist eine Niedertracht, wie er meine Tochter hintergangen hat, eine Niedertracht. Dieser Mensch ist ein Lump, eine Kanaille, ein Elender, und ich werde es ihm sagen, ihn ohrfeigen, ihn mit meinem Stock zu Tode prügeln.«

Doch der Pfarrer, der neben der in Tränen gebadeten Baronin gemächlich eine Prise Tabak schnupfte, suchte sein Amt als Friedensstifter zu erfüllen und sagte: »Schauen Sie, Herr Baron, unter uns gesprochen, er hat sich benommen wie jeder andere. Kennen Sie viele Ehemänner, die treu sind?« Und mit gespielter Harmlosigkeit fügte er hinzu: »Ja, ich wette, Sie selbst haben Ihre tollen Streiche begangen. Nun, Hand aufs Herz, hab' ich recht?« Der Baron blieb betroffen vor dem Priester stehen, der fortfuhr: »Na, sehen Sie, Sie haben getan, was alle andern auch tun. Ja, wer weiß, ob Sie sich nicht auch einmal eine junge, dralle Magd gegönnt haben wie diese da. Ich sage Ihnen, alle Welt tut desgleichen. Und Ihre Frau ist deswegen nicht weniger glücklich gewesen und nicht weniger geliebt worden, nicht wahr?«

Der Baron war fassungslos, er muckste nicht mehr.

Tatsächlich, es war wahr, er hatte dasselbe getan und sogar oft, so oft als es ihm möglich war; auch er hatte das eheliche Dach nicht respektiert, er hatte gegenüber den Dienstmädchen seiner Frau niemals Bedenken gehabt, wenn sie hübsch waren! War er deswegen ein Elender? Warum urteilte er so streng über Juliens Benehmen, da er doch niemals auch nur daran gedacht hatte, daß sein eigenes Benehmen strafbar sein könne.

Und um die Lippen der Baronin, die vom Weinen noch ganz atemlos war, spielte bei der Erinnerung an die Jugendstreiche ihres Gatten schon der Schatten eines Lächelns, denn sie gehörte zu jenen gefühlvollen, schnell erweichten und zum Wohlwollen bewegten Leuten, für welche die Liebesabenteuer einen Teil des Daseins ausmachen.

Jeanne lag wie vernichtet mit schlaffen Armen auf dem Rücken und starrte vor sich hin. Schmerzliche Gedanken bewegten sie. Ein Ausspruch Rosalies war wieder in ihr aufgetaucht, er verwundete ihre Seele, er drang wie ein Bohrer in ihr Herz ein: »Ich habe nichts gesagt, weil ich ihn nett fand.«

Auch sie hatte ihn nett gefunden, und einzig und allein darum

hatte sie sich ihm hingegeben, sich fürs Leben gebunden, hatte sie auf jede andere Hoffnung, auf alle geahnten Möglichkeiten, auf das unbekannte Morgen verzichtet. Sie war in diese Ehe hineingetappt, in dieses Loch ohne Ränder, an denen man sich hätte wieder hinaufarbeiten können, in dieses Elend, in diese Trübsal, in diese Verzweiflung, weil sie ihn nett fand, wie Rosalie.

Die Türe wurde wütend aufgestoßen, Julien erschien mit bösem Gesicht. Er hatte im Treppenhaus die schluchzende Rosalie gesehen und kam, um etwas zu erfahren, denn er begriff, daß etwas im Gange war, daß das Mädchen ohne Zweifel geschwatzt hatte. Beim Anblick des Pfarrers blieb er wie festgenagelt stehen.

Mit bebender Stimme, doch gefaßt, fragte er: »Was ist, was gibt's?« Der eben noch so heftige Baron wagte nichts zu sagen, er fürchtete die Argumente des Pfarrers, er fürchtete, der Schwiegersohn werde sich auf das von ihm selbst gegebene Beispiel berufen. Mamachen heulte stärker. Doch Jeanne hatte sich, auf ihre Hände gestützt, aufgerichtet und blickte ihm, der ihr so furchtbares Leid zufügte, keuchend ins Gesicht. Sie stieß hervor: »Was es gibt? Es gibt, daß uns nichts mehr unbekannt ist, daß wir von allen Ihren Schändlichkeiten wissen seit ... seit dem Tage, da Sie dieses Haus betraten ... es gibt, daß das Kind dieses Dienstmädchens von Ihnen ist wie ... wie das meine ... sie werden Brüder sein.« Und von einem Übermaß von Schmerz überflutet, brach sie in ihrem Bett zusammen und weinte wie eine Rasende.

Er blieb mit offenem Munde stehen, wußte nicht, was er sagen oder tun sollte. Wieder mischte sich der Pfarrer ein.

»Na, na, junge Frau, machen wir uns doch nicht so viel Kummer, seien wir doch vernünftig.« Er erhob sich, trat ans Bett und legte der Verzweifelten seine laue Hand auf die Stirne. Diese bloße Berührung machte sie seltsam weich, sie fühlte sich sofort erschlafft, es war, als ob diese derbe Bauernhand, die mit einer Geste zu absolvieren und mit einem Streicheln zu trösten gewohnt war, ihr mit ihrer Berührung eine geheimnisvolle Linderung gebracht hätte.

Der gute Mann blieb an ihrem Lager stehen und fuhr fort: »Madame, wir müssen immer verzeihen. Es ist ein großes Unglück, das Sie da trifft, aber Gott in seiner Barmherzigkeit hat es durch ein großes Glück aufgewogen, denn Sie sollen ja Mutter werden. Dies Kind wird Ihr Trost sein. In seinem Namen flehe ich

Sie an, beschwöre ich Sie, das Vergehen Herrn Juliens zu verzeihen. Es wird ein neues Band zwischen Ihnen sein, ein Pfand seiner künftigen Treue. Können Sie sich von dem Herzen des Mannes scheiden, dessen Frucht Sie in Ihrem Leibe tragen?«

Sie erwiderte nichts. Sie fühlte sich zerschmettert, vom Schmerz zermürbt, jetzt war sie erschöpft, selbst für Zorn und Rachsucht ohne Kraft. Ihre Nerven kamen ihr schlaff, wie sachte gelöst vor, kaum lebte sie noch.

Die Baronin, der es unmöglich schien, daß man etwas nachtrug, und deren Seele jeder längeren Anspannung unfähig war, flüsterte: »Schau, Jeanne.«

Da ergriff der Pfarrer die Hand des jungen Mannes, zog ihn ans Bett und legte sie in die Hand seiner Frau. Dann gab er den beiden Händen einen kleinen Klaps, wie um ihre Vereinigung endgültig zu besiegeln, und sagte, indem er den professionellen Predigerton verließ, mit zufriedenem Gesicht: »Na, soweit wären wir. Glauben Sie mit, es ist besser so.«

Die beiden für einen Augenblick verbundenen Hände trennten sich sogleich. Julien, der es nicht wagte, Jeanne zu umarmen, gab seiner Schwiegermutter einen Kuß auf die Stirn, drehte sich auf den Absätzen um, nahm den Arm des Barons, der ihn, im Grunde glücklich, daß die Sache auf diese Weise erledigt war, gewähren ließ, und sie gingen miteinander hinaus, um eine Zigarre zu rauchen.

Nun schlief die Kranke, im höchsten Grade erschöpft, ein, während sich der Pfarrer und die Baronin gemächlich mit leiser Stimme unterhielten.

Der Abbé sprach, erklärte, entwickelte seine Ansichten, und die Baronin stimmte immer mit einem Kopfnicken zu. Endlich, zum Abschluß, sagte er: »Also es ist abgemacht, Sie geben diesem Mädchen den Meierhof von Barville, und ich nehme es auf mich, einen Mann für sie zu finden, einen tüchtigen, ordentlichen Burschen. Oh, mit einem Gut von zwanzigtausend Francs wird es uns an Liebhabern nicht mangeln. Wir werden nur um die Wahl verlegen sein.«

Und jetzt lächelte die Baronin glücklich. Zwei Tränen waren auf dem Wege über ihre Wangen hängen geblieben, aber die feuchte Spur, die sie hinterließen, war schon getrocknet.

Sie wiederholte: »Abgemacht, Barville ist, niedrig geschätzt, zwanzigtausend Francs wert, aber wir werden das Gut auf den Namen des Kindes schreiben lassen, die Eltern sollen ihr Leben lang den Nutzgenuß haben.«

Und der Pfarrer erhob sich und drückte Mamachen die Hand: »Lassen Sie sich ja nicht stören, Frau Baronin, lassen Sie sich ja nicht stören, ich weiß, wieviel ein Schritt für uns bedeutet.«

Als er das Zimmer verließ, begegnete er Tante Lison, die kam, nach der Kranken zu sehen. Sie merkte nichts, man sagte ihr nichts, und sie erfuhr nichts, wie immer.

VIII

Rosalie hatte das Haus verlassen und Jeanne hatte eine schmerzliche Schwangerschaft durchzumachen. Sie empfand keine Freude bei dem Gedanken, daß sie Mutter wurde; allzu viele Leiden hatten sie niedergedrückt. Sie erwartete ihr Kind ohne Neugierde, neue Befürchtungen vor endlosem Unglück lasteten auf ihr.

Der Frühling war ganz allmählich gekommen. Die nackten Bäume erschauerten in der noch kühlen Brise, aber in dem feuchten Gras der Gräben, in denen das Herbstlaub faulte, begannen sich die ersten gelben Schlüsselblumen zu zeigen. Aus der ganzen Ebene, aus den Höfen der Bauernhäuser, aus den durchnäßten Feldern stieg ein feuchter Dunst auf, wie Geruch von Gärung. Und allenthalben kamen kleine grüne Spitzen aus der braunen Erde hervor und glänzten im Sonnenschein.

Eine große, wie eine Festung gebaute Frau war an die Stelle Rosalies getreten und stützte die Baronin auf ihren einförmigen Gängen durch die lange Allee, in der die Spur ihres schweren Fußes immer naß und kotig blieb.

Papachen reichte Jeanne, die jetzt schwerfällig geworden war und immer leidend, den Arm, und die besorgte, ganz mit dem bevorstehenden Ereignis beschäftigte Tante Lison hielt sie an der andern Hand. Sie war ganz verwirrt von diesem Geheimnis, das ihr immer unbekannt bleiben sollte. So gingen sie alle stundenlang, fast ohne zu sprechen, während Julien zu Pferd durch die Gegend strich. Er war plötzlich von dieser neuen Leidenschaft erfaßt worden.

Nichts störte mehr ihr trübseliges Leben. Der Baron, die Baronin und der Vicomte machten einen Besuch bei Fourville, die Julien schon sehr gut zu kennen schien, obwohl man sich nicht recht erklären konnte wieso. Ein weiterer Höflichkeitsbesuch wurde mit den Briseville gewechselt, die immer in ihrer verschlafenen Burg steckten.

Eines Nachmittags gegen vier Uhr, als zwei Reiter, ein Herr und eine Dame, im Trab in den Hof einritten, der vor dem Schloß lag, betrat Julien höchst angeregt Jeannes Zimmer. »Schnell, schnell, geh hinunter, die Fourville sind da. Sie kommen ganz einfach als Nachbarn, da sie deinen Zustand kennen. Sag, daß ich ausgegangen bin, aber bald nach Hause komme. Ich mache ein wenig Toilette.«

Jeanne wunderte sich und ging hinunter. Eine bleiche, hübsche junge Frau mit schmerzlichem Gesichtsausdruck, exaltierten Augen und Haaren von mattem Blond, so matt, als ob sie nie ein Sonnenstrahl geküßt hätte, stellte ruhig und sicher ihren Gatten vor, eine Art Riesen, einen Bärenhäuter mit mächtigem rotem Schnurrbart. Darauf setzte sie hinzu: »Wir haben des öfteren Gelegenheit gehabt, Herrn von Lamare zu begegnen. Durch ihn wissen wir, wie leidend Sie sind. Und wir haben nicht länger zögern wollen, Sie als Nachbarn zu besuchen. Sie sehen übrigens, wir sind zu Pferde. Außerdem habe ich vor ein paar Tagen das Vergnügen gehabt, den Besuch Ihrer Frau Mutter und des Barons zu empfangen.«

Sie sprach mit einer unglaublichen Leichtigkeit, vertraulich und doch vornehm. Jeanne ließ sich verführen und war sogleich von ihr entzückt. Das ist eine Freundin, dachte sie.

Graf Fourville dagegen glich einem Bären, der in einen Salon eindringt. Als er saß, legte er seinen Hut auf den danebenstehenden Stuhl, bedachte sich eine Weile, was er mit seinen Händen anfangen sollte, stützte sie auf die Knie, dann auf die Armlehnen des Fauteuils und verschlang schließlich die Finger wie zum Gebet.

Auf einmal trat Julien ein. Jeanne war verblüfft, sie erkannte ihn nicht wieder. Er hatte sich rasiert. Er war schön, elegant, verführerisch, wie in den Zeiten ihrer Verlobung. Er schüttelte die haarige Tatze des Grafen, den sein Kommen geweckt zu haben schien, und küßte der Gräfin die Hand, deren elfenbeinmatte Wangen sich mit einem rosigen Hauch überzogen und deren Lider ein wenig zuckten.

Er sprach, er war liebenswürdig wie einstmals. Seine großen Augen, die Spiegel der Liebe, waren wieder zärtlich geworden; und sein eben noch glanzloses, straffes Haar war unter dem Einfluß der Bürste und des duftenden Öls wieder weich, glänzend und wellig geworden.

In dem Augenblick, da die Fourville im Fortgehen begriffen waren, wandte sich die Gräfin ihm zu: »Lieber Vicomte, wollen Sie Donnerstag einen Spazierritt machen?«

Darauf, während er sich verbeugend murmelte: »Gewiß, Madame«, ergriff sie Jeannes Hand und sagte mit zärtlicher, eindringlicher Stimme und liebevollem Lächeln: »Oh, wenn Sie wiederhergestellt sind, werden wir alle drei über Land galoppieren. Das wird entzückend sein. Haben Sie Lust?«

Mit einer selbstsichern Geste hob sie die Schleppe ihres Reitkleides und war leicht wie ein Vogel im Sattel, während ihr Mann, nachdem er sich linkisch verabschiedet hatte, seinen großen normannischen Gaul zwischen die Beine nahm und da oben wuchtete wie ein Zentaur.

Als sie hinter dem Gatter um die Ecke gebogen und verschwunden waren, rief Julien entzückt aus: »Was für reizende Leute! Das ist eine Bekanntschaft, die uns nützlich sein wird.«

Jeanne, die auch froh war, ohne zu wissen warum, antwortete: »Die kleine Gräfin ist entzückend. Ich fühle, daß ich sie liebhaben werde, aber der Mann sieht wie ein roher Kerl aus. Wo hast du sie nur kennengelernt?«

Er rieb sich vergnügt die Hände: »Ich habe sie zufällig bei Briseville getroffen. Der Gatte sieht ein bißchen ungehobelt aus. Er ist ein leidenschaftlicher Jäger, aber ein wahrer Edelmann.«

Und das Abendessen war beinahe fröhlich, als ob ein heimliches Glück ins Haus gekommen wäre.

Und nichts Neues trug sich zu, bis zu den letzten Tagen des Juli.

An einem Dienstagabend, als sie unter der Platane an einem Holztisch saßen, auf dem zwei Gläschen und eine Branntweinflasche standen, stieß Jeanne plötzlich eine Art Schrei aus und fuhr, sehr bleich werdend, mit beiden Händen an die Seiten. Ein schneller, scharfer Schmerz hatte sie plötzlich durchzuckt und war dann sogleich erloschen.

Doch nach zehn Minuten durchfuhr sie ein neuer, länger anhaltender, wiewohl weniger heftiger Schmerz. Sie schleppte sich mühsam ins Haus, von ihrem Vater und ihrem Mann beinahe getragen. Die kurze Strecke von der Platane in ihr Zimmer kam ihr endlos vor, und sie wimmerte unwillkürlich, bat, sich setzen, stehen bleiben zu dürfen, ein unerträgliches Gefühl von Schwere in ihrem Leib zog sie zu Boden.

Es war noch nicht ihre Zeit, die Entbindung war erst für September vorgesehen; aber da man ein Unglück befürchtete, wurde ein Wagen angespannt, und Vater Simon fuhr im Galopp davon, um einen Arzt zu holen.

Dieser kam gegen Mitternacht und erkannte auf den ersten Blick die Anzeichen einer Frühgeburt.

Die Schmerzen hatten sich im Bett ein wenig beruhigt, aber eine furchtbare Angst preßte Jeanne das Herz zusammen, ein verzweiflungsvolles Versagen ihres ganzen Seins, etwas wie ein Vorgefühl, die geheimnisvolle Berührung des Todes. Es gibt solche Augenblicke, wo er so nahe an uns vorbeistreift, daß sein eisiger Atem unser Herz erstarren läßt.

Das Zimmer war voll Menschen. Mamachen schnaufte, in ihrem Lehnsessel zusammengesunken. Der Baron, dessen Hände zitterten, lief dahin und dorthin, brachte Gegenstände herbei, fragte den Arzt um Rat, verlor den Kopf. Julien schritt mit geschäftiger Miene, aber ruhigen Gemüts, im Zimmer auf und ab; und die Witwe Dentu stand am Fußende des Bettes mit einem den Umständen angemessenen Gesicht, dem Gesicht einer Frau von Erfahrung, die sich über nichts wundert. Als Krankenpflegerin, als Hebamme, als Totenwache, als diejenige, welche die ins Leben Tretenden in Empfang nahm, ihren ersten Schrei auffing, das junge Fleisch mit dem ersten Wasser wusch, es in die erste Windel wickelte; dann als diejenige, welche mit derselben Gelassenheit das letzte Wort, das letzte Röcheln vernahm, das letzte Zucken der Scheidenden, die auch ihre letzte Toilette machte, ihren verbrauchten Körper mit dem in Essig getauchten Schwamm abwischte, ihn in das letzte Tuch hüllte, hatte sie sich eine unerschütterliche Gleichgültigkeit in allen Wechselfällen von Geburt und Tod geschaffen.

Die Köchin Ludivine und Tante Lison blieben bescheiden hinter der Tür des Vorraums verborgen.

Und die Kranke stieß von Zeit zu Zeit einen schwachen Klagelaut aus.

Während zweier Stunden konnte man glauben, daß das Ereignis lange auf sich warten lassen würde; aber gegen Tagesanbruch setzten die Wehen plötzlich wieder heftig ein und wurden bald entsetzlich.

Und Jeanne, der unwillkürlich, so sehr sie auch die Zähne zusammenbiß, Schreie entfuhren, dachte unausgesetzt an Rosalie, die nicht gelitten, die kaum gestöhnt hatte, deren Kind, deren uneheliches Kind ohne Mühe und Qualen zur Welt gekommen war.

In ihrer elenden und verstörten Seele stellte sie unaufhörlich Vergleiche zwischen ihr und sich an, und sie fluchte Gott, den sie ehemals für gerecht gehalten hatte. Sie entrüstete sich über die schändliche Bevorzugung des Schicksals und über die verbrecherischen Lügen derjenigen, die die Treue und das Gute predigen.

Zuweilen wurden die Wehen so heftig, daß jeder Gedanke in ihr erlosch. Sie hatte nur noch Kraft, Leben und Bewußtsein, um zu leiden.

Während der kurzen Ruhepausen vermochte sie den Blick von Julien nicht loszureißen; und ein neuer Schmerz, ein Seelenschmerz umkrallte sie, da sie sich an den Tag erinnerte, wo ihr Dienstmädchen zu Füßen ebendesselben Bettes hingestürzt war, mit ihrem Kind zwischen den Beinen, dem Bruder des kleinen Wesens, das ihr jetzt so grausam die Eingeweide zerriß. Wieder zeigte ihr eine durch nichts verdunkelte Erinnerung die Bewegungen, die Blicke, die Worte ihres Gatten vor dem auf den Boden hingestreckten Mädchen; und jetzt las sie in ihm, als ob seine Gebärden wie eine Schrift seine Gedanken ausdrückten. Sie las dieselbe Langeweile, dieselbe Gleichgültigkeit gegen sie wie gegen jene andere, dieselbe Interesselosigkeit des egoistischen Mannes, den die Vaterschaft ärgert.

Doch ein furchtbarer Krampf ergriff sie, ein so grauenhafter Schmerz, daß sie sich sagte: Ich muß sterben, ich sterbe. Da erfüllte eine rasende Empörung, ein Drang zu fluchen ihre Seele, ein wütender Haß gegen diesen Mann, der sie zugrunde gerichtet hatte, gegen dieses unbekannte Kind, das sie tötete.

Sie streckte sich in einem letzten, äußersten Bemühen, diese Last von sich zu werfen. Und plötzlich war ihr, als ob ihr Leib sich mit einem Male ganz entleerte, und ihr Schmerz ließ nach.

Die Wärterin und der Arzt waren über sie gebeugt, legten Hand an sie an. Sie zogen etwas heraus; und gleich darauf erschauerte sie bei dem gedämpften Laut, den sie schon einmal gehört hatte; dann durchdrang der leise, schmerzliche Schrei, das dünne Miauen des neugeborenen Kindes ihr die Seele, das Herz, den ganzen armen, erschöpften Körper, und sie wollte mit einer unwillkürlichen Bewegung die Arme ausstrecken.

Freude durchrann sie, ein Aufschwung zu einem neuen Glück, das für sie erblüht war. Innerhalb einer Sekunde fühlte sie sich befreit, schmerzlos, glücklich, wie sie es nie vorher gewesen war. Ihr Herz, ihr Fleisch erwachten wieder zum Leben, sie fühlte sich Mutter.

Sie wollte ihr Kind sehen! Es hatte weder Haare noch Nägel, da es zu früh gekommen war; aber als sie sah, wie diese Larve sich bewegte, den Mund öffnete, ihr Wimmern ausstieß, als sie die Frühgeburt, die zerknittert und verzerrt war, *die lebte*, betastete, da schlug die Freude unwiderstehlich über ihr zusammen, sie begriff, daß sie gerettet war, geschützt gegen jede Verzweiflung, daß sie hier in ihren Händen hielt, was sie so lieben konnte, daß ihr nichts anderes mehr zu tun blieb.

Von nun an hatte sie nur noch einen Gedanken: ihr Kind. Sie wurde plötzlich eine fanatische Mutter, um so übertriebener, als sie in ihrer Liebe betrogen, in ihren Hoffnungen enttäuscht worden war. Die Wiege mußte immer neben ihrem Bett sein. Später, als sie aufstehen durfte, saß sie oft ganze Tage lang am Fenster neben dem schwankenden Bettchen, das sie hin und her schaukelte.

Sie war eifersüchtig auf die Amme; und wenn das kleine durstige Wesen seine Arme nach dem dicken Busen mit den bläulichen Adern ausstreckte und die Knospe aus bräunlichem, faltigem Fleisch zwischen die gefräßigen Lippen nahm, sah sie bleich und zitternd die kräftige, friedliche Bäuerin an mit einem Bedürfnis, ihr ihren Sohn zu entreißen und diese Brust, aus der er so gierig trank, zu schlagen und mit den Nägeln zu zerfleischen.

Dann entschloß sie sich, selbst zu sticken, um ihn mit feinen Kleidchen von erlesener Eleganz auszuputzen. Er wurde in Spitzenwolken gehüllt und bekam prächtige Häubchen auf den Kopf. Sie sprach nur noch davon, unterbrach das Gespräch, um eine Windel,

ein Lätzchen, irgendein meisterhaft ausgearbeitetes Band bewundern zu lassen, und hörte nicht auf das, was man um sie sprach. Sie geriet in Verzückung über ein Stück Wäsche, das sie, um es besser zu betrachten, in ihrer erhobenen Hand hin und her wendete, dann fragte sie plötzlich: »Glauben Sie, er wird schön darin aussehen?«

Der Baron und Mamachen lächelten über diese fanatische Zärtlichkeit, aber Julien, der durch die Ankunft dieses quäkenden und allmächtigen Tyrannen in seinen Gewohnheiten gestört, in seiner Bedeutung als Herrscher beeinträchtigt wurde und unbewußt auf dieses Stückchen Mensch, das ihm seine Stellung im Hause raubte, eifersüchtig war, sagte immer wieder ungeduldig und ergrimmt: »Ist sie langweilig mit ihrem Balg!«

Bald war sie von ihrer Liebe so besessen, daß sie die Nächte an der Wiege sitzend verbrachte, um den Kleinen schlafen zu sehen. Da sie sich in dieser leidenschaftlichen und krankhaften Betrachtung verzehrte, sich keine Ruhe mehr gönnte, schwächer wurde, abmagerte und hustete, empfahl der Arzt, sie von dem Kinde zu trennen.

Sie wurde böse, weinte, flehte, aber man blieb taub gegenüber ihren Bitten. Er wurde jeden Abend in das Zimmer der Amme gebracht; und jede Nacht stand die Mutter auf und ging mit bloßen Füßen, ihr Ohr an das Schlüsselloch zu drücken, um zu hören, ob er ruhig schlafe, ob er nicht erwache, ob er nichts brauche.

So fand sie eines Nachts Julien, der spät heimkam, da er bei Fourville diniert hatte. Seitdem schloß man sie in ihrem Zimmer ein, um sie zu zwingen, sich zu Bett zu legen.

Die Taufe fand gegen Ende August statt. Der Baron war Pate, Tante Lison Patin. Das Kind erhielt die Namen Pierre Simon Paul, Paul als gewöhnlichen Rufnamen.

In den ersten Septembertagen reiste Tante Lison geräuschlos ab, und ihre Abwesenheit blieb ebenso unbemerkt wie ihre Anwesenheit.

Eines Abends nach dem Essen erschien der Pfarrer. Er schien verlegen, als ob er ein Geheimnis mit sich herumtrüge, und nach einer Reihe überflüssiger Reden bat er die Baronin und ihren Gemahl, ihm eine kurze Unterredung unter vier Augen zu gewähren.

Alle drei gingen hinaus und schritten langsam und lebhaft sprechend bis zum Ende der großen Allee, während Julien, der mit

Jeanne allein geblieben war, sich wunderte, beunruhigte und über dieses Geheimnis ärgerte.

Er entschloß sich, den Pfarrer, der sich empfahl, zu begleiten, und sie verschwanden miteinander, der Kirche zugehend, die das Angelus läutete.

Es war kühl, beinahe kalt. Man ging bald in den Salon. Alle waren ein wenig eingenickt, als Julien plötzlich rot mit entrüsteter Miene zurückkam.

Schon an der Türe schrie er, ohne sich darum zu kümmern, daß Jeanne da war, seinen Schwiegereltern zu: »Sind Sie denn verrückt, zum Teufel, daß Sie diesem Mädel zwanzigtausend Francs in den Schoß werfen?«

Keiner antwortete, so überrascht waren sie alle. Vor Zorn brüllend fuhr er fort: »Diese Dummheit übersteigt doch alle Grenzen; Sie wollen uns also nicht einen Sou hinterlassen!«

Da versuchte der Baron, der wieder seine Fassung gewann, ihm Einhalt zu gebieten: »Schweigen Sie, denken Sie daran, daß Sie vor Ihrer Frau reden!«

Doch er stampfte vor Erbitterung auf: »Ich scher' mich den Teufel darum, übrigens weiß sie, woran sie ist. Das ist ein Raub an ihr.«

Jeanne sah bestürzt, ohne zu begreifen, um sich. Sie stammelte: »Was gibt's denn?«

Da wandte sich Julien an sie, rief sie als Zeugen an, wie einen Teilhaber, den man auch um den erhofften Profit gebracht hat. Er erzählte ihr geradezu von dem Komplott, Rosalie zu verheiraten, von der Schenkung des Grundstückes in Barville, das mindestens zwanzigtausend Francs wert war. Er wiederholte unaufhörlich: »Deine Eltern sind doch verrückt, meine Liebe, reif für die Zwangsjacke! Zwanzigtausend Francs! Zwanzigtausend Francs! Sie haben den Verstand verloren! Zwanzigtausend Francs für ein uneheliches Kind!«

Jeanne hörte ohne Erregung, ohne Zorn zu, sie wunderte sich selbst über ihre Ruhe. Alles, was nicht ihr Kind war, war ihr jetzt gleichgültig.

Dem Baron verschlug der Zorn den Atem, er vermochte nicht zu antworten. Endlich brach er, mit dem Fuß aufstampfend, aus, er schrie: »Bedenken Sie, was Sie sagen, das wird schließlich em-

pörend. Wessen Schuld ist es, wenn man diese uneheliche Mutter ausstatten muß? Wem gehört dieses Kind? Sie möchten es jetzt im Stich lassen!«

Julien sah den Baron, erstaunt über dessen Heftigkeit, starr an, er fuhr in gemäßigterem Tone fort: »Aber fünfzehnhundert Francs wären doch ganz genug. Sie haben doch alle Kinder, bevor sie heiraten. Ob es nun von dem oder jenem ist, das ändert doch wahrhaftig nichts an der Sache. Während, wenn Sie einen Ihrer Bauernhöfe im Werte von zwanzigtausend Francs herschenken, so heißt das, abgesehen von der Schädigung, die Sie uns zufügen, aller Welt sagen, was passiert ist. Sie hätten doch wenigstens an unsern Namen und unsere Stellung denken müssen.«

Und er sprach mit strenger Stimme, als Mann, der auf sein Recht und auf die Logik seiner Beweisführung pocht. Der Baron fühlte sich verwirrt durch diese unerwarteten Argumente und starrte ihn ratlos an. Da zog Julien, der sich im Vorteil fühlte, seine Schlußfolgerung: »Glücklicherweise ist noch nichts geschehen; ich kenne diesen Burschen, der sie zur Frau nehmen will, er ist ein braver Kerl, mit ihm wird sich alles in Ordnung bringen lassen. Ich will es übernehmen.«

Und er verließ sofort das Zimmer, da er offenbar fürchtete, die Diskussion fortzusetzen, glücklich über aller Schweigen, das er für Zustimmung nahm.

Sobald er verschwunden war, rief der Baron ganz außer sich vor Verblüffung und bebend vor Zorn aus: »Oh, das ist wirklich zu stark, das ist wirklich zu stark!«

Doch Jeanne richtete ihre Augen auf das bestürzte Gesicht ihres Vaters und fing plötzlich zu lachen an, sie lachte hell wie ehemals, wenn sie bei irgendeinem Spaß dabei war.

Immer wieder sagte sie: »Vater, Vater, hast du gehört, wie er zwanzigtausend Francs ausgesprochen hat?«

Und Mamachen, bei der die Heiterkeit ebenso schnell zur Stelle war wie die Tränen, wurde bei dem Gedanken an den roten Kopf ihres Schwiegersohnes, an seine Ausrufe der Entrüstung und seine stürmische Weigerung, dem von ihm verführten Mädchen das Geld, das ihm nicht gehörte, geben zu lassen, und schließlich auch glücklich über Jeannes gute Laune, von einem stoßenden Gelächter geschüttelt, das ihre Augen mit Wasser füllte. Und nun brach, von

der allgemeinen Lustigkeit angesteckt, auch der Baron los; und alle drei lachten sich krank wie in den alten guten Tagen.

Als sie sich ein wenig beruhigt hatten, verwunderte sich Jeanne: »Es ist sonderbar, es macht mir gar nichts mehr. Ich sehe ihn jetzt wie einen Fremden an. Ich kann gar nicht glauben, daß ich seine Frau bin. Ihr seht, ich amüsiere mich über seine... seine... seine Taktlosigkeiten.«

Und ohne recht zu wissen weshalb, küßten sie sich noch lächelnd und gerührt.

Doch zwei Tage darauf nach dem Mittagessen, als Julien eben ausgeritten war, schwang sich ein großer Bursche von zweiundzwanzig bis fünfundzwanzig Jahren, der mit einem ganz neuen blauen Kittel mit steifen Falten und bauschigen, an den Handgelenken geknöpften Ärmeln bekleidet war, heimlich über das Gitter, als hätte er da schon seit dem Morgen im Hinterhalt gelegen, schlich sich am Graben der Couillard entlang, ging um das Schloß herum und näherte sich mit verdächtigen Schritten dem Baron und den beiden Frauen, die immer unter der Platane saßen.

Er hatte bei ihrem Anblick die Mütze abgezogen und kam grüßend mit verlegenem Grinsen heran.

Sobald er nahe genug war, um sich vernehmlich zu machen, stotterte er: »Ihr Diener, Herr Baron, Frau Baronin und alle miteinander.« Dann, als man ihm nicht antwortete, meldete er: »Ich bin nämlich Désiré Lecoq.«

Da ihm dieser Name keinen Aufschluß gab, fragte der Baron: »Was wollen Sie?«

Nun wurde der Bursche vor der Notwendigkeit, seinen Fall auseinanderzusetzen, ganz und gar verwirrt. Er stammelte, während er seine Augen bald auf die Mütze, die er in den Händen hielt, bald auf den Schloßgiebel heftete: »Der Herr Pfarrer hat mir nämlich was gesagt von wegen dieser Geschichte...« Dann schwieg er aus Angst, zuviel aus sich herauszulassen und seine Interessen zu schädigen.

Der Baron fragte, ohne zu begreifen, wieder: »Was für eine Geschichte? Ich weiß von nichts.«

Jetzt senkte der Bursche die Stimme und entschloß sich: »Halt die Geschichte von Ihrem Dienstmädchen... der Rosalie...«

Jeanne, die jetzt Bescheid wußte, erhob sich und entfernte sich

mit ihrem Kind auf dem Arm. Und der Baron sagte: »Kommen Sie näher«, dann wies er auf den Stuhl, den seine Tochter soeben verlassen hatte.

Der Bauer setzte sich unverzüglich, indem er murmelte: »Sie sind sehr freundlich.« Dann wartete er, als habe er nichts mehr zu sagen. Am Schlusse eines langen Schweigens entschloß er sich endlich und sagte, indem er den Blick zu dem blauen Himmel erhob: »Schönes Wetter heute für die Jahreszeit. Das ist gut fürs Feld, für das, was schon ausgesät ist.« Und er schwieg von neuem.

Der Baron wurde ungeduldig, er schnitt unvermittelt die Frage an und sagte schroff: »Also Sie sind es, der Rosalie heiratet?«

Sogleich wurde der Mann unruhig, er fühlte sich in seiner gewohnten normannischen Hinterhältigkeit gestört und antwortete, mißtrauisch geworden, mit lebhafter Stimme: »Das kommt darauf an, vielleicht ja, vielleicht auch nein, das kommt darauf an.«

Aber der Baron ärgerte sich über diese Windungen: »Teufel noch mal! Antworten Sie geradheraus. Kommen Sie wegen dieser Sache, ja oder nein? Nehmen Sie sie, ja oder nein?«

Der Mann sah ratlos nur noch auf seine Füße: »Wenn es so ist, wie der Herr Pfarrer sagt, nehm' ich sie; wenn es so ist, wie Herr Julien sagt, nehm' ich sie nicht.«

»Was hat Ihnen Herr Julien gesagt?«

»Herr Julien hat mir gesagt, daß ich fünfzehnhundert Francs haben soll, der Herr Pfarrer hat mir gesagt, daß ich zwanzigtausend Francs haben soll. Für zwanzigtausend will ich schon, für fünfzehnhundert will ich nicht.«

Da fing die Baronin, die in ihrem Lehnstuhl zurückgelehnt lag, beim Anblick der angsterfüllten Haltung des Bauernlümmels mit leisem Glucksen zu lachen an. Der Bauer warf ihr aus dem Augenwinkel einen unzufriedenen Blick zu, denn er begriff diese Lustigkeit nicht, und er wartete.

Der Baron, dem dieses Feilschen peinlich war, machte kurz ein Ende.

»Ich habe dem Herrn Pfarrer gesagt, daß Sie auf Ihre Lebensdauer den Hof von Barville bekommen sollen, der dann dem Kind zufällt. Er ist zwanzigtausend Francs wert. Mein Wort ist mein Wort. Ist es abgemacht, ja oder nein?«

Der Bursche lächelte unterwürfig und zufrieden, und plötzlich

war er gesprächig geworden. »Ja dann, dann sag' ich nicht nein. Ich hab' halt nur das eine Bedenken gehabt. Wie der Herr Pfarrer mit mir gesprochen hat, wollte ich natürlich gleich, selbstverständlich, und dann war ich zufrieden, dem Herrn Baron zu Diensten zu sein, der es mir vergelten wird, das hab' ich mir gesagt. Wenn man einem Menschen einen Gefallen tut, dann kommt man wieder mal zusammen, und er erweist sich dankbar, nicht wahr? Aber Herr Julien ist zu mir gekommen, und da waren es nur noch fünfzehnhundert, ich hab' mir gesagt, ich muß wissen, was los ist, und da bin ich gekommen. Nicht, daß ich kein Vertrauen gehabt hätte, aber ich wollte wissen, was los ist. Gute Rechnung erhält die Freundschaft, nicht wahr, Herr Baron...«

Man mußte ihn aufhalten. Der Baron fragte: »Wann soll die Trauung sein?«

Da wurde der Mann plötzlich wieder ängstlich und ganz verlegen. Endlich fragte er zögernd: »Wollen wir nicht zuerst ein kleines Papierchen aufsetzen?«

Diesmal wurde der Baron böse: »Aber Teufel noch mal, Sie werden doch den Heiratskontrakt bekommen, das ist doch das beste Papier.«

Der Bauer blieb hartnäckig. »Bis dahin könnten wir doch ein bißchen was aufsetzen, das kann niemals was schaden.«

Der Baron erhob sich, um zu einem Ende zu kommen: »Antworten Sie, ja oder nein, und zwar sofort. Wenn Sie nicht mehr wollen, so sagen Sie es, ich habe einen andern Bewerber.«

Da geriet der verschlagene Normanne aus Furcht vor der Konkurrenz ganz außer sich. Er entschloß sich und hielt die Hand hin wie nach einem Kuhhandel: »Da, schlagen Sie ein, Herr Baron, abgemacht. Ein Schuft, der sein Wort bricht.«

Der Baron schlug ein, dann rief er: »Ludivine.« Die Köchin zeigte ihren Kopf im Fenster. »Bringen Sie eine Flasche Wein.« Man trank sich zu, um den abgeschlossenen Handel zu begießen. Und der Bursche trabte munterer von dannen.

Julien wurde von diesem Besuch nichts erzählt. Der Heiratskontrakt wurde in großer Heimlichkeit aufgesetzt, dann, nach Veröffentlichung der Aufgebote, fand an einem Montag vormittag die Hochzeit statt.

Eine Nachbarin trug das Bübchen hinter den Neuvermählten zur

Kirche, gleichsam wie ein sicheres Unterpfand des Glückes. Und niemand im Dorfe wunderte sich; man beneidete bloß Désiré Lecoq. Er ist mit der Glückshaube geboren, sagte man mit verständnisinnigem Lächeln, ganz ohne sittliche Entrüstung.

Julien machte eine furchtbare Szene, die den Aufenthalt seiner Schwiegereltern in Les Peuples abkürzte. Jeanne sah sie ohne allzu große Traurigkeit wieder abreisen, denn Paul war für sie eine unerschöpfliche Quelle des Glücks geworden.

IX

Da Jeanne von ihrem Wochenbette wieder ganz hergestellt war, wurde beschlossen, bei den Fourville Gegenbesuch zu machen und auch den Marquis Coutelier aufzusuchen.

Julien hatte bei einer Versteigerung einen neuen Wagen erstanden, einen Phaeton, der nur ein Pferd brauchte, um so zweimal im Monat eine Ausfahrt machen zu können.

An einem hellen Dezembertag wurde angespannt, und nach zwei Stunden Fahrt durch die normannische Ebene bog man in ein schmales Tal ein mit bewaldeten Hängen und bebauten Feldern am Grunde.

Bald aber wurden die Saatflächen durch Wiesen abgelöst, die Wiesen durch Moor, bedeckt mit hohem, jetzt dürrem Schilf, dessen längliche Blätter sich raschelnd im Winde bewegten gleich gelben Bändern.

Hinter einer kurzen Biegung des Tals erschien plötzlich das Schloß von Vrillette. Mit der einen Seite lehnte es an dem bewaldeten Hang, die Mauern der anderen tauchten in einen See, der am gegenüberliegenden Ufer von einem hohen, das Tal emporsteigenden Fichtenwald begrenzt wurde.

Über eine altertümliche Zugbrücke und durch ein weites Portal im Stil Ludwigs XIII. kam man in den Ehrenhof und vor das elegante Wohngebäude aus der gleichen Epoche, das mit roten Ziegeln abgesetzt und von zwei schiefergedeckten Türmen flankiert war.

Julien, als häufiger Gast und genauer Kenner des Gebäudes, erklärte Jeanne alle Einzelheiten. Er machte sozusagen die Honneurs

des Schlosses und begeisterte sich an seiner Schönheit: »Schau dir nur dieses Portal an! Großartig, was, einen solchen Besitz zu haben? Die ganze jenseitige Front liegt nach dem See zu, mit einer königlichen Freitreppe, die bis zum Wasser hinabsteigt. Und vier Barken liegen am Fuß der Stufen, zwei für den Grafen, zwei für die Gräfin. Dort unten rechts, wo du die Pappelwand siehst, dort ist das Ende des Sees, da fängt der Fluß an, der bis Fecamp geht. Etwas vom Geruch der Wasservögel liegt über dem ganzen Lande; der Graf schwärmt für die Jagd in dieser Gegend. Da hast du einen wahrhaften Herrensitz.«

Die Eingangstür wurde geöffnet, die blasse Gräfin erschien und ging lächelnd den Besuchern entgegen. In dem langen Schleppkleid, fast wie das eines Edelfräuleins von einst, erschien sie wirklich als die schöne Dame vom See, geboren für dieses sagenumwobene Schloß.

Von den acht Fenstern des Salons blickten vier auf das Wasser und auf den dunklen Nadelwald, der gerade gegenüber am Hügel hinanstieg.

Das schwärzliche Grün gab dem See etwas Tiefes, Herbes und Düsteres; und wenn der Wind aufkam, klang das Seufzen der Bäume wie die Stimme der Sümpfe.

Die Gräfin ergriff beide Hände Jeannes so herzlich, als sei sie ihre Jugendfreundin gewesen. Dann bot sie ihr einen Platz an und setzte sich dicht neben sie auf einen niedrigen Stuhl, während Julien, der seit fünf Monaten alle vergessene Eleganz wieder angenommen hatte, in sanft vertrauter Art lächelte und plauderte.

Die Gräfin und er sprachen von ihren gemeinsamen Spazierritten. Sie lachte ein wenig über seine Art zu reiten, und nannte ihn »Ritter Wacklig«; auch er lachte und erinnerte daran, daß er sie »Amazonenkönigin« getauft hatte. Unmittelbar vor dem Fenster fiel ein Schuß, und Jeanne stieß einen kleinen Schrei aus. Es war der Graf, der eine Krickente erlegte.

Seine Frau rief ihn herbei. Man hörte das Geräusch von Rudern und das Anstoßen eines Bootes an der Ufermauer. Dann erschien der Graf, hünenhaft in hohen Stiefeln. Ihm folgten zwei durchnäßte Hunde, rothaarig, wie er selbst, die sich auf dem Teppich vor der Tür niederlegten.

Bei sich zu Hause schien er sichtlich mehr in seinem Behagen und

war entzückt, Besuch vorzufinden. Er ließ Holz aufs Feuer werfen, Madeira und Gebäck bringen, und plötzlich rief er aus: »Aber Sie bleiben natürlich zum Essen bei uns, abgemacht.« Jeanne, deren Gedanken immer bei ihrem Kinde weilten, lehnte ab. Der Graf bestand darauf, und als sie bei ihrem Nein beharrte, machte Julien kurz eine ungeduldige Bewegung. Da fürchtete sie, seine böse, streitsüchtige Laune wieder zu wecken, und nahm an, obgleich sie der Gedanke quälte, Paul nicht vor dem nächsten Morgen sehen zu können.

Der Nachmittag verlief reizend. Zuerst ging man die Quellen besichtigen; sie sprudelten aus moosbedecktem Felsen in ein klares Becken, in dem es unausgesetzt brodelte wie kochendes Wasser. Dann wurde eine Fahrt auf dem See gemacht, durch hohen Wald von trockenem Schilf hindurch, in das richtige Wege eingeschnitten waren. Der Graf, neben sich seine zwei witternden Hunde, ruderte; jeder Schlag hob den Kahn hoch und warf ihn ein Stück vorwärts. Jeanne tauchte bisweilen ihre Hand in das Wasser und genoß die erfrischende Kühle, die ihr von den Fingerspitzen bis ins Herz drang. Julien und die in Schals eingepackte Gräfin saßen ganz hinten im Boot und lächelten jenes beständige Lächeln glücklicher Menschen, die das Glück schweigsam macht.

Der Abend kam und brachte lange, kühle Schauer, Windstöße aus dem Norden, die durch das dürre Röhricht strichen. Die Sonne war hinter den Fichten untergetaucht, und der rote Himmel, durchsetzt von seltsam geformten, scharlachfarbigen Wölkchen, machte schon durch seinen Anblick frösteln.

Die Gesellschaft kehrte in den geräumigen Salon zurück, wo ein gewaltiges Feuer brannte. Ein Gefühl von Wärme und freundlichem Behagen strömte einem schon an der Schwelle entgegen und stimmte alle heiter. Der Graf, in bester Laune, nahm seine Frau in die athletischen Arme, hob sie wie ein Kind zu seinem Munde empor und drückte ihr als braver, zufriedener Ehemann zwei schallende Küsse auf die Wangen.

Jeanne betrachtete lächelnd diesen guten Riesen, den man schon rein seines Schnurrbarts wegen für einen Menschenfresser hätte halten können; und sie dachte: Wie man sich doch immer wieder über die Menschen täuschen kann.

Dann richtete sie fast unwillkürlich die Augen auf Julien; sie sah

ihn im Türrahmen stehen, auffallend blaß und den Blick starr auf den Grafen geheftet. Beunruhigt ging sie zu ihm hin und fragte leise: »Ist dir nicht wohl? Was hast du?« Er antwortete in grimmigem Ton: »Nichts. Laß mich. Mir war kalt.«

Als man nach dem Speisesaal ging, bat der Graf um die Erlaubnis, die Hunde einzulassen; sie kamen sogleich gelaufen und setzten sich auf ihr Hinterteil zur Rechten und zur Linken ihres Herrn. Während des Essens warf er ihnen öfters Bissen zu und streichelte ihre langen, seidenweichen Ohren. Die Tiere streckten die Köpfe vor, wedelten mit dem Schweif und bebten förmlich vor Zufriedenheit.

Nach Tisch wollten Jeanne und Julien aufbrechen, aber Herr von Fourville hielt sie noch zurück, um ihnen einen Fischfang mit Fackeln zu zeigen.

Er postierte die Gräfin und seine Gäste auf die Freitreppe, die nach dem See hinunterging. Dann stieg er in den Kahn, begleitet von einem Diener, der Wurfgarn und die brennende Pechfackel trug. Die Nacht unter dem sternenbesäten Himmel war klar und kalt.

Der Schein der Fackel zeichnete seltsam bewegte Feuerschlangen auf das Wasser, warf tanzende Lichter über das Schilf und beleuchtete die mächtige Fichtenwand. Und plötzlich, bei einer Wendung des Kahns, erschien ein riesiger phantastischer Schatten, der Schatten eines Menschen am erhellten Rande des Waldes. Der Kopf ragte über die Wipfel hinaus, verlor sich in der Weite des Himmels, während die Füße in das Wasser des Sees eingetaucht schienen. Dann hob dies ungeheure Wesen seine Arme, wie um nach den Sternen zu greifen; plötzlich strafften sich diese gewaltigen Arme, fielen zurück, und gleich darauf hörte man das Geräusch von aufklatschendem Wasser.

Der Kahn machte nun wieder eine langsame Drehung, und das rätselhafte Phantom schien an dem Waldrand entlang zu gleiten, der vom vorüberziehenden Licht erhellt wurde. Dann wurde die Gestalt aufgesogen vom Dunkel des Horizonts, tauchte aber bald darauf an der Front des Schlosses wieder auf, nun weniger groß, aber deutlicher in ihren sonderbaren Bewegungen.

Und die dröhnende Stimme des Grafen rief herüber: »Gilberte, acht habe ich!«

Man hörte den Schlag der Ruder. Der Riesenschatten stand jetzt gerade aufgerichtet und unbeweglich an der Mauer, sank aber mehr

und mehr in sich zusammen, der Kopf schien herunterzurücken, der Körper immer magerer zu werden. Und als Herr von Fourville, wieder gefolgt von dem Diener mit der Fackel, die Stufen der Freitreppe heraufstieg, war der Schatten nicht größer als er selbst und wiederholte alle seine Bewegungen.

Im Netz zappelten acht große Fische.

Als Jeanne und Julien, eingehüllt in Decken und Mäntel, die man ihnen geliehen hatte, auf der Rückfahrt waren, meinte Jeanne fast unwillkürlich: »Was für ein prächtiger Mensch, dieser Riese.« Julien, der kutschierte, erwiderte kurz: »Na ja, aber er könnte etwas mehr Haltung zeigen in Gesellschaft.«

Acht Tage später fuhren sie zu den Coutelier, die für die erste Adelsfamilie der Provinz galten. Ihr Besitztum Reminil lag dicht bei dem Marktflecken Cany. Das neue, unter Ludwig XIV. erbaute Schloß stand verborgen in einem prächtigen, von Mauern umgebenen Park. Von einer Höhe aus konnte man die Ruine des alten Schlosses erblicken. Diener in Livree führten die Besucher in ein großes, pompöses Zimmer. Mitten in dem Raum stand auf einer Art Säule eine mächtige Porzellanvase von Sèvres. Auf dem Sockel war, von einer Glasscheibe geschützt, ein eigenhändiger Brief des Königs angebracht, in welchem der Marquis Leopold-Hervé-Joseph-Germer de Varneville de Rollebosc de Coutelier aufgefordert wurde, das gnädige Geschenk seines Souveräns in Empfang zu nehmen.

Jeanne und Julien betrachteten die königliche Gabe, als der Marquis und die Marquise eintraten. Frau von Coutelier, stark gepudert, war liebenswürdig in Ausübung ihrer Stellung und geschraubt, in dem Wunsche, herablassend zu erscheinen. Ihr Mann, eine hervorragende Persönlichkeit mit weißem, gerad emporstehendem Haar, legte in seinen Bewegungen, in seine Stimme und ganze Haltung eine Erhabenheit, die deutlich seine Gewichtigkeit zum Ausdruck brachte.

Es waren reine Etikettemenschen, deren Geist, Gefühle und Worte immer wie auf Stelzen zu gehen schienen.

Sie sprachen, ohne die Antworten abzuwarten, lächelten unbeteiligt und schienen stets nur die durch ihre Geburt ihnen auferlegte Pflicht zu erfüllen, den kleinen Adel der Nachbarschaft mit Höflichkeit zu empfangen.

Jeanne und Julien, wie gelähmt, bemühten sich zu gefallen, fühlten, daß die übliche Besuchszeit vorüber war, fanden aber nicht den Moment, aufzubrechen. Aber die Marquise machte von sich aus der Visite ein Ende, ganz einfach und natürlich, indem sie die Unterhaltung zur rechten Zeit abschloß, gleich einer leutseligen Königin, die Abschied erteilt.

Auf der Rückfahrt sagte Julien: »Wenn es dir recht ist, beendigen wir hiemit unsere Besuche. Ich für mein Teil, ich habe mit den Fourville genug.« Und Jeanne stimmte ihm zu.

Langsam verlief der Dezember, jener düstere Monat, das dunkle Loch am Grunde des Jahres. Wie im vergangenen Winter begann wieder das eingeschlossene Leben. Aber Jeanne fühlte keine Langeweile, denn sie war stets um Paul beschäftigt, den Julien von der Seite beunruhigt und mißvergnügt ansah.

Bisweilen, wenn die Mutter ihn in den Armen hielt und ihn mit jenem leidenschaftlichen Zärtlichkeitsausbruch liebkoste, den Frauen für ihre Kinder haben, reichte sie ihn dem Vater hin und sagte: »Aber gib ihm doch einen Kuß. Es sieht ja fast so aus, als magst du ihn nicht.« Und mit angeekelter Miene streifte er mit gespitzten Lippen die kahle Stirn des Kleinen, indem er sich dabei weit vornüber beugte, wie um ja nicht mit den tappigen Fäustchen des Kindes in Berührung zu kommen. Dann ging er rasch fort; es war, als ob ein Widerwille ihn verjagte.

Von Zeit zu Zeit kamen der Bürgermeister, der Doktor und der Pfarrer zu Tisch; dann und wann auch die Fourville, an die man sich mehr und mehr anschloß.

Der Graf schien den kleinen Paul zärtlich zu lieben. Während seiner Besuche, ja oft den ganzen Nachmittag lang hielt er ihn auf den Knien. Seine mächtigen Riesenhände gingen äußerst behutsam mit ihm um, und die langen Enden seines Schnurrbartes kitzelten die Nasenspitze des Kleinen; oft auch küßte er ihn mit fast mütterlicher Inbrunst. Daß seine Ehe kinderlos blieb, war sein steter Kummer.

Im März wurde das Wetter klar, trocken und fast milde. Gräfin Gilberte sprach wieder von Spazierritten, die sie alle vier gemeinsam unternehmen würden. Jeanne, die der langen Abende, der langen Nächte und der langen, ewig gleichförmigen Tage müde war, zeigte sich glücklich über den Vorschlag und willigte ein. Eine

ganze Woche lang vergnügte sie sich damit, ihr Reitkostüm herzurichten.

Und dann nahmen die Ausflüge ihren Anfang. Sie ritten stets zu zweit, voran die Gräfin und Julien, hundert Schritt dahinter Jeanne und der Graf. Diese unterhielten sich wie zwei Freunde, denn sie waren Freunde geworden durch die Berührung ihrer geraden Seelen und einfachen Herzen. Julien und die Gräfin dagegen sprachen oft leise miteinander, lachten manchmal heftig auf und blickten sich plötzlich an, so, als ob ihre Augen sich Dinge zu sagen hätten, die der Mund verschwieg. Dann stürmten sie wohl im Galopp davon, wie von dem unwiderstehlichen Wunsch getrieben zu fliehen, fort, weiter und immer weiter fort.

Nach einiger Zeit schien Gilberte reizbar zu werden. Ihre lebhafte Stimme, vom Winde herübergetragen, drang manchmal bis zu den Ohren des rückwärts reitenden Paares. Dann lächelte der Graf und sagte zu Jeanne: »Sie ist nicht alle Tage gut aufgelegt, meine Frau.«

Als eines Abends bei der Rückkehr die Gräfin ihre Stute vorwärtstrieb, ihr die Sporen gab und sie dann plötzlich wieder scharf zurückriß, hörte man Julien mehrmals wiederholen: »Seien Sie vorsichtig, seien Sie doch vorsichtig, das Pferd wird mit Ihnen durchgehen.« Sie entgegnete: »Um so schlimmer; das ist nicht Ihre Sache.« Und ihre Stimme war so hell und hart, daß die Worte über das Feld hin klangen, so als ob sie in der Luft schweben blieben.

Das unruhig gewordene Tier stieg hoch, schlug aus, schäumte. Besorgt rief der Graf aus voller Lunge herüber: »Gib doch acht, Gilberte!« Aber wie zum Trotz und in einer jener plötzlichen Nervenkrisen der Frau, die durch nichts mehr zu hemmen sind, schlug sie das Tier mit der Reitpeitsche heftig zwischen die Ohren. Das Pferd, wild geworden, bäumte sich hoch, schlug mit den Vorderfüßen in die Luft; dann fiel es zurück, sprang in einem mächtigen Satze vorwärts und jagte mit aller Kraft seiner Fesseln über die Ebene davon.

Es durchquerte zuerst die Wiesen, flog dann über die gepflügten Äcker, die feuchte, fette Erde spritzte wie Staub in die Luft, und es stürmte so rasch dahin, daß man Roß und Reiterin kaum mehr unterschied.

Julien blieb wie betäubt an seinem Platze und rief verzweifelt: »Gnädige Frau, gnädige Frau!«

Der Graf aber ließ nur eine Art Knurren hören, gleich darauf beugte er sich auf den Hals seines schweren Pferdes nieder und warf es mit einem Ruck seines ganzen Körpers vor. So heftig trieb er es vorwärts, hetzte es, feuerte es an mit der Stimme, mit Schenkeln und Sporen, daß es aussah, als ob der riesenhafte Reiter das schwere Tier mit seinen Schenkeln davontrüge, als ob er es emporhöbe, wie um durch die Luft zu fliegen. Die Jagd ging mit unbegreiflicher Schnelligkeit weiter, immer einer hinter dem andern her. Jeanne sah weit in der Ferne die beiden Silhouetten der Frau und des Gatten, sie flohen immer weiter, wurden kleiner, undeutlicher, verschwanden, so wie zwei sich jagende Vögel am fernen Horizont sich verlieren, verlöschen.

Julien kam, immer im Schritt, heran und murmelte wütend: »Mir scheint, sie ist toll heute.« Und sie folgten ihren Freunden, die in einer Senkung der Ebene verschwunden waren.

Eine Viertelstunde später sahen sie die beiden zurückkommen; und bald danach waren sie wieder bei ihnen.

Der Graf, gerötet und in Schweiß gebadet, lachte in zufriedenem Triumph und führte mit seiner unwiderstehlichen Faust das zitternde Pferd seiner Frau am Zügel. Sie war bleich, das Gesicht schmerzvoll gespannt, und mit der einen Hand stützte sie sich auf die Schulter ihres Mannes, als sei sie nahe daran, umzusinken.

An diesem Tage erkannte Jeanne, daß der Graf seine Frau leidenschaftlich liebte.

In den folgenden Wochen zeigte sich die Gräfin heiter, wie sie es nie vorher gewesen war. Sie kam öfters nach Les Peuples, lachte unaufhörlich und umarmte Jeanne in plötzlichen Zärtlichkeitsausbrüchen. Es schien, als habe sich eine geheimnisvolle Freude über ihr Leben gebreitet. Auch ihr Gatte war glücklich und ließ sie nicht aus den Augen; in plötzlichem Aufwallen seiner Leidenschaft suchte er oft ihre Hand oder ihr Kleid zu berühren.

Eines Abends sagte er zu Jeanne: »Jetzt sind wir im Glück. Gilberte ist niemals so lieb gewesen wie in letzter Zeit. Sie hat keine schlechte Laune mehr, keine Zornanfälle. Ich fühle, daß sie mich liebt. Bisher war ich dessen durchaus nicht sicher.«

Auch Julien schien verändert, war heiter und nicht mehr ungeduldig. Es schien, als ob die Freundschaft beider Familien in jede von ihnen Friede und Freude gebracht hätte. –

In diesem Jahr gab es einen selten vorzeitigen und warmen Frühling.

Von der Frühe des milden Morgens bis zu den stillen, feuchtwarmen Abenden begann es auf der ganzen Oberfläche der Erde unter den Strahlen der Sonne zu sprossen. Es war eine einzige machtvolle Entfaltung aller Keime, einer jener unwiderstehlichen Auftriebe der Säfte, jenes heiße Verlangen nach Neuerstehen, wie es die Natur nur in derart begünstigten Jahren zeigt, so daß man an eine Wiederverjüngung der Welt glauben möchte.

Dies drängende Leben ringsum erfüllte Jeanne mit einer unbestimmbaren Unruhe. Beim Anblick einer kleinen Blume im Grase konnte sie eine plötzliche Erschlaffung überkommen; sie hatte köstliche Melancholien und lange Stunden weichen Dahinträumens.

Dann fühlte sie sich ergriffen von den zärtlichen Erinnerungen der ersten Zeiten ihrer Liebe. Nicht, daß die Neigung zu Julien sich in ihrem Herzen wieder neu belebte, das war vorbei, vorbei wohl für immer; aber ihr von milden Lüften umspielter, von allen Düften des Frühlings durchtränkter Körper geriet in Unruhe; wie umschmeichelt von einer holden, unerklärlichen Lockung.

Sie liebte es, allein zu sein, unter der Hitze der Sonne sich hinzugeben, durchströmt von Empfindungen, von heiteren, unsagbaren Genüssen, die doch keinerlei Gedanken wachriefen.

Als sie eines Morgens so dahindämmerte, glitt eine Traumerscheinung an ihr vorüber: das rasch wieder schwindende Bild jener sonnigen Lichtung inmitten des dunklen Blätterwerkes im Wäldchen bei Etretat. Dort war es, wo sie zum ersten Male ihren Körper erbeben fühlte von der Nähe des jungen Mannes, den sie damals liebte; dort war es, wo er zum ersten Male den schüchternen Wunsch seines Herzens stammelte, wo ihr die strahlende Zukunftserfüllung ihrer Hoffnungen plötzlich greifbar schien.

Und sie wollte jenes Wäldchen wiedersehen, dorthin eine empfindsame und abergläubische Pilgerfahrt machen; wie wenn die Rückkehr zu jenem Ort irgend etwas ändern sollte im Gang ihres Lebens.

Julien war schon seit dem frühen Morgen fort, sie wußte nicht wohin. Sie ließ sich also den kleinen Schimmel von Martin satteln, dessen sie sich jetzt bisweilen bediente, und ritt davon.

Es war einer jener ganz ruhigen Tage, wo nichts sich regt, kein Blatt, kein Grashalm. Alles scheint unbeweglich bis an das Ende der Zeiten, als ob der Wind gestorben wäre. Sogar die Insekten scheinen verschwunden zu sein.

Brütende Hitze strömte gebieterisch von der Sonne hernieder, unmerklich, als goldiger Dunst; und Jeanne ritt, gewiegt vom Schritt ihres Pferdchens, glücklich dahin. Von Zeit zu Zeit hob sie die Augen, um nach einem winzigen weißen Wölkchen zu blicken, nicht größer als ein Wattetupf, eine Dampfflocke, die wie vergessen da oben geblieben war und ganz allein mitten am Himmel hing.

Sie gelangte in das Tal, das sich zwischen den hohen Bogen der Küstenfelsen hindurch, den »Toren von Etretat«, bis zum Meere erstreckt, und in sanftem Abstieg erreichte sie den Wald. Durch das noch lockere Grün regnete es Licht. Sie suchte nach der Stelle, konnte sie jedoch nicht finden und irrte auf den Waldwegen umher.

Beim Durchqueren einer langen Allee erblickte sie plötzlich in der Ferne zwei gesattelte Pferde, an einem Baum angebunden. Sie erkannte sie sofort, es waren die von Gilberte und Julien. Die Einsamkeit begann auf ihr zu lasten; sie war froh über diese Begegnung und setzte ihren Schimmel in Trab.

Als sie an die beiden Tiere herangekommen war, die ruhig und wie gewöhnt an eine solche lange Rast nebeneinander standen, begann sie zu rufen. Niemand antwortete.

Ein Frauenhandschuh und zwei Reitpeitschen lagen im zerdrückten Grase. Die beiden hatten also hier gesessen, sich dann entfernt und die Pferde zurückgelassen.

Sie wartete eine Viertelstunde, zwanzig Minuten, überrascht, ohne zu begreifen, wo jene blieben. Da sie abgestiegen war und regungslos gegen einen Baum lehnte, ließen sich zwei kleine Vögel dicht vor ihren Füßen im Grase nieder, ohne sie zu bemerken. Der eine hüpfte um den anderen herum, wippte, spreizte die zitternden Flügel, nickte piepsend mit dem Kopfe; und plötzlich paarten sie sich.

Jeanne wunderte sich, als ob sie das nicht gekannt hätte. Dann sagte sie: »Ja, richtig, es ist Frühling.« Sie blickte wieder auf den Handschuh, die Reitpeitschen, die beiden verlassenen Pferde; und plötzlich schwang sie sich mit einer heftigen Bewegung in den Sattel, vom unwiderstehlichen Drang getrieben zu entfliehen.

Jetzt ritt sie im Galopp nach Les Peuples zurück. Ihr Hirn arbeitete, folgerte, reihte Tatsachen aneinander, verknüpfte Begebenheiten. Wie war es möglich, daß sie nichts gemerkt, nicht eher geahnt hatte? Wie hatte sie die häufigen Abwesenheiten Juliens, das Wiederaufleben seiner verflossenen Eleganz und dann das Friedlichwerden seiner Stimmung nicht begreifen können? Ebenso erinnerte sie sich der nervösen Plötzlichkeiten Gilbertes, der übertriebenen Zärtlichkeiten ihr gegenüber, und dann in letzter Zeit jener Art von Seligkeit, in der sie lebte und die den Grafen so glücklich gemacht hatte.

Sie ließ das Pferd im Schritt gehen, denn sie mußte ernsthaft überlegen, und die rasche Gangart verwirrte ihre Gedanken.

Nachdem die erste Erregung sich gelegt hatte, wurde ihr Herz beinahe ruhig; keine Eifersucht, kein Haß, nur Verachtung erfüllte sie. An Julien dachte sie kaum, von ihm setzte sie nichts mehr in Erstaunen; aber der zwiefache Verrat der Gräfin, die sich ihr als Freundin gegeben hatte, empörte sie. Alle Menschen waren also treulos, falsch und lügnerisch. Und Tränen kamen ihr in die Augen. Verlorene Illusionen werden oft mit dem gleichen Schmerz beweint wie Tote.

Sie entschloß sich trotzdem, die Ahnungslose zu spielen und ihre Seele allen üblichen Gefühlen zu verschließen; sie wollte nur Paul und ihre Eltern lieben, die anderen aber mit gleichgültiger Miene ertragen.

Kaum nach Hause gekommen, stürzte sie sich auf ihren Sohn, nahm ihn mit sich in ihr Zimmer und küßte ihn stürmisch und unaufhaltsam, wohl eine Stunde lang.

Julien kam zum Essen zurück, lächelnd, heiter und voll Bereitschaft, liebenswürdig zu sein. Er fragte: »Nun, Vater und Mamachen werden dieses Jahr nicht zu uns kommen?«

Sie war ihm so dankbar für diese Aufmerksamkeit, daß sie ihm die Entdeckung im Walde fast verzieh. Ein brennender Wunsch überkam sie, die beiden Wesen, die sie nach ihrem Paul am meisten liebte, recht bald wiederzusehen; den ganzen Abend verbrachte sie damit, ihnen zu schreiben, um ihr Kommen zu beschleunigen.

Sie antworteten, daß sie am 20. Mai eintreffen würden, jetzt war der 7. dieses Monats.

Jeanne erwartete ihre Ankunft mit wachsender Ungeduld. Es

schien, als fühle sie, ganz abgesehen von ihrer Kindesliebe, ein neues Bedürfnis, ihr Herz anzulehnen an offene, ehrliche Herzen, sich mit rückhaltloser Seele auszusprechen mit reinen Menschen, die gefeit waren gegen jede Niedertracht, und deren Leben, Handlungen, Gedanken und Wünsche immer den geraden Weg gegangen waren.

Was sie jetzt empfand, war eine Art Vereinsamung ihres gerechten Gewissens inmitten all dieser versagenden Gewissen. Wenn sie auch die Kunst der Verstellung rasch erlernt hatte und die Gräfin mit ausgestreckten Händen und lächelnden Lippen begrüßte, so fühlte sie doch diese Empfindung der Leere und der Menschenverachtung in sich stetig wachsen und mehr und mehr von ihr Besitz ergreifen. Und Tag um Tag erfüllten sie die kleinen Neuigkeiten, die ihr aus der Umgebung zugetragen wurden, nur mit noch größerem Abscheu und noch stärkerem Widerwillen gegen alle menschlichen Wesen.

Die Tochter der Couillard hatte ein Kind bekommen und die Hochzeit sollte stattfinden; die Magd bei Martin war schwanger, eine kleine Nachbarin von fünfzehn Jahren war schwanger, und sogar eine Witwe, ein armes, hinkendes, schmutziges Weib, das nur die »Dreckschlampe« genannt wurde, so starrte sie von Schmutz, war schwanger.

Alle Augenblicke hörte man von einer neuen Schwangerschaft, von irgendwelchen Seitensprüngen eines Mädchens, einer verheirateten Bäuerin und Familienmutter oder eines reichen, angesehenen Pächters.

Der heiße Frühling schien wie bei den Pflanzen so auch bei den Menschen die Säfte hochzutreiben.

Jeanne aber, deren erloschene Sinne sich nicht mehr regten, deren gemartertes Herz und deren empfindsame Seele allein von den lauen, befruchtenden Lüften aufgerührt wurden, sie, die in wunschloser Entzückung schwärmte, sich für Träume begeisterte und den Bedürfnissen des Fleisches abgestorben war, entsetzte sich vor dieser tierischen Brunst rings um sie her voll Ekel, der fast an Haß grenzte.

Die Paarung der Geschöpfe empörte sie jetzt wie eine widernatürliche Sache. Und nicht daß sie ihr den Gatten genommen, brachte sie so gegen Gilberte auf, sondern der Umstand, daß auch sie in den allgemeinen Schlamm mit versunken war.

Gilberte gehörte doch nicht zu jenem Bauerngesindel, bei dem alle niederen Instinkte vorherrschten. Wie konnte sie sich auf ebendieselbe Weise verlieren wie jene rohen Menschen?

Gerade am Ankunftstage der Eltern hatte Julien noch all ihren Abscheu erneut, indem er als die natürlichste und drolligste Sache von der Welt belustigt erzählte, wie der Bäcker des Dorfes am vergangenen Abend ein Geräusch in seinem Backofen gehört habe. Da nicht Backtag war, glaubte er eine herumtreibende Katze zu fassen, fand aber beim Nachsehen seine Frau darin, die »nicht gerade Brot hineinschob«.

Julien fügte hinzu: »Der Bäcker hat die Ofentür rasch verriegelt und die beiden wären erstickt, hätte ihr kleiner Junge nicht die Nachbarn herbeigerufen; er hatte seine Mutter mit dem Dorfschmied hineinkriechen sehen.« Und lachend wiederholte er: »Sie geben uns Liebesbrot zu essen, diese Spaßvögel. Das könnte wirklich eine Geschichte von La Fontaine sein.«

Jeanne wagte nicht mehr Brot anzurühren.

Als der Postwagen vor der Freitreppe hielt und das glückliche Gesicht des Barons hinter der Scheibe sichtbar wurde, da überkam Jeanne heftige Erregung, und ein wahrer Sturm von Zärtlichkeit brach aus ihrer Brust, wie sie sie vordem niemals verspürt hatte.

Aber beim Anblick Mamachens wurde sie so betroffen, daß ihr fast die Knie schwach wurden. Die Baronin war in den sechs Wintermonaten um zehn Jahre gealtert. Die großen, schlaffen Hängebacken waren hoch gerötet, wie von Blut angeschwollen, der Blick wie erloschen. Sie konnte sich nur noch fortbewegen, wenn man sie unter beiden Armen stützte, und der pfeifende Atem war so mühsam und keuchend, daß man in ihrer Nähe ein peinliches Unbehagen empfand.

Der Baron, der sie täglich sah, hatte den Verfall nicht bemerkt. Wenn sie sich über ihre ständige Atemnot und ihre zunehmende Schwerfälligkeit beklagte, so erwiderte er: »Aber nein, Liebe, so habe ich dich immer gekannt.«

Nachdem sie die Eltern hinaufbegleitet hatte, schloß Jeanne sich in ihr Zimmer ein und weinte verzweifelt und fassungslos. Dann suchte sie ihren Vater auf und, die Augen noch voller Tränen, warf sie sich an seine Brust: »Oh, wie Mama sich verändert hat! Was ist mit ihr, sage mir doch, was ist mit ihr?« Er war bestürzt und

antwortete: »Du glaubst? Du meinst wirklich? Aber nein, ich bin doch täglich um sie, und ich versichere dir, ich finde sie nicht schlechter als sonst, ihr geht es wie immer.«

Am Abend sagte Julien zu seiner Frau: »Deine Mutter steckt in keiner guten Haut. Ich glaube, die Sache ist bedenklich.« Als Jeanne darauf in Schluchzen ausbrach, wurde er ungeduldig: »Na, ich sage doch nicht, daß es nun schon ganz zu Ende ist mit ihr. Du bist auch immer gleich so übertrieben. Sie hat sich eben verändert, weiter nichts. Das ist bei ihrem Alter ganz natürlich.«

Acht Tage später dachte Jeanne kaum mehr daran, sie war an das veränderte Aussehen der Mutter gewöhnt. Vielleicht auch hatte sie ihre Besorgnisse zurückgedrängt, wie man ja stets aus einer Art egoistischem Instinkt, aus dem natürlichen Bedürfnis nach Seelenruhe nur allzu geneigt ist, Befürchtungen und drohende Sorgen von sich wegzuschieben.

Die Baronin, die sich nur noch mit großer Schwierigkeit bewegen konnte, ging höchstens eine halbe Stunde am Tage aus. Wenn sie einmal »ihre« Allee durchwandert hatte, konnte sie nicht mehr und verlangte, sich auf »ihre« Bank zu setzen. Und wenn sie sich unfähig fühlte, auch dies Stück Weg zu bewältigen, sagte sie: »Wir wollen haltmachen. Meine Hypertrophie lähmt mir die Beine heute.«

Kaum daß sie noch lachte; bei Dingen, die noch im vorigen Jahre sie geschüttelt hätten, lächelte sie nur. Da ihre Augen noch gut waren, verbrachte sie die Tage damit, »Corinna« und die »Meditationen« von Lamartine zu lesen. Und dann verlangte sie nach dem »Schubfach mit den Andenken«. Wenn sie die vergilbten Briefe, die ihrem Herzen teuer waren, in ihren Schoß ausgeschüttet hatte, stellte sie das Schubfach neben sich auf einen Stuhl und begann diese »Reliquien« eine nach der anderen wieder zurückzulegen, nachdem sie jede einzelne lange betrachtet hatte. War sie ganz, aber auch wirklich ganz allein, dann küßte sie einzelne der Briefe, so wie man im geheimen die Haare der Toten küßt, die man geliebt hat.

Manchmal kam Jeanne überraschend herein und fand sie weinend, traurige Tränen weinend. Jeanne rief: »Was hast du, Mamachen?« Und die Baronin antwortete nach einem schweren Seufzer: »Meine Reliquien tun mir das. Man rührt an Dinge, die so köstlich waren und die entschwunden sind. Und dann, es gibt Menschen, an

die man kaum mehr gedacht hat und die man da wiederfindet. Man meint sie zu sehen, sie sprechen zu hören, und das ist so entsetzlich traurig. Du wirst das auch noch erfahren, später.«

Wenn in diesen Stunden der Schwermut der Baron hinzukam, sagte er zu seiner Tochter: »Jeanne, mein Kind, höre auf mich, verbrenne deine Briefe, alle, die von deiner Mutter, die von mir, alle. Nichts ist schrecklicher, als im Alter wieder in seiner Jugend herumzustöbern.« Aber auch Jeanne hob ihre Korrespondenz auf und legte sich ihr »Reliquienkästchen« an; sie folgte dabei, trotz aller Verschiedenheit von ihrer Mutter, einer ererbten Neigung zu gefühlvoller Träumerei.

Nach einigen Tagen mußte der Baron Geschäfte halber verreisen und fuhr ab.

Das Wetter war herrlich. Milde Nächte, von Sternen funkelnd, folgten auf heiter stille Abende, die schönen Abende auf strahlend helle Tage, die leuchtenden Tage auf flammende Morgenröten. Der Mutter ging es schon nach kurzer Zeit besser; Jeanne vergaß die Liebschaft Juliens wie Gilbertes Verrat und fühlte sich fast vollkommen glücklich. Die ganze Erde blühte und duftete, und das immer friedliche Meer erglänzte vom Morgen bis zum Abend unter den Strahlen der Sonne.

Eines Nachmittags nahm Jeanne den kleinen Paul in die Arme und ging mit ihm hinaus über die Felder. Sie blickte bald auf ihren Jungen, bald auf das blumenübersäte Gras am Wege und fühlte sich ergriffen von einer Glückseligkeit ohne Ende. Alle Augenblicke küßte sie das Kind und drückte es leidenschaftlich an sich; dann, unter dem starken Hauch des köstlichen Geruchs der Felder, kam es wie eine wohlige Schwäche über sie, ein Aufgelöstsein in grenzenlosem Wohlbefinden.

Dann dachte sie an die Zukunft ihres Sohnes. Wie würde sie sich gestalten? Bald wollte sie ihn als großen, angesehenen und einflußreichen Mann; bald sah sie ihn lieber fern der Welt in engem Kreis, immer in ihrer Nähe, die Arme stets für die zärtlich geliebte Mutter geöffnet. Wenn sie ihn mit ihrem egoistischen Mutterherzen liebte, wünschte sie, daß er immer ihr Sohn bliebe, einzig und allein ihr Sohn; liebte sie ihn aber mit ihrem leidenschaftlichen Verstand, dann verlangte ihr Ehrgeiz, daß er etwas vorstelle auf der Welt.

Sie setzte sich an den Rand des Grabens und fing an, ihn zu

betrachten. Es schien ihr, als habe sie ihn bisher nie richtig gesehen. Und plötzlich war sie ganz erstaunt bei dem Gedanken, daß dieses kleine Wesen einst groß sein, mit festem Schritt auftreten, einen Bart haben und mit tiefer Stimme sprechen sollte.

Es rief sie jemand von weitem. Sie hob den Kopf, Marius kam herbeigelaufen. Sie vermutete, daß irgendein Besuch sie erwarte, und stand auf, unzufrieden über die Störung. Aber der Junge kam in vollem Lauf heran, und als er bei ihr war, rief er: »Gnädige Frau, die Frau Baronin – es geht ihr nicht gut.«

Es war ihr, als ob ein eiskalter Tropfen ihr über den Rücken liefe; sie hastete zurück, keines Gedankens fähig.

Von weitem schon sah sie eine Gruppe Menschen unter der Platane. Sie stürzte darauf zu, und als man zur Seite wich, sah sie ihre Mutter ausgestreckt auf der Erde liegen, den Kopf durch zwei Kissen gestützt. Das Gesicht war völlig schwarz, die Augen geschlossen, und nicht der leiseste Atemzug kam aus der Brust, die zwanzig Jahre lang gekeucht hatte. Die Amme nahm ihr das Kind aus den Armen und trug es fort.

Jeanne fragte wie betäubt: »Was ist denn passiert? Wie ist sie denn hingefallen? So holt doch den Arzt!« Als sie sich umwandte, bemerkte sie den Pfarrer, der benachrichtigt worden war, man wußte nicht von wem. Er bot seine Hilfe an und bemühte sich um die Daliegende, nachdem er die Ärmel seiner Soutane hochgestreift hatte. Aber alle Einreibungen mit Essig oder Kölnischem Wasser blieben ohne Erfolg. »Sie muß entkleidet und zu Bett gebracht werden«, sagte der Pfarrer.

Der Pächter Joseph Couillard war da, ebenso Vater Simon und Ludivine. Unter dem Beistand des Abbé Picot wollten sie die Baronin ins Haus tragen; aber als sie versuchten, sie hochzuheben, fiel der Kopf nach hinten zurück, und das Kleid, an das sie angefaßt hatten, zerriß, ein solches Gewicht hatte die kaum zu bewegende Masse. Jeanne stieß einen Schrei des Entsetzens aus. Sie legten den schweren, weichen Körper auf die Erde zurück.

Ein Fauteuil mußte aus dem Salon geholt werden, und es gelang, sie daraufzusetzen und endlich hochzuheben. Langsam, Schritt für Schritt stiegen sie die Freitreppe, dann zum ersten Stock hinauf, kamen bis zum Zimmer, legten sie auf das Bett.

Die Köchin kam mit dem Auskleiden allein nicht zurande; und

da zeigte es sich, daß die Witwe Dentu just zur Stelle war. Wie der Priester war sie anscheinend ganz von selbst gekommen, so als hätten sie »den Tod gerochen«, wie die Dienstboten sagten.

Joseph Couillard ritt in Karriere davon, um den Arzt zu benachrichtigen. Als der Priester sich anschickte, das heilige Öl zu holen, flüsterte ihm die Wärterin ins Ohr: »Bemühen Sie sich nicht erst, Herr Pfarrer, ich kenne mich aus, sie ist hinüber.«

Jeanne lief wie von Sinnen umher, beschwor die Umstehenden, wußte nicht, was sie versuchen, welche Mittel sie anwenden sollte. Der Priester begann für alle Fälle die Absolution zu sprechen.

Zwei Stunden wartete man neben dem verfärbten, leblosen Körper. Jeanne war auf die Knie gesunken und schluchzte, von Angst und Schmerz verzehrt.

Als sich die Tür öffnete und der Doktor eintrat, da erschien er ihr als das Heil, der Trost und die Hoffnung. Sie stürzte auf ihn zu und stammelte alles heraus, was sie von dem Ereignis wußte: »Sie ging spazieren wie alle Tage ... es ging ihr gut ... sehr gut sogar ... zum Frühstück hat sie eine Tasse Fleischbrühe und zwei Eier genommen ... plötzlich ist sie umgefallen ... ist ganz schwarz im Gesicht geworden, wie Sie sehen ... sie hat sich nicht mehr gerührt ... wir haben alles versucht, um sie ins Leben zurückzurufen ... alles ...« Sie brach ab, hatte ein Zeichen der Wärterin zu dem Arzt bemerkt, das andeuten sollte, daß es vorbei sei, endgültig. Sie wollte nicht verstehen, wiederholte in angstvoller Frage: »Ist es ernstlich? Glauben Sie, daß es was Ernstliches ist?«

Endlich sagte der Arzt: »Ich fürchte sehr, daß es ... daß es ... zu Ende ist. Fassen Sie Mut, viel Mut, Madame!«

Und Jeanne öffnete die Arme und warf sich über ihre Mutter.

Julien kam nach Hause. Er war verblüfft und sichtlich betroffen, ohne irgendeine äußere Kundgebung von Schmerz oder Verzweiflung zu zeigen. Die Sache war ihm zu plötzlich gekommen, um mit einem Schlage Gesicht und Haltung entsprechend einzustellen. Er murmelte: »Ich habe es erwartet, ich sah wohl, daß es bald zu Ende gehen würde.« Dann trocknete er sich die Augen, kniete sich bekreuzigend nieder und bewegte die Lippen. Als er wieder aufstand, wollte er auch seine Frau aufrichten, aber sie klammerte sich, fast über dem Bett liegend, an dem toten Körper fest und küßte ihn. Man mußte sie mit Gewalt fortbringen, sie schien wie von Sinnen.

Nach einer Stunde ließ man sie wieder zu der Toten. Alle Hoffnung war jetzt vorbei. Der Raum war nun zu einem Sterbezimmer umgestaltet. Julien und der Priester standen in leiser Unterhaltung am Fenster. Witwe Dentu saß bequem in einem Sessel; an Nachtwachen gewöhnt, fühlte sie sich in einem Hause, in das der Tod eingezogen war, ganz am Platze und schien bereits leicht eingeschlummert.

Die Nacht brach herein. Der Pfarrer trat zu Jeanne, nahm ihre Hände, sprach ihr Mut zu und ergoß über dies untröstliche Herz den salbungsvollen Strom der kirchlichen Tröstungen. Er sprach von der Verblichenen und rühmte sie in priesterlichen Wendungen. Doch selbst traurig über die falsche Trauer der Priester, für die die Sterbefälle von Nutzen sind, erbot er sich, die Nacht im Gebet bei der Leiche zu verbringen. Doch Jeanne lehnte aus krampfhaftem Schluchzen heraus ab. Sie wollte in dieser Nacht des Abschieds allein sein, ganz allein. Julien trat heran: »Aber das ist doch unmöglich, wir werden alle beide wachen.« Sie schüttelte den Kopf, unfähig zu sprechen. Endlich vermochte sie zu sagen: »Es ist meine Mutter, meine Mutter. Ich will allein wachen.« Der Arzt flüsterte: »Lassen Sie ihr den Wunsch. Die Wärterin kann ja im Nebenzimmer bleiben.«

Der Priester und Julien dachten an ihr Bett und willigten ein. Dann kniete der Abbé Picot seinerseits nieder, betete, erhob sich und sprach im Hinausgehen: »Sie war eine Heilige«, in dem Tone, wie er das *Dominus vobiscum* zu sagen pflegte.

Dann sagte Julien mit seiner gewohnten Stimme: »Willst du nicht etwas zu dir nehmen?« Jeanne schwieg, bemerkte nicht, daß die Frage an sie gerichtet war. Er wiederholte: »Es ist vielleicht gut, wenn du ein wenig ißt, um dich aufrechtzuerhalten.« Sie erwiderte mit abwesendem Ausdruck: »Schicke gleich jemanden, um Papa zu holen.« Und er ging hinaus, um einen Reiter nach Rouen abzufertigen.

Sie blieb versunken in starrem Schmerz, als warte sie auf die Stunde des letzten Alleinseins mit ihrer Mutter, um sich ganz den wilden Fluten ihrer verzweifelten Trauer hingeben zu können.

Schatten hatten sich über das Zimmer gesenkt und hüllten die Tote in Dunkelheit. Witwe Dentu ging mit ihren leichten Schritten umher, holte unsichtbare Gegenstände, legte sie zurecht mit den

lautlosen Bewegungen der Krankenschwester. Dann zündete sie zwei Kerzen an und stellte sie leise auf den mit einem weißen Tuch bedeckten Nachttisch am Kopfende des Bettes.

Jeanne schien nichts zu sehen, nichts zu fühlen, nichts aufzufassen. Sie wartete darauf, allein zu sein. Julien kam wieder herein – er hatte zu Abend gegessen –, er fragte wieder: »Du willst nichts zu dir nehmen?« Seine Frau schüttelte den Kopf.

Er setzte sich, eher resigniert als traurig, und sprach nicht mehr.

Sie blieben alle drei, entfernt voneinander, bewegungslos auf ihren Stühlen sitzen.

Manchmal nickte die Wärterin ein und schnarchte ein wenig, dann wachte sie wieder mit einem Ruck auf.

Schließlich erhob sich Julien und trat zu Jeanne: »Willst du jetzt allein sein?« Mit einer unwillkürlichen Bewegung ergriff sie seine Hand: »O ja, verlaßt mich, bitte.«

Er küßte sie auf die Stirn und murmelte: »Ich komme von Zeit zu Zeit nach dir sehen.« Dann ging er hinaus, gefolgt von der Witwe Dentu, die ihren Lehnsessel in das benachbarte Zimmer rollte.

Jeanne schloß die Tür und öffnete dann weit beide Fenster. Der schmeichelnde Duft des lauen Abends strömte ihr voll ins Gesicht. Es war Heuernte, das Gras des am Tage vorher abgemähten Rasenplatzes lag am Boden unter dem Licht des Mondes.

Das freundliche Bild tat ihr weh, schmerzte sie wie ein Hohn.

Sie kehrte zum Bett zurück, ergriff eine der kraftlosen, kalten Hände und begann ihre Mutter zu betrachten. Sie war nicht mehr angeschwollen wie im Augenblick des Anfalls, schien vielmehr zu schlafen, friedlicher als je zuvor. Die vom leisen Wind bewegten fahlen Flammen der Kerzen warfen rasch veränderliche Schatten über ihr Gesicht, so daß es schien, als ob sie lebte und sich bewegte.

Jeanne betrachtete sie voller Hingabe, und eine Menge ferner Erinnerungen aus den Tagen der Kindheit strömten auf sie ein.

Sie dachte an die Besuche Mamachens im Sprechsaal des Klosters, an die Art, wie sie ihr die mit Kuchen gefüllte Tüte hinreichte. Eine Fülle von Einzelheiten kam ihr ins Gedächtnis zurück, kleine Geschehnisse, kleine Liebesbeweise, Worte, ihr Tonfall, die ihr eigentümlichen Bewegungen, das Zwinkern ihrer Augen, wenn sie lachte, der schwere Seufzer der Atemlosigkeit, den sie ausstieß, nachdem sie sich gesetzt hatte.

Sie blieb lange in Betrachtung versunken, wiederholte immer wieder in einem dumpfen Nichtbegreifenkönnen: »Sie ist tot«; und der ganze Schrecken dieses Wortes packte sie.

Die hier vor ihr lag, – Mama – Mütterchen – Mama Adelaide, war tot? Sie würde sich niemals mehr bewegen, nie mehr sprechen, lachen, nie mehr bei Tisch Väterchen gegenübersitzen; niemals mehr würde sie sagen: »Guten Tag, Jeannette.« Sie war tot!

Nun würde man sie in eine Kiste legen und einscharren, und dann würde alles vorbei sein. Sie würde sie niemals mehr sehen. War es möglich? Wie, sie würde keine Mutter mehr haben? Dieses teure und so vertraute Gesicht, das man beim ersten Aufschlagen der Augen erblickt, beim ersten Ausstrecken der Ärmchen geliebt hat, dieses große Meer von Zärtlichkeit, dieses einzige Wesen, die Mutter, unentbehrlicher für das Herz als der ganze Rest der Menschen, sie war nicht mehr da. Nur noch wenige Stunden blieben ihr, um ihr Gesicht, ihr jetzt so unbewegliches und gefühlloses Gesicht anzusehen; und dann nichts – nichts mehr –, eine Erinnerung.

In einer furchtbaren Krise der Verzweiflung fiel sie nieder auf die Knie. Die Hände krallten sich in das Leinen, das sie zerknitterte, der Mund preßte sich auf das Bett, und mit herzzerreißender Stimme, die halb erstickt wurde von Decken und Kissen, schrie sie: »Ach Mama! Meine arme Mama! Mama!«

Sie fühlte, daß sie nahe daran war, von Sinnen zu kommen, so wie damals bei ihrer nächtlichen Flucht durch den Schnee. Sie erhob sich und lief zum Fenster, um sich zu erfrischen, um andere, reine Luft zu atmen, nicht die Luft jenes Lagers, jener Toten.

Die gemähten Wiesen, die Bäume, die Heide, das Meer da draußen ruhten in schweigendem Frieden, entschlummert unter dem freundlichen Zauber des Mondes. Ein wenig von diesem sanften Frieden drang auch in Jeanne ein, und nun begann sie leise zu weinen.

Dann ging sie zurück, setzte sich an das Bett und nahm die Hand Mamachens, so als ob sie bei einer Kranken wachte.

Ein großes Insekt hatte sich, vom Kerzenlicht angezogen, in das Zimmer verirrt. Es schlug wie ein Ball gegen die Wände, flog kreuz und quer durch den Raum. Das surrende Geräusch störte Jeanne, und sie hob die Augen, um das Tier zu sehen, erblickte aber immer

nur den hin und her huschenden Schatten auf dem Weiß der Zimmerdecke.

Dann war es mit einem Male wieder still. Sie hörte nichts mehr als das leise Ticken der Stutzuhr und noch ein anderes ganz schwaches Geräusch oder vielmehr ein kaum wahrnehmbares Knistern. Das war Mamachens Taschenuhr, die in dem Kleide, das man rasch über einen Stuhl geworfen hatte, vergessen worden war und weiterging. Und ein halbbewußter Vergleich zwischen der Toten und diesem Mechanismus, der nicht stehengeblieben war, trieb den stechenden Schmerz in ihrem Herzen wieder heftig empor.

Sie sah nach der Uhr. Es war kaum halb elf, und eine beklemmende Furcht überkam sie vor dieser noch so langen Nacht.

Neue Erinnerungen tauchten auf, Erinnerungen aus ihrem eigenen Leben – Rosalie, Gilberte –, die bitteren Enttäuschungen ihres Herzens. Es gab also nichts als Elend, Kummer, Unglück und Tod. Alles betrog, alles log, alles verursachte Schmerzen und Tränen. Wo nur war ein wenig Ruhe, ein wenig Freude zu finden? Doch wohl sicher in einem anderen Leben, wenn die Seele befreit war von den Prüfungen der Erde. Die Seele! Sie begann über dies unergründbare Geheimnis zu sinnen, verlor sich in allgemeinen poetischen Vorstellungen, die andere, nicht weniger haltlose Annahmen rasch wieder umstürzten. Wo befand sich denn jetzt die Seele ihrer Mutter? Die Seele dieses starren und kalten Körpers? Weit, ganz weit fort vielleicht. Irgendwo im unermeßlichen Raum? Wo aber? Verflüchtigt wie der Duft einer verdorrten Blume? Oder umherirrend wie ein unsichtbarer Vogel, der seinem Käfig entronnen ist?

Heimgerufen zu Gott? Oder verstreut, überlassen dem Zufall neuer Schöpfungen, gemengt unter neue Keime, die der Erschließung harrten?

Vielleicht auch ganz in der Nähe? Im Zimmer hier, schweifend um den leblosen Körper, den sie eben verlassen hatte? Und plötzlich meinte Jeanne einen leisen Hauch zu spüren, wie die flüchtige Berührung eines Geistes. Schrecken packte sie, heftiger, lähmender Schrecken, so daß sie nicht mehr wagte, sich zu rühren, zu atmen, sich umzudrehen, um hinter sich zu blicken.

In diesem Augenblick begann das unsichtbare Insekt wieder seinen taumelnden Flug und stieß dumpf gegen die Wände. Ein Kälteschauer lief ihr durch den Körper; dann, als sie das Surren des

geflügelten Tieres wahrnahm, beruhigte sie sich plötzlich, stand auf und wandte sich um. Ihr Blick fiel auf den Sekretär mit den Sphinxköpfen, den »Reliquienschrein«.

Ein eigenartiger und liebevoller Gedanke überkam sie, der Gedanke, bei dieser letzten Nachtwache wie ein Gebetbuch alle jene alten Briefe zu lesen, die der Toten so teuer gewesen waren. Es schien ihr, als erfüllte sie damit eine zarte, fromme und wahrhaft kindliche Pflicht, die ihrem Mütterchen in der anderen Welt Freude machen würde.

Sie hatte ihren Großvater und ihre Großmutter niemals gekannt. Nun wollte sie mittels der alten Briefe über den Leichnam der Tochter hinweg jenen die Hand reichen, wollte in dieser Totennacht zu ihnen kommen, als ob auch sie Leid spürten, wollte eine Art mystischer Kette der Liebe bilden zwischen ihnen, den längst Gestorbenen, zwischen der, die jüngst abgeschieden war, und sich, die auf der Erde zurückblieb.

Sie trat an den Sekretär heran, legte die Platte nieder und entnahm der unteren Schublade eine Anzahl verschnürter und wohlgeordneter Pakete vergilbten Papiers.

Sie verteilte sie über das Bett, legte einige mit gefühlvollem Raffinement zwischen die Arme der Toten und begann zu lesen.

Es waren jene alten Episteln, wie man sie in verstaubten Sekretären findet, altmodische Ergüsse eines vergangenen Jahrhunderts.

Der erste Brief begann mit »Mein liebes Kind«. Ein anderer mit »Mein schönes Töchterchen«, dann hieß es »Mein Liebling« – »Mein süßes Kleinod« – »Meine innig geliebte Tochter«. Weiter »Mein teures Kind« – »Meine liebe Adelaide« – »Meine liebe Tochter«, je nachdem sie sich an das kleine Mädchen, an die erwachsene Tochter und später an die junge Frau richteten.

Und all das war erfüllt von leidenschaftlichen, kindischen Zärtlichkeitsbezeugungen, von tausend kleinen Intimitäten, von den großen und simpeln täglichen Ereignissen im Hause, die dem Unbeteiligten so nichtig erscheinen: »Papa hat die Grippe; Köchin Hortense hat sich den Finger verbrannt; der Kater ›Ratzebeiß‹ ist tot; die Tanne rechts am Zaun ist gefällt worden; Mama hat bei der Rückkehr von der Messe ihr Gebetbuch verloren, sie meint, es sei ihr gestohlen worden.«

Es war darin auch von Menschen die Rede, die sie nicht mehr

gekannt hatte, deren Namen aber ehemals in ihrer Kindheit gehört zu haben sie sich unbestimmt erinnerte.

All diese Einzelheiten rührten sie. Sie waren ihr wie Enthüllungen, als sei sie plötzlich in die ganze Vergangenheit, das verborgene und intime Leben, das Leben des Herzens ihrer Mutter eingetreten. Sie blickte hin auf den ausgestreckten Leichnam, und ganz wie von selbst begann sie laut zu lesen, für sie, die Tote, zu lesen, als könne sie die Mutter dadurch zerstreuen und trösten.

Und die regungslos Daliegende schien glücklich zu sein.

Jeanne warf die Briefe einen nach dem anderen auf das Bett zurück, und es kam ihr dabei der Gedanke, sie der Toten in den Sarg mitzugeben, wie man Blumen hineinlegt.

Sie schnürte ein neues Paket auf, nun war es eine andere Handschrift. Sie las: »Ich kann Deine Zärtlichkeiten nicht mehr entbehren. Ich liebe Dich bis zum Wahnsinn.«

Nichts weiter; kein Name.

Verständnislos drehte sie das Blatt um. Die Adresse war richtig: »An Frau Baronin Le Perthuis des Vauds.«

Sie öffnete den nächsten Brief: »Komme diesen Abend, sobald er fortgegangen ist. Wir werden eine Stunde für uns haben. Ich bete Dich an.«

Dann ein anderer: »Ich habe eine Nacht der Verzweiflung verbracht in ohnmächtigem Verlangen nach Dir. Ich fühlte Deinen Körper in meinen Armen, Deinen Mund auf meinen Lippen, Deine Augen ganz nah den meinen. Und dann überkam mich eine Wut, daß ich hätte aus dem Fenster springen können bei dem Gedanken, daß Du zu gleicher Stunde an seiner Seite ruhtest, daß er Dich besaß nach seinem Belieben . . .«

Jeanne war wie vor den Kopf geschlagen, sie begriff nicht.

Was war das? An wen, für wen, von wem diese Worte der Liebe?

Sie las weiter und fand immer die gleichen leidenschaftlichen Beteuerungen, die gleichen Verabredungen mit Ermahnung zur Vorsicht. Am Schluß immer dieselben vier Worte: »Verbrenne ja diesen Brief.«

Schließlich öffnete sie ein konventionelles Schreiben, die Annahme einer Einladung, aber mit der gleichen Schrift und unterzeichnet: »Paul d'Ennemare«. Sie erinnerte sich des Namens, es war ja der, den ihr Vater stets »mein lieber, alter Paul« genannt

hatte, wenn er von ihm sprach, und dessen Frau die beste Freundin der Baronin gewesen war.

Und plötzlich stieg in Jeanne ein Verdacht auf, der ebenso rasch zur Gewißheit wurde. Ihre Mutter hatte einen Liebhaber gehabt!

Und mit jäher Bewegung stieß sie die abscheulichen Papiere von sich, wie sie ein giftiges Tier, das an ihr heraufgekrochen wäre, von sich abgeschüttelt hätte. Sie lief zum Fenster und brach in verzweifeltes Weinen aus, unterbrochen von unwillkürlichen Schreien, die ihr die Brust zerrissen. Ihr ganzes Sein brach zusammen, und sie stürzte an der Mauer nieder, verbarg ihr Gesicht im Vorhang, damit man ihr Stöhnen nicht höre, und schluchzte in abgrundtiefer Trostlosigkeit.

Sie wäre vielleicht die ganze Nacht so geblieben, wenn sie nicht plötzlich ein Geräusch von Schritten im Nebenzimmer vernommen hätte, das sie aufspringen machte. Vielleicht war das ihr Vater. Und die Briefe, die alle auf Bett und Boden herumlagen! Er brauchte nur einen zu öffnen und würde alles erfahren? Er!

Sie stürzte hin, raffte eiligst die alten, vergilbten Papiere zusammen, die von den Großeltern, die von dem Liebhaber, die noch nicht gelesenen und auch alle, die noch wohlgeordnet im Sekretär lagen, und warf den ganzen Haufen in den Kamin. Dann nahm sie eines der Lichter vom Nachttisch und setzte den Stapel von Briefen in Brand. Eine helle Flamme schlug hoch, warf zuckendes Leuchten über das Zimmer, über das Lager und die Tote und zeichnete auf dem weißen Vorhang des Bettes das schwankende Schattenbild des starren Gesichts und die Linien des von Laken verhüllten, unförmigen Körpers.

Als nur noch ein Häufchen Asche auf dem Boden des Kamins übrig war, setzte sie sich wieder an das offne Fenster, als wagte sie es nicht mehr, bei der Toten zu bleiben. Das Gesicht in die Hände vergraben, brach sie von neuem in Tränen aus und wimmerte im Tone tiefster, trostloser Klage: »Ach, meine arme Mama! meine arme Mama!«

Ein entsetzlicher Gedanke kam ihr: – Wie, wenn Mamachen am Ende nicht gestorben wäre, nur in einem totenähnlichen Schlafe läge und nun plötzlich sich aufrichtete und zu sprechen begänne? – Würde die Erkenntnis des schrecklichen Geheimnisses nicht ihrer Kindesliebe Abbruch tun? Würde sie ihre Mutter mit der gleichen

frommen Verehrung küssen, mit der gleichen ehrfürchtigen Zärtlichkeit liebkosen können? Nein, das war nicht möglich. Und diese Erkenntnis zerriß ihr das Herz.

Die Nacht versank, die Sterne verblichen; es war die Stunde der Morgenkühle, die dem Tag vorausgeht. Der tief am Himmel stehende Mond begann in das Meer zu tauchen, das in perlmutterfarbenem Glanze aufleuchtete.

Und Jeanne überkam die Erinnerung an jene Nacht, die sie nach ihrer Ankunft in Les Peuples am Fenster stehend verbracht hatte. Wie fern das schon lag, wie verändert alles war, wie anders sie sich die Zukunft ausgemalt hatte!

Und nun übergoß sich der Himmel mit Rot, mit heiterem, verliebtem, entzückendem Rosenrot. Jeanne blickte befremdet wie vor einer Erscheinung auf diesen strahlenden Anbruch des jungen Tages. War es möglich, dachte sie, daß es auf dieser Erde, die solche Morgenröten hat, keine Freude und kein Glück geben sollte?

Das Geräusch einer Tür ließ sie zusammenfahren. Es war Julien, der fragte: »Nun, Jeanne, bist du nicht allzu müde?«

Sie stammelte: »Nein«, glücklich, nicht mehr allein zu sein. »Geh jetzt und ruh dich aus«, sagte er. Sie beugte sich über ihre Mutter und gab ihr langsam einen schmerzlichen, trostlosen Kuß; dann ging sie auf ihr Zimmer.

Der Tag verging unter den traurigen Vorbereitungen, wie sie ein Todesfall nötig macht. Der Baron kam gegen Abend; er weinte viel.

Am folgenden Tage fand das Begräbnis statt.

Nachdem sie ein letztes Mal ihre Lippen auf die kalte Stirn der Mutter gedrückt hatte, die letzten Liebesdienste erwiesen und der Sarg über dem toten Körper geschlossen war, zog Jeanne sich zurück. Die Trauergäste begannen einzutreffen.

Gilberte kam als eine der ersten und warf sich schluchzend an die Brust der Freundin.

Vom Fenster aus sah man, wie die Wagen am Gittertor wendeten und im Trabe davonfuhren. Die Halle füllte sich mit Stimmengeräusch. Damen in Schwarz traten nach und nach in das Zimmer, Damen, die Jeanne nicht kannte. Die Marquise von Coutelier und die Vicomtesse von Briseville umarmten sie.

Jeanne bemerkte plötzlich, daß Tante Lison hinter sie geglitten war. Sie wandte sich um und schloß sie voll Zärtlichkeit in die

Arme, wodurch das alte Fräulein vor Freuden fast umgesunken wäre.

Julien erschien, in feierlichem Schwarz, elegant, geschäftig und zufrieden über den regen Zustrom. Er fragte seine Frau leise um irgendeine Auskunft. Dann fügte er in vertraulichem Tone hinzu: »Der ganze Adel ist gekommen, es wird sehr schön werden.« Dann grüßte er ernst die Damen und ging wieder hinaus.

Während der Trauerhandlung blieben Tante Lison und Gräfin Gilberte allein bei Jeanne zurück. Die Gräfin umarmte sie immer von neuem und wiederholte: »Mein armes Herz, mein armes Herz.«

Als der Graf Fourville seine Frau holen kam, weinte er, als habe er seine eigene Mutter verloren.

X

Die Tage, die nun folgten, waren furchtbar traurig. Es waren die grauen Tage in einem Hause, das durch die Abwesenheit des nun für immer entschwundenen Wesens wie leer erscheint, die Tage, wo jeder Anblick irgendeines Gegenstandes, den der Tote gewöhnlich zu benutzen pflegte, Leiden auf Leiden häuft. Auf Schritt und Tritt stürmt Erinnerung auf das Herz ein und martert es. Da ist ihr Lehnstuhl, da ihr Sonnenschirm, der auf dem Vorplatz stehen geblieben ist, da ihr Glas, das die Magd noch nicht weggeräumt hat! In jedem Zimmer lag etwas von ihren Sachen herum: eine Schere, ein Handschuh, ein Buch, dessen Blätter ihre schwerfälligen Finger abgegriffen hatten, tausend solcher Nichtigkeiten, die durch das Erinnern an allerlei kleine Tatsachen schmerzliche Bedeutung gewinnen.

Und auch ihre Stimme ist überall; man meint sie zu hören und möchte fliehen, irgend wohin, sich retten vor dem Geisterspuk dieses Hauses. Aber man muß bleiben, da auch andere da sind, die bleiben und leiden.

Zudem fühlte Jeanne sich wie niedergeschmettert durch die Erinnerung an das, was sie entdeckt hatte. Dieser Gedanke lastete auf ihr, ihr gebrochenes Herz konnte keine Heilung finden. Das Gefühl der Einsamkeit, in der sie sich jetzt befand, wurde durch

dieses furchtbare Geheimnis noch verstärkt; ihr letztes Vertrauen war dahingegangen mit ihrem letzten Glauben.

Nach einiger Zeit reiste der Vater ab; er bedurfte der Ablenkung, des Luftwechsels, um sich aus dem schweren Kummer zu befreien, in den er sich mehr und mehr versenkte.

Und in das große Haus, das so einen seiner Herren nach dem anderen davongehen sah, kehrte wieder das ruhige und gleichförmige Leben zurück.

Dann erkrankte der kleine Paul. Jeanne verlor fast den Verstand und blieb zwölf Tage ohne zu schlafen und zu essen.

Er wurde wieder gesund; aber der Gedanke, daß er sterben könne, hatte sie tief erschreckt. Was täte sie dann, was würde aus ihr? Und ganz allmählich keimte in ihrem Herzen die Sehnsucht nach einem zweiten Kinde auf. Bald träumte sie davon und wurde wieder ganz erfüllt von ihrem alten Wunsch, zwei kleine Geschöpfe um sich zu haben, einen Jungen und ein Mädchen. Schließlich ließ sie dieser Gedanke nicht mehr los.

Seit dem Vorfall mit Rosalie lebte sie von ihrem Manne getrennt. Unter den augenblicklichen Umständen schien auch eine Annäherung an Julien unmöglich. Er liebte anderswo, und sie wußte das. Schon der Gedanke an seine Zärtlichkeiten machte sie schaudern.

Aber der Wunsch, noch einmal Mutter zu werden, wurde so drängend in ihr, daß sie sich auch damit abgefunden hätte. Wie aber sollte es möglich sein, das eheliche Leben wieder aufzunehmen? Sie wäre vor Scham in den Boden gesunken bei dem Gedanken, er könne auch nur das geringste von ihrem Wunsche ahnen. Und Julien schien sich nicht um sie zu kümmern.

Vielleicht hätte sie schließlich verzichtet; aber Nacht für Nacht träumte sie nun von einer Tochter und sah sie schon mit Paul zusammen unter der Platane spielen. Ein unwiderstehlicher Drang überkam sie zuweilen, aufzustehen und, ohne ein Wort zu sagen, ihren Mann in seinem Zimmer aufzusuchen. Ja, zweimal sogar schlich sie sich bis an seine Tür, kehrte dann aber rasch wieder um, und ihr Herz klopfte vor Scham.

Der Baron war abgereist; Mamachen war tot; Jeanne hatte niemanden mehr, der ihr hätte einen Rat geben und dem sie ihre tiefsten Geheimnisse hätte anvertrauen können.

So entschloß sie sich denn nach langem Zögern, den Abbé Picot

aufzusuchen und mit ihm unter dem Siegel des Beichtgeheimnisses über das schwierige Vorhaben zu sprechen.

Sie traf ihn beim Lesen des Breviers in seinem kleinen, mit Obstbäumen bepflanzten Garten.

Nachdem sie einige Minuten über dies und das mit ihm geplaudert hatte, stammelte sie errötend: »Ich möchte beichten, Herr Abbé.«

Verblüfft nahm er die Brille ab, um sie genauer zu betrachten; dann lachte er und sagte: »Gar so schwere Sünden werden Ihr Gewissen wohl nicht bedrücken.« Sie geriet nun ganz und gar in Verwirrung und fuhr fort: »Nein, aber ich wollte Sie um einen Rat bitten, einen Rat so... so... peinlicher Art, daß ich es Ihnen so nicht sagen kann.«

Die Miene des gemütlichen Biedermannes verschwand sogleich aus seinem Gesicht und machte dem Ausdruck priesterlicher Würde Platz: »Gut, mein Kind, ich werde Sie im Beichtstuhl anhören, gehen wir.«

Aber sie zögerte nun und hielt ihn zurück, denn plötzlich kamen ihr Gewissensbedenken, in der Feierlichkeit der leeren Kirche von solchen etwas allzu profanen Dingen zu reden.

»Oder vielleicht, nein... Herr Pfarrer... ich kann... ich kann... wenn es Ihnen recht ist... auch hier sagen, was mich zu Ihnen führt. Ja, wir könnten uns dort hinten in Ihre kleine Laube setzen.«

Während sie langsam hingingen, suchte sie nach Worten, wie sie sich ausdrücken, wie sie beginnen sollte. Sie setzten sich.

Und wie bei einer Beichte begann sie: »Mein Vater...« Dann zögerte sie, nochmals begann sie: »Mein Vater...«, und schwieg nun völlig verlegen.

Der Priester, die Hände über den Leib gefaltet, wartete. Da er ihre Verwirrung bemerkte, ermunterte er sie: »Nun, mein Kind, es hat ja fast den Anschein, als ob Sie nicht den Mut finden. Nur zu, es wird schon gehen.«

Da nahm sie einen Anlauf wie ein Hasenfuß, der sich kopfüber in die Gefahr stürzt: »Mein Vater, ich möchte noch ein Kind haben.« Er begriff nicht und schwieg. Sie wollte erklären, fand nicht die Worte und verwirrte sich mehr und mehr.

»Ich bin jetzt ganz allein im Leben; mein Vater und mein Mann

sind sich fremd, meine Mutter ist tot; und... und...« Jetzt mit ganz leiser und zitternder Stimme: »Kürzlich wäre mir auch fast mein Junge gestorben! Was würde dann aus mir?...«

Sie brach ab. Der Priester sah sie verständnislos an. »Nun, wir wollen doch zur Sache kommen«, sagte er.

Sie wiederholte: »Ich möchte noch ein Kind haben.« Da lächelte er, gewohnt an die derben Scherze seiner Bauern, die sich vor ihm nicht genierten. Und mit verständnisinnigem Kopfnicken antwortete er: »Je nun, es scheint mir, daß dies lediglich von Ihnen abhängt.«

Sie sah ihn mit ihren unschuldigen Augen an, dann brachte sie stotternd vor Scham heraus: »Aber... aber... Sie begreifen wohl, seitdem was... was Sie... Sie wissen schon... von dem... von dem Dienstmädchen... Mein Mann und ich, wir... wir leben ganz und gar getrennt.«

Der Abbé, dem das würdelose Durcheinander der ländlichen Sitten etwas Alltägliches war, wunderte sich über diese Enthüllung; dann glaubte er plötzlich den wahren Wunsch der jungen Frau zu erraten. Voller Wohlwollen und Mitgefühl für ihren Kummer blickte er sie von der Seite an: »Gewiß, ich begreife vollkommen. Ich verstehe, daß Ihre... Ihre Witwenschaft sozusagen Ihnen lästig fällt. Sie sind jung, gesund. Nun, schließlich ist das ja natürlich, nur zu natürlich.«

Fortgerissen von dem etwas schlüpfrigen Charakter eines Landpfarrers begann er wieder zu schmunzeln und klopfte ihr milde auf die Hand: »Das ist Ihnen erlaubt, mein Kind, gewiß, durchaus erlaubt nach den Geboten. Das Werk des Fleisches ist in der Ehe keine sündige Tat. Sie sind verheiratet, nicht wahr. Das ist keineswegs nur dazu da, um Rüben zu hacken.«

Sie ihrerseits hatte die versteckten Andeutungen zuerst nicht verstanden; als sie begriff, wurde sie feuerrot vor Befangenheit, und Tränen kamen ihr in die Augen: »O Herr Pfarrer, was sagen Sie? Was denken Sie? Ich schwöre Ihnen... ich schwöre Ihnen...« Und Schluchzen erstickte ihre Stimme.

Ganz überrascht tröstete er sie: »Wahrhaftig, nein, ich wollte Ihnen nicht wehe tun. Ich habe mir nur einen kleinen Scherz erlaubt, das ist nicht verboten, wenn man ehrbar ist. Aber zählen Sie auf mich, sicher, ich werde mit Herrn Julien sprechen.«

Sie wußte nicht, was sie sagen sollte. Diese Vermittlung erschien ihr jetzt ungeschickt und gefährlich, aber sie wagte nicht mehr, sie abzulehnen. Sie stand auf, sagte: »Ich danke Ihnen, Herr Pfarrer«, und entfernte sich rasch.

Acht Tage gingen vorüber. Sie lebte in einer beständigen qualvollen Unruhe.

Eines Abends, bei Tisch, betrachtete Julien sie so eigentümlich und hatte jenes gewisse Lächeln um seine Mundwinkel, das sie an ihm kannte, wenn er zur Spötterei aufgelegt war. Ja, er zeigte ihr gegenüber sogar eine Art ritterlicher Höflichkeit, in die sich kaum merklich ein Anflug von Ironie mischte. Als sie später in Mamachens breiter Allee spazieren gingen, flüsterte er ihr ins Ohr: »Mir scheint, wir sind miteinander ausgesöhnt.«

Sie antwortete nichts. Sie blickte auf einen schmalen Streifen vor sich am Boden, der durch das nachgewachsene Gras kaum mehr erkennbar war. Es waren die Fußspuren ihrer Mutter, die allmählich verschwanden, wie jede Erinnerung langsam sich verwischt. Und Jeannes Herz zog sich in unendlicher Traurigkeit krampfhaft zusammen; sie fühlte sich so verloren im Leben, so abgesondert von allen Menschen.

Julien fuhr fort: »Ich von mir aus, ich kann mir nichts Besseres wünschen. Ich fürchtete nur, es wäre dir unangenehm.«

Die Sonne ging unter, die Luft war mild. Jeanne überkam ein Drang zu weinen, ein Verlangen, sich hinzugeben an ein mitfühlendes Herz und all ihren Kummer auszuschütten. Und mit einem schweren Seufzer sank sie in Juliens Arme.

Sie weinte. Julien blickte überrascht auf ihre Haare nieder, ihr Gesicht lag an seiner Brust verborgen. Er dachte, daß sie ihn noch liebte, und drückte einen leutseligen Kuß auf ihre Frisur.

Dann kehrten sie, ohne ein Wort zu sprechen, ins Haus zurück. Er begleitete sie auf ihr Zimmer und blieb bei ihr.

Ihre früheren Beziehungen wurden nun wieder aufgenommen. Er erfüllte sie wie eine Pflicht, die ihm indes nicht zu mißfallen schien. Sie ertrug sie wie eine unangenehme und lästige Notwendigkeit und war entschlossen, ihnen ein Ende zu machen, sobald sie sich Mutter fühlte.

Aber sie bemerkte bald, daß die Liebkosungen ihres Mannes sich unterschieden von denen früherer Zeit. Sie waren vielleicht raffi-

nierter, aber weniger vollständig; er gab sich ihr mehr als vorsichtiger Liebhaber wie als unbekümmerter Gatte.

Sie war erstaunt, paßte auf und bald bemerkte sie, daß seine Umarmungen in dem Augenblick abbrachen, wo sie hätten Folgen haben können.

Eines Nachts, als sein Mund dicht an ihrem Munde war, murmelte sie: »Warum gibst du dich mir nicht ganz hin, so wie früher?«

Er lachte auf: »Na, um dich nicht in andere Umstände zu bringen.«

Sie zuckte zusammen: »Warum willst du denn nicht noch ein Kind?«

Er schien ganz verdutzt über die Frage: »Wie? Was sagst du? Bist du nicht recht gescheit? Noch ein Kind? Ach nein, das könnte mir passen! Ich hab' schon übergenug an einem, das das ganze Haus mit Geschrei erfüllt, alle Leute in Anspruch nimmt und Geld kostet. Noch ein Kind! Nein, danke.«

Sie legte die Arme um ihn, küßte ihn, umhüllte ihn ganz mit Leidenschaft, flüsterte: »Ach, ich flehe dich an, laß mich noch einmal Mutter werden.«

Aber er wurde böse, als habe sie ihn beleidigt: »Also wirklich, du scheinst nicht ganz bei Trost zu sein. Tu mir den Gefallen und laß mich bitte in Ruh' mit diesen Dummheiten.«

Sie schwieg und nahm sich vor, durch List ihn zu zwingen, ihr das erträumte Glück zu geben.

Und sie versuchte, seine Umarmungen leidenschaftlicher zu machen, indem sie ihm die Komödie einer sinnverwirrenden Glut vorspielte; sie umklammerte ihn mit beiden Armen, preßte ihn an sich in Verzückungen, die nur vorgetäuscht waren. Sie ließ all ihre weiblichen Künste spielen; doch er blieb Herr seiner selbst und vergaß sich nicht ein einziges Mal.

Aber ihr brennender Wunsch verfolgte sie so hartnäckig, daß sie bereit war, alles zu wagen, bis zum äußersten zu gehen. Und nochmals machte sie sich auf den Weg zum Abbé Picot.

Er hatte eben sein Frühstück beendet. Als er sie eintreten sah, rief er ihr entgegen: »Nun, wie steht's«, denn er war begierig, das Ergebnis seiner Vermittlung zu erfahren.

Entschlossen diesmal und ohne weibliche Scheu antwortete sie ohne Zögern: »Mein Mann will keine Kinder mehr haben.«

Der Abbé drehte sich höchst interessiert zu ihr um, und mit der Neugierde des Priesters für die Geheimnisse des Alkovens, die den Beichtstuhl oft so vergnüglich machen, fragte er: »Wieso denn?« Trotz ihrer Entschlossenheit geriet sie in Verwirrung: »Weil er ... er ... nicht will, daß ich Mutter werde.«

Der Abbé verstand, er kannte sich aus in diesen Dingen. Und er fragte sie über alle Einzelheiten bis ins kleinste aus mit der Genüßlichkeit eines Mannes, der zum Fasten verurteilt ist.

Dann überlegte er einige Minuten; und im alltäglichen Ton, so als spräche er von der Ernte, die sich gut anließ, entwarf er ihr einen Feldzugsplan und gab genaue Verhaltungsmaßregeln: »Es gibt nur ein Mittel, mein liebes Kind, Sie müssen ihm den Glauben beibringen, daß Sie in andern Umständen sind. Er wird sich nicht mehr in acht nehmen, und Sie werden es wirklich werden.«

Sie errötete bis zu den Haarwurzeln; aber zu allem entschlossen, forschte sie weiter: »Und ... und wenn er mir nicht glaubt?«

Der Pfarrer wußte Bescheid über die Mittel, die Menschen zu führen und zu leiten: »Sagen Sie es aller Welt, daß Sie in anderen Umständen sind, verbreiten Sie es überall, und schließlich wird er selbst es auch glauben.«

Und wie um sich von dieser Kriegslist loszusprechen, fügte er hinzu: »Es ist Ihr gutes Recht. Die Kirche billigt die Beziehungen zwischen Mann und Frau nur zu dem Zweck der Fortpflanzung.«

Sie befolgte den schlauen Rat, und vierzehn Tage später kündigte sie Julien an, daß sie sich Mutter fühle. Er fuhr auf: »Ganz unmöglich, das kann gar nicht sein.«

Sie erklärte ihm den Grund ihrer Vermutung. Er beruhigte sich: »Bah! warte noch ein paar Tage, du wirst ja sehen.«

Und jeden Morgen fragte er nun: »Nun, wie ist's?« Sie antwortete jedesmal: »Nein, noch nichts. Ich müßte mich sehr täuschen, wenn ich nicht schwanger wäre.«

Er war nun selbst beunruhigt und wiederholte, ebenso wütend und verzweifelt wie erstaunt: »Ich begreife das nicht, aber auch ganz und gar nicht. Ich will mich hängen lassen, wenn ich weiß, wie das zugegangen ist.«

Vier Wochen später verkündigte sie allen die Neuigkeit; nur Gilberte gegenüber schwieg sie aus einer Art innerlicher zarter Scheu.

Anfangs hielt sich Julien in seiner Besorgnis von ihr fern; dann fand er sich ingrimmig damit ab und erklärte: »Das ist mal einer, den man nicht gewünscht hat.« Dann begann er wieder seine Frau in ihrem Zimmer aufzusuchen.

Und was der Pfarrer vorausgesehen hatte, trat nun wirklich ein. Jeanne fühlte sich Mutter.

Sie geriet in jubelndes Entzücken, schloß von nun an jeden Abend ihr Zimmer ab, und im Drange nach Dankbarkeit gegenüber dem unbestimmten göttlichen Wesen, das sie verehrte, gelobte sie ewige Keuschheit.

Sie fühlte sich nun wieder fast vollkommen glücklich und wunderte sich, wie rasch ihr Schmerz nach dem Tode der Mutter sich beruhigt hatte. Sie hatte geglaubt, untröstlich zu sein, und nun begann die Wunde schon nach zwei Monaten zu verheilen. Nur eine milde Schwermut blieb zurück, wie ein leichter, dunkler Schleier, der über ihr Leben gebreitet war. Ihr schien, als könne ihr nichts mehr geschehen. Ihre Kinder würden groß werden, sie würden sie lieben, sie würde in Ruhe und Zufriedenheit altern und sich um ihren Mann nicht bekümmern.

Gegen Ende September erschien Abbé Picot in offiziellem Besuch, angetan mit einer neuen Soutane, die nur Flecken von acht Tagen zeigte. Er stellte seinen Nachfolger, den Abbé Tolbiac, vor; es war ein ganz junger, magerer Priester, sehr klein von Gestalt und mit feierlich getragener Stimme. Die dunkel umränderten, tief in den Höhlen liegenden Augen verrieten eine fanatische Seele.

Der alte Pfarrer war zum Dekan von Goderville ernannt worden.

Jeanne war aufrichtig betrübt über sein Fortgehen. Das Gesicht des Biedermanns verknüpfte sich ihr mit allen Erinnerungen ihrer jungen Ehe. Er hatte sie getraut, hatte Paul getauft und ihre Mutter begraben. Sie konnte sich Etouvent nicht vorstellen ohne den Dickwanst des Abbé Picot, der zwischen den Pachthöfen dahinschritt; sie liebte ihn, weil er fröhlich und natürlich war.

Trotz seiner Beförderung schien er nicht erfreut. Er sagte zu ihr: »Es wird mir schwer, sehr schwer, von hier fortzugehen, Frau Gräfin. Achtzehn Jahre bin ich nun hier gewesen. Gewiß, die Gemeinde ist klein, und viel wirft sie nicht ab. Die Männer haben gerade so viel Religion als unbedingt nötig, und die Frauen, die Frauen, sehen Sie, mit deren Aufführung ist's nicht weit her. Die

Mädchen erscheinen zur Trauung in der Kirche erst, nachdem sie eine Pilgerfahrt zu Unserer Lieben Frau vom Dicken-Leib gemacht haben, und die Myrte ist eine seltene Blume hierzulande. Trotz alledem, ich, ich war gern hier.«

Der neue Pfarrer wurde rot und rückte ungeduldig auf seinem Stuhl. Plötzlich sagte er: »Unter mir, da muß das alles anders werden«, und hatte dabei den Ausdruck eines zornigen Kindes. Ganz schwächlich und mager sah er aus in seiner schon abgenutzten, aber saubern Soutane.

Abbé Picot sah ihn schief von der Seite an, wie er es in vergnügten Augenblicken zu tun pflegte, und fuhr fort: »Sehen Sie, Abbé, um diese Dinge zu verhindern, müßten Sie Ihre Schäflein an die Kette legen, und auch das würde nicht mal was nützen.«

Der kleine Priester erwiderte in schneidendem Ton: »Wir werden es ja sehen.« Der alte Pfarrer schnupfte lächelnd seine Prise auf: »Die Jahre werden Sie ruhiger machen, Abbé, und die Erfahrung auch. Mit Ihrer Methode werden Sie aus der Kirche die letzten Gläubigen vertreiben, und das wird Ihr einziger Erfolg sein. In dem Lande hier ist man gläubig, aber dickschädelig. Sehen Sie sich vor. Mein Gott, wenn ich zur Predigt ein Mädchen eintreten sehe, die ein wenig zu rundlich scheint, so sage ich mir: Wieder ein Pfarrkind mehr, das sie mir zuführt; und ich versuche sie zu verheiraten. Daß Fehltritte begangen werden, das können Sie nicht verhindern, glauben Sie mir. Aber Sie können den Burschen ausfindig machen und verhindern, daß er die Mutter sitzenläßt. Schließen Sie Ehen, Abbé, schließen Sie Ehen, um alles andere kümmern Sie sich möglichst wenig.«

Der neue Pfarrer antwortete schroff: »Unsere Anschauungen sind so grundverschieden, daß es keinen Zweck hat, weiter darüber zu reden.« Und Abbé Picot begann mit Bedauern an sein Dorf zu denken und an alles, was er hier zurückließ: das Meer, das er von den Fenstern des Pfarrhauses erblicken konnte, die kleinen, scharf eingeschnittenen Täler, die er, sein Brevier lesend, durchschritt, während in der Ferne die Fischerboote langsam vorüberglitten.

Die beiden Priester verabschiedeten sich. Der alte küßte Jeanne, der fast Tränen in den Augen standen.

Acht Tage darauf erschien Abbé Tolbiac wieder im Schloß. Er sprach von Reformen, die er einführen wollte, etwa so wie ein

Fürst, der von seinem Reich Besitz ergreift. Dann bat er die Vicomtesse, nie die Messe am Sonntag zu versäumen und regelmäßig zur Beichte zu gehen. »Sie und ich«, sagte er, »wir sind die Häupter des Landes. Wir müssen es leiten und stets mit gutem Beispiel vorangehen. Wir müssen uns eng zusammenschließen, um mächtig und geachtet zu bleiben. Kirche und Schloß reichen sich die Hand, die Hütte wird uns fürchten und gehorchen.«

Jeannes Glaube beruhte ganz und gar auf dem Gefühl; sie hatte jene träumerische Frömmigkeit, die die Frau sich so gern bewahrt. Wenn sie ihren kirchlichen Pflichten so ungefähr nachkam, geschah es mehr aus Gewohnheit vom Kloster her; ihre Überzeugungen waren längst durch die aufklärerische Philosophie ihres Vaters umgestoßen worden.

Abbé Picot hatte sich mit dem wenigen begnügt, was sie geben konnte, und sie nie darum ausgescholten. Sein Nachfolger aber hatte sie bei der letzten Messe am Sonntag vermißt und kam nun voll eifernder Strenge angelaufen.

Jeanne wollte jeden Bruch mit dem Pfarrhaus vermeiden und versprach seinen Wunsch zu erfüllen. Dabei nahm sie sich aber im stillen vor, nur aus Gefälligkeit einige Wochen sich eifrig zu zeigen.

Nach und nach aber gewöhnte sie sich an das Messegehen und unterlag dem Einfluß dieses magern Abbés, der etwas Unantastbares und Bezwingendes hatte. Die glühende Leidenschaftlichkeit und Inbrunst seiner Rede kamen dem Schwärmerischen in ihr entgegen. Er brachte die Saiten der religiösen Poesie in ihr zum Erklingen, die die Seele jeder Frau in sich birgt. Seine unduldsame Sittenstrenge, sein Abscheu vor der Welt und ihrer Sinnenlust, seine Verachtung gegenüber allen menschlichen Gebundenheiten, seine jugendliche und weltfremde Unerfahrenheit, sein harter, unbeugsamer Wille, all das gab Jeanne eine Vorstellung davon, wie Märtyrer gewesen sein müßten. Sie, die Leidende und schon Skeptische, unterlag dem starren Fanatismus dieses Knaben, der ein Diener des Himmels war.

Er führte sie zu dem trostspendenden Christus und ließ sie erkennen, wie alle Leiden durch die frommen Freuden des Glaubens zur Ruhe gebracht würden. Sie kniete voll Demut im Beichtstuhl und fühlte sich klein und schwach vor diesem Priester, der kaum fünfzehn Jahre zu zählen schien.

Aber schon nach kurzer Zeit war er in der ganzen Gemeinde verhaßt.

Von unbeugsamer Sittenstrenge gegen sich selbst, zeigte er sich auch gegen die andern voll rücksichtsloser Unduldsamkeit. Besonders eines ließ ihn vor Zorn und Entrüstung außer sich geraten: die Liebe. Bei den Predigten wetterte er darüber in heftigen Ausbrüchen und mit jenen derben Wendungen, wie sie dem Brauch der Kirche entsprechen. Er ließ über seine ländliche Zuhörerschaft eine flammende Philippika gegen die irdischen Lüste niedergehen, bebte vor Zorn, stampfte mit den Füßen und schien wie besessen von den Bildern, die er in seinem eifervollen Wüten vor Augen stellte.

Die großen Burschen und Mädchen warfen sich während des Gottesdienstes heimliche Blicke zu. Und wenn die alten Bauern, die über solche Dinge zu scherzen lieben, nach der Kirche, begleitet vom Sohn und der Bäuerin, zum Hofe zurückkehrten, äußerten sie ihre Mißbilligung über die Unduldsamkeit des jungen Priesters. Und die ganze Gegend geriet in Aufruhr.

Man erzählte sich ganz leise von seiner Strenge im Beichtstuhl, den harten Bußen, die er auferlegte, und von seiner standhaften Weigerung, den Mädchen, deren Tugend gelitten hatte, die Absolution zu erteilen. Schließlich machte man sich darüber lustig. An den hohen Feiertagen lachte man in der Kirche, wenn junge Dirnen in den Bänken blieben, anstatt mit den anderen an den Altar zum Abendmahl zu treten.

Bald auch begann er den Liebespaaren nachzuspüren, um ihre Stelldicheins zu verhindern, so wie ein Waldhüter hinter den Wilddieben her ist. Längs der Gräben, hinter den Scheuern, in mondhellen Nächten, zwischen den Binsen der Dünen an der Küste machte er auf sie Jagd.

Einmal traf er auf zwei, die bei seinem Erscheinen nicht voneinander ließen; sie gingen durch einen steinigen Hohlweg, eng aneinander geschmiegt, und küßten sich.

Der Abbé schrie: »Wollt ihr wohl damit aufhören, ihr gemeines Volk, ihr!«

Der Bursche wandte sich nach ihm um und rief ihm zu: »Stecken Sie nur Ihre Nase in Ihre eigene Sach', Herr Pfarrer, das hier geht Sie nichts an.« Da hob der Abbé Steine auf und warf nach ihnen, wie man Hunde scheucht.

Die beiden liefen lachend davon. Am nächsten Sonntag denunzierte er sie öffentlich in der Kirche und nannte ihre Namen.

Alle Burschen der Gemeinde blieben von da ab dem Gottesdienste fern.

Jeden Donnerstag war der Pfarrer zu Tisch auf dem Schloß und kam auch öfters unter der Woche, um sich mit seinem Beichtkind zu unterhalten. Sie ereiferte sich gleich ihm, debattierte über die himmlischen Dinge und handhabte das ganze alte, verwickelte Rüstzeug der kirchlichen Kampfmethoden.

Sie gingen in der breiten Allee der Baronin auf und ab und sprachen von Christus und den Aposteln, der Jungfrau und den Kirchenvätern, als ob sie diese gekannt hätten. Bisweilen blieben sie stehen, um sich tiefgründige Fragen zu stellen, wobei sie zu mystischen Regionen abschweiften. Jeanne verlor sich in poetischen Schlußfolgerungen, die wie Raketen zum Himmel stiegen. Er war logischer und argumentierte wie ein verbissener Advokat, der die Quadratur des Zirkels mathematisch beweisen will.

Julien behandelte den neuen Pfarrer mit großem Respekt und wiederholte oft: »Er gefällt mir, dieser Priester, der macht keine Zugeständnisse.« Er ging, soviel man nur wollte, zur Beichte und Kommunion und gab so verschwenderisch ein gutes Beispiel.

Er war jetzt fast täglich bei den Fourville, jagte mit dem Gatten, dem er unentbehrlich geworden war, und ritt mit der Gräfin trotz Sturm und Regen. Der Graf sagte: »Sie sind wie toll mit Ihrem Reiten, aber es bekommt meiner Frau ausgezeichnet.«

Der Baron kam Mitte November zurück. Er war sehr verändert, schien matt, gealtert und wie versunken in dumpfe Traurigkeit, die sein Gemüt niederdrückte. Die Neigung, die ihn mit seiner Tochter verband, war zugleich tiefer und inniger geworden; diese wenigen Monate trüber Einsamkeit schienen sein Bedürfnis nach Zärtlichkeit, vertrauensvoller Hingabe und Liebe aufs äußerste gesteigert zu haben.

Jeanne vermied es, mit ihm über ihre neuen Anschauungen zu sprechen, ebenso wie über ihren vertrauten Umgang mit Abbé Tolbiac und seinen religiösen Fanatismus. Aber schon bei seinem ersten Zusammentreffen mit dem Priester fühlte der Baron eine heftige Abneigung gegen ihn.

Und als ihn die junge Frau am Abend fragte: »Nun, wie findest du

ihn?« antwortete er: »Dieser Mensch da ist ein Inquisitor. Der kann geradezu gefährlich werden.«

Er erfuhr dann durch die Bauern, deren Freund er war, die Härten, Gewalttätigkeiten und das Wüten des jungen Priesters gegen die Naturgesetze und angeborenen Instinkte; da entstand in seinem Herzen ein Haß gegen ihn.

Der Baron gehörte zu jenen Philosophen der alten Zeit, die als Anbeter der Natur eine Art pantheistische Gottheit verehrten und der Vereinigung zweier Wesen mit Rührung zusahen. Und in ihm sträubte sich alles gegen die katholische Vorstellung eines Gottes von bürgerlichem Zuschnitt, mit jesuitischen Vergeltungstheorien und den Rachegelüsten eines Tyrannen. In einem solchen Gott sah er eine Herabsetzung der ihm schicksalhaft, grenzenlos und allmächtig erscheinenden Schöpfung; der Schöpfung, die Leben, Licht, Erde, Gedanke, Pflanze, Fels, Mensch, Luft, Tier, Stern, Gott und Insekt zugleich ist, schaffend, weil sie Schöpfung ist, stärker als jeder Wille, umfassender als jeder Gedanke, im unendlichen Raume immer neue Formen, immer neue Gestaltungen hervorbringend, ohne Ziel, ohne Zweck, ohne Ende, nur unter dem Zwang des Zufalls und der Nähe der Sonnen, die die Welten erwärmen.

Die Schöpfung enthielt alle Keime, der Gedanke sowohl als das Leben entfalteten sich aus ihr, wie Blumen und Früchte an den Bäumen.

Für ihn also war die Fortpflanzung das große, allgemeine Gesetz, der göttlich zu verehrende Akt, der den unerforschbaren und ewigen Willen des Allwesens erfüllte. Und der Baron ging von Hof zu Hof und begann einen hitzigen Feldzug gegen den unduldsamen Priester und Hasser des Lebens.

Jeanne war verzweifelt, sie betete zu Gott und beschwor ihren Vater, der aber entgegnete ihr nur: »Man muß solche Leute bekämpfen, das ist unser gutes Recht und unsere Pflicht. Denn es sind keine Menschen.« Er schüttelte seine langen weißen Haare und wiederholte: »Nein, es sind keine Menschen. Sie begreifen nichts, nichts, nichts. Sie handeln wie in einem bösen Traum. Sie sind antiphysisch.« Und er rief: »Antiphysisch!«, so, als schleudere er einen Bannfluch.

Der Priester spürte sehr bald den Feind. Da er aber Herr des

Schlosses und der jungen Frau bleiben wollte, mäßigte er sich, seines endlichen Siegs gewiß.

Auch war er jetzt von einer fixen Idee besessen. Durch Zufall hatte er die Beziehungen zwischen Julien und Gilberte entdeckt und wollte dem um jeden Preis ein Ende machen.

Eines Tages suchte er Jeanne auf, und nach einer langen, mystischen Unterhaltung forderte er sie auf, sich mit ihm zusammenzutun, um das Böse in der eigenen Familie zu töten und zwei gefährdete Seelen zu retten.

Sie verstand die Andeutungen nicht und wünschte Näheres zu wissen. Er erwiderte: »Noch ist die Stunde nicht gekommen. Sie werden mich in kurzem wiedersehen«, und ging eiligst davon.

Der Winter nahte sich jetzt seinem Ende, es war ein fauler Winter, wie man auf dem Lande sagt, feucht und schlaff.

Der Abbé kam nach einigen Tagen wieder und sprach in verschleierten Wendungen von unwürdigen Beziehungen zwischen Personen, deren Lebenswandel unantastbar sein sollte. Er gehöre zu denen, sagte er, die von diesen Dingen genügend Kenntnis haben, um sie mit allen Mitteln auszurotten.

Dann erging er sich in einer Reihe erbaulicher Betrachtungen, nahm darauf die Hand Jeannes und beschwor sie, die Augen aufzutun, zu erkennen und ihm zu helfen.

Diesmal hatte sie begriffen, aber sie schwieg, erschrocken bei dem Gedanken, was für peinliche Geschichten in ihrem jetzt so friedlichen Hause daraus entstehen könnten. Sie tat, als verstände sie nicht, was der Abbé meinte. Er zögerte nun nicht länger und rückte mit der Sprache heraus: »Ich habe Ihnen gegenüber eine höchst unangenehme Pflicht zu erfüllen, Frau Gräfin, aber ich kann nicht anders. Das Amt, das ich ausübe, schreibt mir vor, Sie nicht in Unkenntnis über etwas zu lassen, was Sie verhindern können. Erfahren Sie denn, daß Ihr Gatte eine verbrecherische Freundschaft mit Frau von Fourville unterhält.«

Sie senkte müde und kraftlos den Kopf.

Der Priester fuhr fort: »Was gedenken Sie zu tun?«

Zögernd sagte sie: »Was wünschen Sie, daß ich tun soll, Herr Abbé?«

Er erwiderte heftig: »Nun, Sie müssen sich dieser sündigen Leidenschaft in den Weg stellen.«

Sie begann zu weinen und sagte mit verzweifelter Stimme: »Aber er hat mich ja schon mit einem Dienstmädchen betrogen. Er hört nicht auf mich, er liebt mich nicht mehr. Er mißhandelt mich, sobald ich irgendeinen Wunsch äußere, der ihm mißfällt. Was kann ich tun?«

Ohne auf ihre Frage zu antworten, rief er aus: »Ah, also Sie beugen sich! Sie finden sich damit ab! Sie billigen es! Der Ehebruch haust unter Ihrem Dach und Sie dulden es! Das Verbrechen geschieht unter Ihren Augen und Sie wenden die Blicke fort? Sind Sie eine Gattin? eine Christin? eine Mutter?«

Sie schluchzte: »Was wollen Sie, daß ich tue?«

Er entgegnete: »Alles eher als diese Schändlichkeit länger dulden. Alles, sage ich Ihnen. Verlassen Sie ihn. Fliehen Sie dieses besudelte Haus.«

Sie sagte: »Aber ich habe kein Geld, Herr Abbé. Und ich habe auch nicht die Kraft dazu. Wie soll ich auch fortgehen ohne einen Beweis? Dazu habe ich nicht einmal ein Recht.«

Der Priester erhob sich, vor Entrüstung zitternd: »Die Feigheit ist es, die Ihnen das eingibt, Frau Gräfin. Ich habe Sie für eine andere gehalten. Sie sind unwürdig der Gnade Gottes.«

Sie fiel auf die Knie: »Oh, ich bitte Sie, verlassen Sie mich nicht, raten Sie mir.«

Er sagte kurz und scharf: »Öffnen Sie Herrn von Fourville die Augen. Es ist an ihm, diesem Verhältnis ein Ende zu machen.«

Aber dieser Gedanke jagte ihr Schrecken ein: »Er würde sie beide töten, Herr Abbé! Und ich würde mich der Denunziation schuldig machen! O nein, das niemals!«

Da hob er zornerfüllt die Hand, wie um sie zu verfluchen: »Bleiben Sie in Ihrer Schande und in Ihrem Verbrechen; denn Sie sind schuldiger als jene. Sie sind die mitwissende Gattin! Ich habe hier nichts mehr zu schaffen.«

Und er lief davon, so in Wut, daß er am ganzen Körper zitterte.

Sie eilte ihm verzweifelt nach, war bereit nachzugeben, im Begriffe, alles zu versprechen. Aber er rannte mit großen Schritten weiter und schüttelte in bebendem Zorn seinen großen blauen Regenschirm, der kaum viel kleiner war als er selbst.

Rechts am Zaun bemerkte er Julien, der das Beschneiden der Bäume beaufsichtigte; da bog der Abbé links nach dem Hof der

Couillard ab und wiederholte: »Lassen Sie mich, Madame. Ich habe Ihnen nichts mehr zu sagen.«

Gerade auf seinem Wege in der Mitte des Hofes stand ein Haufe Kinder aus dem Hause und aus der Nachbarschaft um die Hütte der Hündin Mirza versammelt und betrachtete dort etwas mit atemloser und stummer Neugier. Mitten zwischen ihnen stand der Baron, die Hände auf dem Rücken, ebenfalls mit Aufmerksamkeit etwas beobachtend. Er sah aus wie ein Lehrer mit seinen Schülern. Aber als er den Priester herankommen sah, ging er davon, um Begegnung und Gruß zu vermeiden.

Jeanne sagte flehend: »Lassen Sie mir einige Tage Zeit, Herr Abbé, und kommen Sie wieder aufs Schloß. Ich erzähle Ihnen dann, was ich habe tun und vorbereiten können, und wir werden schon Rat schaffen.«

Sie waren bei der Gruppe angelangt. Der Pfarrer trat heran, um zu sehen, was die Kinder so sehr interessierte. Es war die Hündin, die Junge warf. Im Stroh vor der Hütte krabbelten schon fünf Kleine um die Mutter herum; diese lag vor Schmerz zusammengezogen auf der Seite und leckte zärtlich ihre Jungen. Im Augenblick, als der Priester sich vorbeugte, streckte sie sich, und ein sechstes kleines Hündchen erschien. Die Kinder jauchzten vor Freude auf, klatschten in die Hände und riefen: »Da ist noch eins. Da ist noch eins!« Es war ein Spiel für sie, ein natürliches Spiel, in das sich nichts Unreines mischte. Sie schauten sich diese Geburt an, wie sie das Fallen der Äpfel von den Bäumen betrachtet hätten.

Abbé Tolbiac stand zuerst wie versteinert; dann packte ihn blinde Wut, er hob den Regenschirm und begann aus allen Kräften auf die Köpfe der herumstehenden Kinder einzuschlagen. Der Haufe stob nach allen Seiten auseinander, und der Pfarrer sah sich plötzlich allein vor der kreißenden Hündin, die versuchte, sich aufzurichten. Aber er ließ es gar nicht dazu kommen, sondern hieb plötzlich wie rasend die Arme schwingend auf sie ein. Sie konnte nicht entfliehen, da sie angekettet war, und wand sich entsetzlich stöhnend unter seinen Schlägen. Der Regenschirm zerbrach. Er hatte die Hände leer und trat nun mit den Füßen auf sie, trampelte in wahnsinnigem Wüten auf das sich windende Tier, zerstampfte, zermalmte es. Ein letztes Junges kam noch zur Welt, das unter seinen Tritten förmlich herausschoß. Mit einem ingrimmigen Tritt mit dem Stiefelabsatz

gab er der Hündin den Rest; der blutige Körper lag noch in letzten Zuckungen zwischen den blinden, winselnden, täppischen Neugeborenen, die schon nach den Zitzen suchten.

Jeanne war geflüchtet. Aber der Priester fühlte sich plötzlich am Kragen genommen, eine kräftige Ohrfeige warf seinen Dreispitz zur Erde; und der empörte Baron schleppte ihn bis an das Gittertor und warf ihn auf die Straße.

Als er sich zurückwandte, fand er seine Tochter schluchzend auf den Knien liegend und bemüht, die kleinen Hündchen in ihrem Rock zu bergen. Er ging mit großen Schritten heftig gestikulierend auf sie zu und rief: »Da hast du ihn also, deinen Schwarzrock, hast du ihn jetzt gesehen, wie?«

Die Leute aus dem Hof waren herbeigelaufen gekommen, alle umstanden das zertrampelte Tier, und Mutter Couillard erklärte: »Möchte man's glauben, daß ein Mensch so wüst sein kann!«

Jeanne hatte die sieben Kleinen aufgesammelt und erklärte, sie großziehen zu wollen.

Man versuchte, ihnen Milch einzuflößen; drei starben am folgenden Tage. Da lief der Vater Simon auf den Dörfern umher, um eine säugende Hündin aufzutreiben. Er fand keine, brachte aber eine Katze und versicherte, sie würde die Sache schon machen. Drei weitere Junge wurden nun getötet, und das letzte legte man zu der Katze. Sie nahm das Hündchen sofort an, legte sich auf die Seite und ließ es saugen.

Um die Adoptivmutter nicht ganz und gar zu erschöpfen, entwöhnte man den jungen Hund nach vierzehn Tagen, und Jeanne zog ihn eigenhändig mit der Flasche groß. Sie nannte ihn Toto. Aber der Baron setzte es durch, daß er »Massacre« genannt wurde.

Der Priester erschien nicht wieder; am folgenden Sonntag jedoch schleuderte er von der Kanzel herab Verwünschungen, Flüche und Drohungen gegen das Schloß. Er rief, man müsse die Schwären mit glühendem Eisen ausbrennen. Gegen den Baron sprach er den Kirchenbann aus, der darüber nur lachte. Mit versteckten, noch sehr vorsichtigen Andeutungen wies er auf die neue Liebschaft Juliens hin. Der Vicomte war darüber wütend, aber die Furcht vor einem bösen Skandal dämpfte seinen Zorn.

Mit jeder neuen Predigt setzte der Priester seine Drohungen fort, verkündete die nahende Vergeltung und erklärte, die Stunde Gottes

sei gekommen, und alle seine Feinde würden vernichtet werden.

Julien schrieb an den Erzbischof seiner Diözese einen ehrerbietigen, aber sehr bestimmten Brief. Abbé Tolbiac wurde verwarnt und ihm Ungnade angedroht. Darauf schwieg er.

Aber von nun an sah man ihn häufig mit weit ausholenden Schritten und fanatischem Gesicht in der Umgebung umherschweifen. Gilberte und Julien begegneten ihm alle Augenblicke bei ihren Ausflügen; bald sahen sie ihn gleich einem schwarzen Punkt fern in der Ebene oder am Absturz der Felsküste auftauchen, bald bemerkten sie ihn, sein Brevier lesend, in einem engen Tal, durch das sie hindurch wollten. Sie machten dann kehrt, um nicht an ihm vorüber zu müssen.

Der Frühling war gekommen und ließ ihre Liebe stürmischer aufflammen. Tagtäglich umarmten sie sich, bald da, bald dort, wo sie Schutz fanden und wo ihre Ritte sie gerade hinführten.

Da das Laub an den Bäumen noch spärlich und der Boden noch feucht war, so daß sie sich nicht in die Tiefe des Dickichts verbergen konnten wie im Hochsommer, suchten sie am häufigsten die fahrende Hütte eines Schäfers auf, die auf der Höhe der Küste von Vaucotte seit dem Herbst verlassen stand. Sie blieb dort ganz einsam auf ihren hohen Rädern, fünfhundert Meter von der Steilküste entfernt und gerade an der Stelle, wo der jähe Abstieg zum Tal begann. Hier waren sie vor jeder Überraschung sicher, denn sie konnten weithin die Ebene übersehen; die Pferde, an die Deichsel festgebunden, warteten, bis sie der Umarmungen müde waren.

Aber als sie eines Tages ihren Zufluchtsort eben verließen, geschah es, daß sie den Abbé Tolbiac bemerkten, der fast ganz verborgen in dem hohen Binsengras der Küste hockte.

»Wir müssen unsere Pferde unten in der Schlucht lassen«, sagte Julien, »sie könnten uns sonst schon von weitem verraten.« Und sie banden von da ab ihre Pferde in einer Falte des tiefen Tales an, das mit Buschwerk angefüllt war.

Als sie dann eines Abends zu zweit nach Vrillette zurückkehrten, wo sie mit dem Grafen speisen sollten, begegneten sie dem Pfarrer von Etouvent, wie er gerade das Schloß verließ. Er trat zur Seite, um sie vorüberzulassen, und grüßte, ohne den Blick zu erheben.

Eine Unruhe bemächtigte sich ihrer, die sich aber bald wieder legte.

An einem sehr stürmischen Nachmittage nun (es war Anfang Mai) saß Jeanne gerade lesend am Kamin, als sie plötzlich den Grafen Fourville bemerkte, wie er zu Fuß und so eilig herankam, daß sie glaubte, es sei ein Unglück passiert.

Sie lief rasch hinunter, ihm entgegen, und als er vor ihr stand, meinte sie, er sei irrsinnig geworden. Er war in seiner Jagdjoppe und hatte auf dem Kopf die dicke Pelzmütze, die er nur bei sich zu Hause trug. Sein Gesicht war so bleich, daß der rötliche Schnurrbart, der sonst kaum von seiner roten Hautfarbe abstach, nun wie eine Feuerflamme leuchtete. Und die weit aufgerissenen Augen rollten wie irr umher.

Er stammelte: »Meine Frau ist hier, nicht wahr?« Und Jeanne, die den Kopf verlor, antwortete: »Aber nein, ich habe sie heute überhaupt noch nicht gesehen.«

Da sank er auf einen Stuhl nieder, als wären seine Beine gebrochen; er nahm die Mütze ab und trocknete sich mit dem Taschentuch mehrmals mechanisch die Stirn. Dann sprang er plötzlich wieder auf, ging auf die junge Frau mit vorgestreckten Händen und offenem Munde zu, wie bereit, zu sprechen, ihr ein entsetzliches Leid anzuvertrauen. Mitten in der Bewegung aber hielt er inne, betrachtete sie starren Blicks und sagte im Tone eines, der von Sinnen ist: »Aber es ist ja Ihr Gatte ... auch Sie ...« Er drehte kurz um und stürzte davon, in der Richtung der Küste.

Jeanne lief ihm nach, um ihn festzuhalten, rief, beschwor ihn. Ihr Herz krampfte sich vor Entsetzen zusammen. Er weiß alles, dachte sie. Was hat er vor? O mein Gott, wenn er sie nur nicht findet!

Aber sie konnte ihn nicht mehr erreichen, und er hörte nicht auf ihr Rufen. Er eilte, ohne zu zögern, in der gleichen Richtung weiter, seines Zieles sicher. Er überschritt den Graben, durchkreuzte mit Riesenschritten das Binsengras und gelangte an die Steilküste.

Jeanne war auf der mit Bäumen bepflanzten Böschung stehen geblieben und folgte ihm lange mit den Blicken. Als sie ihn aus den Augen verloren hatte, kehrte sie von Angst gemartert in das Schloß zurück.

Er hatte sich nach rechts gewandt und begann zu laufen. Das aufgepeitschte Meer rollte in hohen Wogen. Dicke schwarze Wolken kamen mit rasender Geschwindigkeit heran und jagten vorüber, immer neue folgten, und jede überschüttete die Küste mit

wütenden Regenschauern. Der Wind pfiff, heulte, drückte Gras und junge Saat zu Boden, trieb große weiße Vögel gleich Schaumflocken vor sich her und jagte sie weit landeinwärts.

Die unaufhörlich niedergehenden Hagelschloßen peitschten das Gesicht des Grafen, sie rannen in Tropfen von seinen Wangen und von seinem durchnäßten Bart und erfüllten seine Ohren mit Lärm und sein Herz mit Aufruhr.

Vor ihm, weit hinten, öffnete das Tal von Vaucotte seinen tiefen Schlund. Bis dahin war nichts zu sehen als eine einsame Schäferhütte dicht bei einer leeren Schafhürde. Zwei Pferde standen an der Deichsel der rollenden Wohnstätte angebunden. Was war bei einem solchen Unwetter zu befürchten?

Sobald er sie bemerkt hatte, drückte sich der Graf zu Boden und rutschte auf Händen und Knien weiter; mit dem riesigen, schmutzbespritzten Körper und der Tierfellmütze auf dem Kopf glich er einem heranschleichenden Ungetüm. Er kroch bis zur einsamen Hütte heran und verbarg sich unter ihr, um nicht durch einen Spalt der Planken entdeckt zu werden.

Die Pferde hatten ihn bemerkt und wurden unruhig. Mit dem Messer, das er offen in der Hand trug, schnitt er vorsichtig die Zügel durch. Ein neuer Schauer war losgebrochen, und gepeitscht vom Hagel jagten die Pferde davon. Die Schloßen trommelten auf das schräge Dach der Hütte, die vom Sturm gerüttelt zwischen den Rädern schwankte.

Der Graf hatte sich auf die Knie aufgerichtet; er drückte die Augen an den Spalt unter der Tür und blickte in das Innere.

Er rührte sich nicht, schien zu warten. Nach geraumer Zeit richtete er sich jäh auf, von oben bis unten mit Schlamm bedeckt. Und nun stieß er mit einer wie rasenden Bewegung den Riegel außen an der Tür vor, ergriff die Deichsel und rüttelte an der Bretterhütte, als wollte er sie in Stücke schlagen. Dann plötzlich spannte er sich davor, bog seinen mächtigen Körper in äußerster Anstrengung zusammen, und schnaufend wie ein Stier begann er zu ziehen. Und so schleppte er die rollende Wohnstätte und die, die darin waren, dem nahen Steilhang entgegen.

Im Inneren riefen sie, schlugen mit Fäusten gegen die verschlossene Tür, wußten nicht, was geschah.

Als er am Rande der Schlucht angekommen war, ließ er die

leichte Hütte los, die nun den jähen Abhang hinunterzurollen begann.

Immer schneller kam sie ins Gleiten, Stürzen, Fallen, sie sprang hoch, machte Sätze wie ein flüchtendes Tier, während die Deichsel den Boden aufriß.

Ein alter Bettler, der sich vor dem Unwetter in eine Erdfalte geborgen hatte, sah die Hütte fast unmittelbar über seinem Kopfe vorüberstürzen und hörte verzweifelte Schreie aus dem Inneren dringen. Plötzlich, durch den Anprall an einen Stein, verlor sie eins der Räder, sie fiel um und begann nun wie eine Kugel weiter zu rollen, wie ein entwurzeltes Haus, das von der Höhe eines Berges hinabstürzt.

Dann, beim letzten Absatz, flog sie im hohen Bogen durch die Luft, fiel auf den Grund der Schlucht und zerbarst wie ein Ei.

Als die Hütte auf der steinigen Talsohle zertrümmert lag, stand der Bettler auf und stieg vorsichtig zwischen dem Gestrüpp herab. Doch von seiner Bauernvorsicht zurückgehalten, wagte er es nicht, sich dem zerschmetterten Kasten zu nähern, und machte sich nach dem nächsten Hofe auf, um das Ereignis zu melden.

Die Leute kamen herbeigelaufen; die Trümmer wurden beiseite geräumt und man fand zwei Körper. Sie waren zerschunden, zermalmt, blutüberströmt. Bei dem Mann klaffte die Stirn, und das ganze Gesicht war zerquetscht. Der Unterkiefer der Frau hing, durch einen Stoß aus den Gelenken getrieben, schräg herab, und ihre zerbrochenen Glieder waren so weich, als hätte sie keine Knochen mehr unter dem Fleisch.

Man erkannte indessen, wer sie waren, und begann nun des langen und breiten über die Ursachen des Unglücks sich zu bereden.

»Was sie wohl getrieben haben, in dem Kasten da?« meinte eine Frau. Und der arme Alte erzählte nun, daß sie sich vermutlich vor den Hagelschauern da hineingeflüchtet hätten und daß der Sturm die Hütte dann erfaßt und in die Schlucht gestürzt habe. Und er setzte auseinander, daß er selbst eigentlich da habe hineinkriechen wollen. Aber dann habe er die beiden an der Deichsel angebundenen Pferde gesehen und daran erkannt, daß der Platz schon besetzt sei.

Und er fügte zufrieden hinzu: »Ohne das da wär' ich hier gelegen.« Einer sagte: »Wär' das nicht besser gewesen?« Da wurde der Bettler sehr zornig: »Wieso denn, wär' das besser gewesen? Weil

ich arm bin und die sind reich! Guck die doch an da, jetzt...« Und der schmutzige, in Lumpen gehüllte, zittrige alte Mann, dem das Wasser aus dem wirren grauen Bart und dem langen Haar unter dem verbogenen Filz heruntertriefte, zeigte mit der Spitze seines Krückstocks auf die beiden Leichen: »Alle gleich sind wir da davor.«

Andere Bauern waren dazugekommen und standen herum, schauten von der Seite mit unruhigen, geduckten, erschrockenen, selbstsüchtigen und feigen Blicken. Dann beriet man, was zu tun sei; und es wurde beschlossen, die Leichen nach den Schlössern zu transportieren, in der Hoffnung auf eine gute Belohnung. Zwei Karren wurden also angespannt. Aber eine neue Schwierigkeit entstand. Die einen wollten nur Stroh auf dem Boden des Wagens ausbreiten, die anderen hielten es für schicklicher, Matratzen unterzulegen.

Die Frau, die schon einmal das Wort ergriffen hatte, rief: »Aber sie werden ja ganz voll Blut werden, die Matratzen. Man wird's ja wieder waschen müssen mit Seife und Bürste.«

Ein dicker Pächter mit behaglichem Gesicht antwortete ihr: »Sie werden's schon bezahlen. Je größer der Schaden ist, desto teurer wird's kommen.« Dieser Hinweis war entscheidend.

Und die beiden Karren auf den hohen, ungefederten Rädern fuhren im Trabe davon, der eine nach rechts, der andere nach links. Und bei jedem Stoß des tief ausgefahrenen Weges schwankten und schaukelten die Reste dieser beiden Wesen, die sich so eng umschlungen hatten und nie wieder zueinander kommen würden.

Der Graf war, sobald er die Hütte auf dem steilen Abhang herunterrollen sah, mit großen Sätzen durch Regen und Hagelschauer geflüchtet. Er lief so mehrere Stunden lang quer über Wege, Gräben, über Böschungen und durch Hecken hindurch, und erst gegen Abend kam er nach Hause zurück, ohne zu wissen, wie er dahin gekommen war.

Die erschrockene Dienerschaft erwartete ihn bereits und meldete, daß die beiden Pferde reiterlos gekommen seien. Das von Julien war hinter dem anderen hergelaufen.

Der Graf schwankte und sagte mit stockender Stimme: »Es wird ihnen etwas zugestoßen sein bei dem furchtbaren Wetter. Alles muß sich sofort aufmachen, um sie zu suchen.«

Er ging selbst wieder davon; aber sobald er außer Sicht war, verbarg er sich hinter einem Gebüsch und beobachtete die Straße, auf der, tot oder sterbend, vielleicht auch zum Krüppel geworden und entstellt fürs ganze Leben, jene zurückkommen mußte, die er noch in wilder Leidenschaft liebte.

Und bald auch rollte ein Karren an ihm vorüber, auf dem irgend etwas Seltsames lag.

Der Wagen bog in die Auffahrt ein und hielt vor dem Schloß.

Das war es, ja, das war sie. Aber eine atembeklemmende Furcht fesselte ihn an seinen Platz, eine lähmende Scheu zu wissen, eine Angst vor der Wahrheit. Und er rührte sich nicht in seinem Versteck, zu Boden geduckt wie ein Hase und zitternd vor dem geringsten Geräusch.

Er wartete eine Stunde, vielleicht auch zwei. Der Wagen kam nicht wieder zurück. Er sagte sich, daß seine Frau im Verscheiden sei; und der Gedanke, sie zu sehen, ihrem Blick zu begegnen, verursachte ihm solches Entsetzen, daß er plötzlich fürchtete, er würde in seinem Versteck entdeckt und zur Rückkehr gezwungen werden, um diesem Todeskampfe beizuwohnen. Und er verkroch sich noch tiefer in den Wald. Dann mit einem Male kam ihm der Gedanke, daß sie vielleicht der Hilfe bedürfe und daß kein anderer sie richtig pflegen könne; da lief er zurück, so schnell er konnte.

Unterwegs traf er auf den Gärtner und rief ihm zu: »Nun?« Der Mann wagte nicht zu antworten. Und fast brüllend fuhr Herr von Fourville fort: »Ist sie tot?« Der Gärtner stotterte: »Ja, Herr Graf.«

Er fühlte eine unendliche Erleichterung. Plötzlich kam Ruhe in sein Blut und in seine bebenden Muskeln; festen Schrittes stieg er nun die Stufen der breiten Freitreppe hinauf.

Der andere Wagen hatte Les Peuples erreicht. Jeanne bemerkte ihn schon von weitem, sah die Matratzen, ahnte, daß ein Körper darauf lag, und begriff alles. Der Schreck war so stark, daß sie besinnungslos umsank.

Als sie wieder zu sich kam, hielt ihr der Vater den Kopf und befeuchtete ihre Schläfen mit Essig. Zögernd fragte er: »Du weißt...?« Sie murmelte: »Ja, Vater.«

Aber als sie sich erheben wollte, brach sie vor Schmerzen wieder zusammen. Am gleichen Abend brachte sie ein totes Kind zur Welt: ein Mädchen.

Sie sah nichts von Juliens Begräbnis, wußte nichts. Nach ein oder zwei Tagen bemerkte sie nur, daß Tante Lison angekommen war. Und in ihrem Fieberwahn suchte sie hartnäckig immer wieder sich zu erinnern, wann, zu welcher Zeit und unter welchen Umständen das alte Fräulein eigentlich von Les Peuples abgereist war. Sie konnte nicht darauf kommen, selbst nicht in den Stunden der Klarheit; nur daß sie Tante Lison nach dem Tode Mamachens gesehen hatte, das wußte sie sicher.

XI

Sie blieb drei Monate auf ihrem Zimmer, so schwach und bleich war sie geworden, daß man glaubte und sagte, sie sei verloren. Dann, allmählich, kehrte sie wieder zum Leben zurück. Papachen und Tante Lison, die beide nach Les Peuples gezogen waren, verließen sie nicht mehr. Sie hatte von dieser Erschütterung eine Art nervöser Erkrankung zurückbehalten, bei dem geringsten Lärm überkam sie eine Schwäche, und sie fiel in lange, durch die unbedeutendsten Ursachen hervorgerufene Ohnmachten.

Niemals hatte sie nach Einzelheiten über Juliens Tod gefragt. Was ging es sie an? Wußte sie nicht genug davon? Alle Welt glaubte an einen Unfall, aber sie täuschte sich darüber nicht; und sie bewahrte in ihrem Herzen das Geheimnis, das sie marterte: das Wissen um den Ehebruch, das Schreckbild des plötzlichen und furchtbaren Besuches des Grafen am Tage der Katastrophe.

Und jetzt geschah es, daß sich ihre Seele mit gerührter, süßer, melancholischer Erinnerung füllte an die kurzen Liebesfreuden, welche ihr einstmals ihr Gatte geschenkt hatte. Jeden Augenblick zuckte sie zusammen beim unverhofften Erwachen ihres Gedächtnisses; sie sah ihn wieder vor sich, so wie er in den Tagen ihrer Verlobung gewesen war und auch so, wie sie ihn in ihren einzigen Stunden erblühter Leidenschaft geliebt hatte, dort unter der heißen Sonne von Korsika. Alle seine Fehler wurden geringer, alle seine Härten verschwanden, ja, selbst seine Treulosigkeiten milderten sich jetzt durch die wachsende Entfernung, durch das Grab, das sich über ihm geschlossen hatte. Und Jeanne, von einer Art posthumer, unbestimmter Dankbarkeit erfüllt für diesen Mann, der sie in seinen

Armen gehalten, verzieh die verflossenen Leiden, um nur noch an die Augenblicke des Glückes zu denken. Dann überstreute die immer fortschreitende Zeit, die Monate, die einer dem andern nachsanken, alle ihre Erinnerungen und ihre Schmerzen mit Vergessenheit, wie mit einer dichter und dichter werdenden Staubschicht; und sie widmete sich ausschließlich ihrem Sohn.

Er wurde das Idol, der einzige Gedanke der drei Wesen, die um ihn versammelt waren; und er herrschte als Despot. Es stellte sich sogar zwischen den drei Sklaven, die er besaß, eine Art von Eifersucht ein, denn Jeanne sah nervös den herzlichen Küssen zu, die der Baron bekam, wenn er ihn auf seinem Knie hatte Pferdchen spielen lassen. Und Tante Lison, die von ihm vernachlässigt wurde, wie sie von jeher und immer von allen vernachlässigt worden war, und die manchmal von diesem Herrn, der noch kaum redete, als Magd behandelt wurde, ging auf ihr Zimmer, um zu weinen, indem sie die geringfügigen Zärtlichkeiten, die sie von ihm erbettelt und mit Mühe erhalten hatte, mit den stürmischen Umarmungen verglich, die er seiner Mutter und seinem Großvater vorbehielt.

Zwei stille Jahre ohne irgendein Ereignis verstrichen in der unaufhörlichen Beschäftigung mit dem Kind. Am Anfang des dritten Winters entschloß man sich, nach Rouen zu gehen und dort bis zum Frühling zu wohnen; und die ganze Familie wanderte aus. Aber als sie in dem alten, verödeten und feuchten Haus ankamen, bekam Paul eine so schwere Bronchitis, daß man eine Brustfellentzündung befürchtete, und die drei bestürzten Angehörigen erklärten, daß er die Luft von Les Peuples nicht entbehren könne. Man brachte ihn dorthin zurück, sobald er genesen war.

Nun begann eine Reihe eintöniger und friedlicher Jahre.

Immer um den Kleinen versammelt, bald in seinem Zimmer, bald im Salon, bald im Garten, gerieten sie über sein Stammeln, seine drolligen Ausdrücke, seine Gebärden in Entzücken.

Seine Mutter gab ihm den Kosenamen Paulchen, er konnte dieses Wort nicht aussprechen und sagte Puttchen, was ein nichtendenwollendes Lachen hervorrief. Der Spitzname Puttchen blieb ihm. Man nannte ihn nicht mehr anders.

Da er schnell groß wurde, war eine der von den drei Verwandten, die der Baron »seine drei Mütter« nannte, mit Leidenschaft betriebenen Beschäftigungen die, seine Größe zu messen.

Man hatte auf dem Täfelwerk neben der Salontür eine Reihe kleiner Kerben mit dem Taschenmesser eingeschnitten, welche von Monat zu Monat seine Fortschritte im Wachsen bezeichneten. Diese Stufenleiter, welche »Puttchenleiter« getauft worden war, nahm in dem Leben aller einen beträchtlichen Raum ein.

Später sollte ein neues Geschöpf eine wichtige Rolle in der Familie spielen, der Hund Massacre, der von Jeanne, die sich ausschließlich mit ihrem Sohne beschäftigte, vernachlässigt worden war. Gefüttert von Ludivine und in einem alten Fäßchen vor dem Stall einlogiert, lebte er einsam, immer an der Kette.

Paul bemerkte ihn eines Morgens und fing zu schreien an, weil er ihn umarmen wollte. Man führte ihn mit unendlichen Ängsten hin. Der Hund bereitete dem Kind einen freudigen Empfang, das zu brüllen anfing, sobald man sie trennen wollte. Nun wurde Massacre losgelassen und im Haus untergebracht.

Er wurde von Paul unzertrennlich, der Freund in allen Lebenslagen. Sie wälzten sich zusammen, schliefen Seite an Seite auf dem Teppich. Und bald legte sich Massacre in das Bett seines Kameraden, der ihn nicht mehr von sich lassen wollte. Jeanne war manchmal verzweifelt wegen der Flöhe; und Tante Lison war dem Hund böse, daß er einen so großen Raum in der Liebe des Kleinen einnahm, der Liebe, die dieses Tier, wie sie meinte, ihr von der Liebe raubte, die sie selbst sich so inbrünstig gewünscht hätte.

Mit den Briseville und den Coutelier wurden spärliche Besuche ausgetauscht. Der Bürgermeister und der Doktor störten allein regelmäßig die Einsamkeit des alten Schlosses. Seit der Tötung der Hündin und dem Verdacht, den sie seit dem schrecklichen Tod der Gräfin und Juliens gegen den Priester hatte, betrat Jeanne nicht mehr die Kirche, aufgebracht gegen Gott, der solche Diener haben konnte.

Der Abbé Tolbiac schleuderte von Zeit zu Zeit in deutlichen Anspielungen seinen Bannfluch gegen das Schloß als heimgesucht vom Geist des Bösen, vom Geist der ewigen Auflehnung, vom Geist des Irrtums und der Lüge, vom Geist des Frevels, vom Geist der Verderbnis und der Unzucht. So bezeichnete er den Baron.

Seine Kirche war übrigens verödet; und wenn er längs der Felder ging, wo der Landmann seinen Pflug vor sich her stößt, blieben die Bauern nicht stehen, um mit ihm zu sprechen, und wandten

sich nicht um, um ihn zu grüßen. Überdies hielt man ihn für einen Hexenmeister, da er den Teufel aus einer besessenen Frau ausgetrieben hatte. Er kannte, erzählte man sich, geheimnisvolle Sprüche, um die Behexungen aufzuheben, welche, wie er sagte, nur eine Art Possen des Satans seien. Er legte den Kühen, welche blaue Milch gaben oder den Schwanz geringelt trugen, die Hände auf, und durch ein paar unbekannte Worte schaffte er verlorene Gegenstände wieder zur Stelle.

Sein enger und fanatischer Geist vertiefte sich mit Leidenschaft in das Studium der frommen Bücher, welche die Geschichte der Erscheinungen des Teufels auf Erden enthielten: die verschiedenen Offenbarungen seiner Gewalt, seine okkulten und mannigfachen Einflüsse, alle Hilfsmittel, die er besaß, und die üblichen Arten seiner Ränke. Und da er sich besonders dazu berufen glaubte, diese geheimnisvolle und unselige Macht zu bekämpfen, hatte er alle Austreibungsformeln gelernt, die in den kirchlichen Handbüchern bezeichnet sind.

Unaufhörlich glaubte er zu spüren, wie der böse Geist im Dunkeln umherschweifte, und in jedem Augenblick kam der lateinische Satz über seine Lippen: *Sicut leo rugiens circuit quaerens quem devoret.*

Da verbreitete sich eine Furcht, ein Schrecken vor seiner verborgenen Kraft. Selbst seine Amtsbrüder, unwissende Landgeistliche, für die Beelzebub ein Glaubensartikel ist und die, verwirrt durch die bis ins einzelnste gehenden ritualen »Vorschriften im Falle einer Manifestation der bösen Mächte« schließlich dazu gelangen, die Religion mit der Zauberei zu verwechseln, betrachteten den Abbé Tolbiac ein wenig als Hexenmeister; und sie respektierten ihn ebensosehr wegen der dunklen Macht, die sie in ihm vermuteten, als wegen der unantastbaren Strenge seines Lebenswandels.

Wenn er Jeanne traf, grüßte er sie nicht.

Dieser Zustand beunruhigte und betrübte Tante Lison, die in ihrer ängstlichen Altjungfernseele durchaus nicht begriff, daß man nicht zur Kirche ging. Sie war sicherlich fromm, sicherlich beichtete sie und ging zur Kommunion, aber niemand wußte es, niemand fragte danach.

Wenn sie allein, ganz allein mit Paul war, sprach sie ihm ganz leise vom lieben Gott. Er hörte so ungefähr zu, wenn sie ihm von den

wunderbaren Geschichten der ersten Zeiten der Welt erzählte, aber wenn sie ihm sagte, daß man den lieben Gott lieben, sehr, sehr lieben müsse, antwortete er manchmal: »Wo ist er denn, Tante?« Dann zeigte sie mit dem Finger zum Himmel: »Dort oben, Puttchen, aber du mußt es nicht weitersagen.« Sie fürchtete den Baron.

Aber eines Tages erklärte ihr Puttchen: »Der liebe Gott ist überall, aber in der Kirche ist er nicht.« Er hatte seinem Großvater von den geheimnisvollen Enthüllungen seiner Tante erzählt.

Der Kleine wurde zehn Jahre alt, seine Mutter schien vierzig alt zu sein. Er war stark, ausgelassen, beherzt im Erklettern von Bäumen, aber er wußte nicht viel. Wenn ihn die Stunden langweilten, unterbrach er sie sofort. Und jedesmal, wenn ihn der Baron ein wenig lang bei einem Buch zurückhielt, kam Jeanne sofort hinzu und sagte: »Laß ihn doch jetzt spielen. Man muß ihn nicht ermüden, er ist noch so klein.«

Für sie war er immer noch sechs Monate oder ein Jahr alt. Sie war sich kaum darüber klar, daß er ging, rannte, sprach wie ein kleiner Mann, und sie lebte in ständiger Angst, er würde fallen, sich erkälten, beim Herumtreiben heiß werden, für seinen Magen zu viel essen oder für sein Wachstum zu wenig.

Als er zwölf Jahre alt war, tauchte eine große Schwierigkeit auf, nämlich die erste Kommunion.

Eines Morgens suchte Lise Jeanne auf und stellte ihr vor, daß man den Kleinen nicht länger ohne Religionsunterricht und ohne die Erfüllung seiner ersten Pflichten gegen Gott lassen könnte. Sie brachte Gründe aller Art vor, führte tausend Argumente an, und zwar hauptsächlich die Meinung der Leute, mit denen sie verkehrten. Die Mutter zögerte, verwirrt und unschlüssig, sie versicherte, man könne noch warten.

Aber einen Monat später, als sie der Vicomtesse von Briseville einen Besuch abstattete, fragte sie diese Dame zufällig: »Dieses Jahr wird Ihr Paul gewiß zur ersten Kommunion gehen?« Und Jeanne, überrumpelt, antwortete: »Ja, Madame.« Dies einfache Wort bestimmte sie, und ohne ihrem Vater etwas davon anzuvertrauen, bat sie Lise, das Kind in die Katechismusstunde zu führen.

Einen Monat lang ging alles gut; aber eines Abends kam Puttchen heiser nach Hause. Und am folgenden Tag hustete er. Seine Mutter fragte ihn ganz erschrocken aus und erfuhr, der Pfarrer habe ihn

hinausgeschickt, um das Ende der Stunde an der Kirchentüre in der Zugluft des Eingangs abzuwarten, denn er hatte sich schlecht benommen.

So behielt sie ihn denn zu Hause und brachte ihm selbst das Abc der Religion bei. Aber trotz Lisons flehentlichen Bitten weigerte sich der Abbé Tolbiac, ihn unter seine Kommunikanten aufzunehmen, denn er sei ungenügend vorbereitet.

Im folgenden Jahr war es dasselbe. Da schwor der Baron, außer sich, das Kind habe es nicht nötig, an diese Albernheit, an dieses kindische Symbol der Transsubstantiation zu glauben, um ein anständiger Mensch zu werden; und es wurde beschlossen, ihn zwar als Christ, aber nicht als ausübendes Glied der katholischen Kirche zu erziehen, und es sollte ihm bei seiner Großjährigkeit freigestellt werden, zu werden, was ihm beliebte.

Jeanne, die einige Zeit darauf einen Besuch bei Briseville gemacht hatte, erhielt keinen Gegenbesuch. Sie wunderte sich, da sie die peinliche Höflichkeit ihrer Nachbarn kannte; doch die Marquise von Coutelier entdeckte ihr hoheitsvoll den Grund dieser Zurückhaltung.

Die Marquise, die sich infolge der Stellung ihres Gatten, ihres gutverbürgten Adelstitels und ihres beträchtlichen Vermögens als eine Art Königin des normannischen Adels betrachtete, regierte auch wie eine wahre Königin, sprach frei von der Leber weg, gab sich bald gnädig, bald mit schneidender Kälte, je nach den Umständen, wies zurecht, vermittelte, beglückwünschte, wie es die Gelegenheit erforderte. Als sich Jeanne nun bei ihr einfand, sagte ihr diese Dame nach einigen eisigen Worten in schroffem Ton: »Die Gesellschaft zerfällt in zwei Klassen, in die Leute, die an Gott glauben, und in diejenigen, die nicht an ihn glauben. Die einen, und wären es die niedrigsten, sind unsere Freunde, sind unseresgleichen, die andern sind Luft für uns.«

Jeanne, die den Angriff spürte, erwiderte: »Aber kann man nicht an Gott glauben, ohne die Kirche zu besuchen?«

Die Marquise antwortete: »Nein, Madame. Die Gläubigen beten zu Gott in seiner Kirche, so wie man die Menschen in ihren Wohnungen aufsucht.«

Jeanne entgegnete verletzt: »Gott ist überall, Madame. Was mich betrifft, die ich aus dem Grunde meines Herzens an ihn glaube, so

fühle ich seine Gegenwart nicht mehr, wenn sich gewisse Priester zwischen mir und ihm befinden.«

Die Marquise erhob sich: »Der Priester trägt die Fahne der Kirche, Madame; jeder, der dieser Fahne nicht folgt, ist gegen ihn und uns.«

Jeanne hatte sich zitternd ebenfalls erhoben: »Sie, Madame, glauben an den Gott einer Partei. Ich, ich glaube an den Gott der guten Menschen.«

Sie grüßte und ging.

Auch die Bauern tadelten sie unter sich, weil sie Puttchen nicht hatte zur ersten Kommunion gehen lassen. Sie gingen nicht zur Messe, nicht zum Abendmahl, oder doch nur zu Ostern, nach der ausdrücklichen Vorschrift der Kirche; aber was die kleinen Kinder anbelangte, so war das eine andere Sache; und alle hätten vor der Kühnheit zurückgeschreckt, ein Kind außerhalb dieses allgemeinen Gebotes zu erziehen, denn die Religion ist die Religion.

Sie sah diese Mißbilligung wohl und empörte sich in ihrer Seele über all dies Kompromißlertum, dieses Paktieren mit dem Gewissen, diese allgemeine Angst vor allem, die große Feigheit, die auf dem Grunde aller Herzen nistet und sich, wenn sie sich zeigt, mit so vielen ehrbaren Masken schmückt.

Der Baron übernahm die Leitung von Pauls Studium und gab ihm lateinische Stunden. Die Mutter schärfte ihm immer nur eines ein: »Vor allem ermüde ihn nicht«; und sie schlich beunruhigt in der Nähe des Schulzimmers umher, da ihr Papachen den Eintritt untersagt hatte, weil sie jeden Augenblick den Unterricht unterbrach, um zu fragen: »Hast du nicht kalte Füße, Puttchen?« Oder aber: »Hast du nicht Kopfweh, Puttchen?« Oder aber, um den Lehrer aufzuhalten: »Laß ihn nicht soviel reden, es wird seinen Hals müde machen.«

Sowie der Kleine frei war, ging er hinunter, um mit Mutter und Tante im Garten zu arbeiten. Sie hatten jetzt eine große Liebe für den Gartenbau, und alle drei pflanzten im Frühling junge Bäume, säten Samen aus, dessen Keimen und Aufschießen sie begeisterte, beschnitten Bäume und brachen Blumen, um Sträuße zu binden.

Die wichtigste Sorge des jungen Mannes war die Aufzucht von Salat. Er herrschte über vier große Beete des Küchengartens, in denen er mit äußerster Sorgfalt Kochsalat, römischen Salat, Endi-

vien, Kapuzinerkresse und Kopfsalat, alle Arten dieser eßbaren Blätter, zog. Er grub mit dem Spaten um, wässerte, jätete aus, setzte um, von seinen beiden Müttern unterstützt, die er wie Tagelöhnerinnen arbeiten ließ. Man sah sie ganze Stunden lang in den Rabatten knien und ihre Kleider und Hände beschmutzen, damit beschäftigt, die Wurzeln der jungen Pflanzen in Löcher zu stecken, die sie mit einem einzelnen Finger, den sie senkrecht in die Erde stachen, ausgehöhlt hatten.

Puttchen wurde groß, er hatte das fünfzehnte Lebensjahr erreicht, und die Stufenleiter im Salon zeigte einen Meter achtundfünfzig an; aber geistig war er noch ein Kind, unwissend, einfältig, eingeengt zwischen den beiden Weiberröcken und dem liebenswürdigen alten Herrn, der aus einem andern Jahrhundert stammte.

Eines Abends endlich sprach der Baron vom Gymnasium, und Jeanne fing sogleich zu schluchzen an. Tante Lison hielt sich bestürzt in einer dunklen Ecke.

Die Mutter antwortete: »Wozu muß er soviel wissen! Wir machen einen Mann der Scholle aus ihm, einen Landedelmann. Er wird seine Felder bebauen, wie es viele Adlige machen. Er wird in diesem Hause, in dem wir vor ihm gelebt haben und in dem wir sterben werden, glücklich leben und altern. Was kann man mehr verlangen?«

Aber der Baron schüttelte den Kopf: »Was wirst du ihm antworten, wenn er fünfundzwanzig Jahre alt sein und dir sagen wird: Ich bin nichts, ich weiß nichts durch deine Schuld, durch die Schuld deines mütterlichen Egoismus. Ich fühle mich unfähig zu arbeiten, ein ganzer Mann zu werden, und doch war ich für das unscheinbare, niedrige und zum Sterben traurige Leben nicht geschaffen, zu dem mich deine blinde Zärtlichkeit verdammt hat.«

Sie weinte immerzu und beschwor ihren Sohn: »Sag, Puttchen, du wirst es mir niemals vorwerfen, daß ich dich zu sehr geliebt habe, nicht wahr?«

Und das große Kind versprach überrascht: »Nein, Mama.«

»Du schwörst es?«

»Ja, Mama.«

»Du willst hierbleiben, nicht wahr?«

»Ja, Mama.«

Da sprach der Baron in festem und lautem Ton: »Jeanne, du hast

kein Recht, über dieses Leben zu verfügen. Das, was du da tust, ist feig und beinahe verbrecherisch; du opferst dein Kind deinem persönlichen Glück auf.«

Sie verbarg ihr Gesicht in ihren Händen, brach in stürmisches Schluchzen aus und stammelte unter Tränen: »Ich war so unglücklich... so unglücklich! Jetzt, wo ich durch ihn ruhig geworden bin, nimmt man ihn mir fort... Was wird jetzt aus mir werden... so ganz allein...?«

Der Vater erhob sich, setzte sich neben sie und nahm sie in seine Arme. »Und ich, Jeanne?« Sie umfaßte stürmisch seinen Hals, umarmte ihn mit Heftigkeit und brachte dann noch ganz atemlos und halberstickt die Worte hervor: »Ja, du hast recht... vielleicht... Papachen. Ich war eine Närrin, aber ich habe soviel durchgemacht. Ich bin einverstanden, daß er aufs Gymnasium geht.«

Und ohne recht zu begreifen, was man mit ihm vorhatte, fing Puttchen nun ebenfalls an, in Tränen zu zerfließen.

Da sprachen ihm die drei Mütter, indem sie ihn küßten und ihn streichelten, Mut zu. Und als man hinauf schlafen ging, hatten alle ein schweres Herz, und alle weinten in ihren Betten, sogar der Baron, der sich zusammengenommen hatte.

Es wurde beschlossen, zu Anfang des Schuljahrs den jungen Mann in das Gymnasium von Le Havre zu geben; und während des ganzen Sommers wurde er mehr verwöhnt denn je.

Seine Mutter seufzte oftmals beim Gedanken an die Trennung. Sie bereitete seine Ausstattung vor, als ob er eine zehnjährige Reise unternehmen sollte; dann an einem Oktobermorgen, nach einer schlaflosen Nacht, stiegen die beiden Frauen und der Baron mit ihm in die Kalesche, die im Trab der beiden Pferde davonfuhr.

Man hatte schon bei einer früheren Reise seinen Platz im Schlafsaal und im Klassenzimmer ausgesucht. Jeanne verbrachte, unterstützt von Tante Lison, den ganzen Tag damit, die Kleidungsstücke in die kleine Kommode einzuräumen. Da das Möbelstück nicht die Hälfte von dem faßte, was man mitgebracht hatte, ging sie den Direktor holen, um ein zweites zu erlangen. Der Verwalter wurde gerufen; er machte darauf aufmerksam, daß soviel Wäsche und Sachen nur hinderlich wären, ohne jemals von Nutzen zu sein, und er weigerte sich auf Grund der Hausordnung, eine andere Kom-

mode zu stellen. Da entschloß sich die verzweifelte Mutter, in einem kleinen, benachbarten Hotel ein Zimmer zu mieten, indem sie dem Wirt einschärfte, auf den ersten Wink des Knaben ihm alles, was er etwa nötig haben sollte, selbst zu bringen.

Dann machte man einen Spaziergang an den Hafen, um die Schiffe ein- und ausfahren zu sehen.

Der traurige Abend senkte sich über die Stadt, in der sich nach und nach die Lichter entzündeten. Man ging in ein Restaurant, um zu Abend zu essen. Keiner von ihnen hatte Hunger, und sie sahen sich feuchten Auges an, während die Schüsseln an ihnen vorbeizogen und beinahe unberührt wieder zurückgingen.

Dann machte man sich langsam auf den Weg zum Gymnasium. Kinder von allen Größen kamen von allen Seiten herbei, geführt von ihren Familien oder von Dienstboten. Viele weinten. Man hörte Schluchzen in dem großen, kaum erleuchteten Hof.

Jeanne und Puttchen hielten sich lange umschlungen. Tante Lison hielt sich rückwärts, ganz und gar vergessen, das Gesicht in ihrem Taschentuch. Doch der Baron, der anfing, gerührt zu werden, kürzte den Abschied ab, indem er seine Tochter mit sich zog. Die Kalesche wartete vor dem Tor; sie stiegen alle drei ein und fuhren in die Nacht hinaus, zurück nach Les Peuples.

Manchmal zog ein lautes Schluchzen hinaus in das Dunkel.

Am nächsten Tag weinte Jeanne bis zum Abend. Am darauffolgenden ließ sie den Phaeton anspannen und fuhr nach Le Havre. Puttchen schien sich mit der Trennung schon abgefunden zu haben. Das erstemal in seinem Leben hatte er Kameraden, und vor Begierde zu spielen, zappelte er auf seinem Stuhl im Sprechzimmer.

So kam Jeanne jeden zweiten Tag und Sonntag zum Ausgehen. Da sie nicht wußte, was sie während der Schulstunden zwischen den Pausen anfangen sollte, blieb sie im Sprechzimmer sitzen, ohne die Kraft oder den Mut, sich vom Gymnasium zu entfernen. Der Direktor ließ sie bitten, ihn zu besuchen, und bat sie, weniger oft zu kommen. Sie leistete dieser Aufforderung keine Folge.

Darauf teilte er ihr mit, wenn sie fortfahre, ihren Sohn am Spielen während der Erholungsstunden und am Arbeiten zu hindern, indem sie ihn unablässig störe, würde man sich gezwungen sehen, ihn ihr zurückzugeben; und man verständigte brieflich den Baron.

So wurde sie denn in Les Peuples nicht aus den Augen gelassen wie eine Gefangene.

Und ihre Seele war in unaufhörlicher Unruhe. Sie fing an, in der Gegend herumzustreichen, ging ganze Tage lang allein mit dem Hund Massacre spazieren und träumte ins Leere. Zuweilen saß sie einen ganzen Nachmittag lang auf der Höhe der Steilküste und sah auf das Meer hinaus; zuweilen ging sie durch den Wald bis nach Yport hinunter, machte die Spaziergänge, deren Erinnerung sie heimsuchte, noch einmal. Wie war sie fern, wie war sie fern die Zeit, wo sie durch diese gleiche Landschaft gewandert war als junges, von Träumen trunkenes Mädchen.

Jedesmal, wenn sie ihren Sohn wiedersah, war es ihr, als seien sie zehn Jahre getrennt gewesen. Er wurde von Monat zu Monat ein Mann; sie wurde von Monat zu Monat eine alte Frau. Ihr Vater schien ihr Bruder, und Tante Lison, die nicht alterte, denn sie war seit ihrem fünfundzwanzigsten Jahre verwelkt, sah aus wie eine ältere Schwester.

Puttchen arbeitete recht wenig; die Quarta machte er zweimal. In der Tertia ging es schlecht und recht; doch die Sekunda mußte er wiederholen; und er befand sich in der Prima, als er das zwanzigste Lebensjahr erreichte.

Er war ein großer blonder Bursche geworden mit schon dichtem Backenbart und dem Anflug eines Schnurrbartes. Jetzt war er es, der jeden Sonntag nach Les Peuples kam. Da er schon längst Reitstunden nahm, mietete er einfach ein Pferd und machte den Weg in zwei Stunden.

Schon am frühen Morgen ging Jeanne ihm entgegen mit der Tante und dem Baron, der allmählich gebeugt ging wie ein schwacher Greis, die Hände auf dem Rücken, wie um nicht auf die Nase zu fallen.

Sie gingen ganz langsam auf der Straße hin, setzten sich zuweilen an den Straßengraben und blickten in die Ferne, ob man den Reiter noch nicht sähe. Sobald er wie ein schwarzer Punkt auf dem weißen Strich auftauchte, winkten die drei Angehörigen mit den Taschentüchern, und er brachte sein Pferd in Galopp, um wie ein Sturmwind angeritten zu kommen, was Jeanne und Lison in zitternde Furcht und den Großvater, der mit dem Enthusiasmus eines Krüppels »Bravo« schrie, in Begeisterung versetzte.

Obwohl Paul einen Kopf größer war als seine Mutter, behandelte sie ihn stets wie ein Baby und fragte immer noch: »Hast du nicht kalte Füße, Puttchen?« und wenn er nach dem Mittagessen, eine Zigarette rauchend, vor der Freitreppe auf und ab ging, öffnete sie das Fenster, um ihm zuzurufen: »Geh nicht ohne Kopfbedeckung hinaus, ich bitte dich darum, du wirst einen Schnupfen kriegen.«

Und sie bebte vor Sorge, wenn er nachts zurückritt: »Vor allem nicht zu schnell, mein kleines Puttchen, sei vorsichtig, denk an deine arme Mutter, die verzweifelt wäre, wenn dir etwas passierte.«

Doch da erhielt sie eines Sonnabend morgens einen Brief von Paul, der ihr mitteilte, daß er morgen nicht kommen würde, da Freunde eine Lustbarkeit veranstalteten, zu der er eingeladen sei.

Den ganzen Sonntag lang wurde sie von Ängsten gequält, wie unter einem drohenden Unheil. Endlich am Donnerstag hielt sie es nicht mehr aus und fuhr nach Le Havre.

Er schien ihr verändert, ohne daß sie sich klarwerden konnte inwiefern. Er schien angeregt, sprach mit männlicher Stimme. Und plötzlich sagte er zu ihr, als ob es ganz natürlich wäre: »Weißt du, Mama, da du ja heute da bist, werde ich nächsten Sonntag wieder nicht nach Les Peuples kommen, denn wir feiern unser Fest noch einmal.«

Sie war ganz bestürzt, die Kehle war ihr zugeschnürt, als hätte er ihr angekündigt, daß er nach der Neuen Welt verreise; dann, als sie endlich sprechen konnte: »Oh, Puttchen, was hast du, sag mir, was geht vor?« Er fing an zu lachen und umarmte sie: »Aber ganz und gar nichts, Mama. Ich will mich mit meinen Freunden amüsieren, das tut man in meinem Alter.«

Sie fand kein Wort der Erwiderung, und als sie ganz allein in ihrem Wagen war, stürmten sonderbare Ideen auf sie ein. Sie hatte es nicht wiedererkannt, ihr Puttchen, ihr kleines Puttchen von früher. Das erstemal in ihrem Leben wurde sie inne, daß er groß war, daß er nicht mehr ihr gehörte, daß er nun sein Leben leben würde, ohne sich um die Alten zu kümmern. Es schien ihr, als habe er sich in einem Tag umgewandelt. Wie! das war ihr Sohn, ihr liebes Kindchen, für das sie früher Salat umpflanzen mußte, dieser kräftige, bärtige Bursche, dessen Wille sich festigte!

Und während dreier Monate besuchte Paul seine Angehörigen nur von Zeit zu Zeit, immer von dem augenscheinlichen Wunsch

besessen, so schnell als möglich wieder wegzukommen, indem er jeden Abend versuchte, eine Stunde zu gewinnen. Jeanne regte sich auf, und der Baron tröstete sie unaufhörlich, indem er wiederholte: »Laß ihn gewähren, er ist zwanzig Jahre alt, der Junge.«

Aber eines Morgens fragte ein ziemlich schäbig gekleideter alter Mann mit jüdischem Akzent nach der »gnädigen Frau Gräfin«. Und nach vielen feierlichen Bücklingen zog er aus seiner Tasche ein schmutziges Portefeuille und erklärte: »Ich hab' e kleines Papierchen für Sie«, und er entfaltete ein fettiges Stück Papier und hielt es ihr hin. Sie las, las noch einmal, blickte den Juden an, las wieder und fragte: »Was soll das bedeuten?«

Der Mann erklärte unterwürfig: »Ich wer's der Frau Gräfin sagen. Ihr Sohn hat gebraucht e bissel Geld, und da ich hab' gewußt, daß Sie sind e gute Mutter, hab' ich ihm geborgt e Kleinigkeit für seinen Gebrauch.«

Sie zitterte: »Aber warum hat er mich nicht darum gebeten?« Der Jude erklärte ihr weitschweifig, daß es sich um eine Spielschuld gehandelt hatte, die am folgenden Tag vor zwölf Uhr gezahlt werden mußte, und da Paul noch nicht mündig war, hatte ihm niemand etwas geliehen, und seine »Ehre wäre gewesen in Gefahr« ohne den »kleinen gefälligen Dienst«, den er dem jungen Manne erwiesen hatte.

Jeanne wollte den Baron rufen, konnte sich aber – so sehr lähmte sie die Aufregung – nicht erheben. Schließlich sagte sie zu dem Wucherer: »Wollen Sie so liebenswürdig sein zu läuten?«

Er zögerte, fürchtete eine List und stotterte: »Wenn ich Sie sollte schenieren, komm' ich wieder e andermal.«

Sie schüttelte zum Zeichen der Verneinung den Kopf. Er läutete, und sie warteten, beide stumm einander gegenüber.

Als der Baron kam, begriff er sofort die Sachlage. Der Wechsel lautete auf fünfzehnhundert Francs. Er zahlte tausend und sagte dem Manne Aug in Auge: »Kommen Sie ja nicht wieder.« Der andere dankte, machte einen Bückling und verschwand.

Der Großvater und die Mutter fuhren unverzüglich nach Le Havre, aber als sie ins Gymnasium kamen, erfuhren sie, daß Paul seit einem Monat nicht mehr dort erschienen war. Der Direktor hatte vier Briefe mit der Unterschrift Jeannes erhalten, die die Erkrankung seines Schülers und Nachrichten über deren Verlauf

enthielten. Jeder Brief war von einem ärztlichen Zeugnis begleitet; alles war selbstverständlich gefälscht. Sie waren niedergeschmettert, standen da und starrten sich an.

Der Direktor drückte sein Bedauern aus und führte sie zum Polizeikommissar. Die beiden Angehörigen übernachteten im Hotel.

Am nächsten Morgen fand man den jungen Menschen bei einem ausgehaltenen Mädchen der Stadt. Der Großvater und die Mutter nahmen ihn mit nach Les Peuples, ohne daß während der ganzen Fahrt ein Wort zwischen ihnen gewechselt wurde. Jeanne weinte, das Gesicht in ihr Taschentuch gedrückt. Paul blickte mit gleichgültigem Ausdruck in die Felder hinaus.

In acht Tagen entdeckte man, daß er während der letzten Monate fünfzehntausend Francs Schulden gemacht hatte. Die Gläubiger hatten sich nicht gleich gezeigt, da sie wußten, er würde bald großjährig sein.

Es fand keine Auseinandersetzung statt. Man wollte ihn durch Sanftmut wiedergewinnen. Man gab ihm delikate Speisen zu essen, hätschelte und verzog ihn. Es war Frühling, man mietete ihm, Jeannes Ängsten zum Trotz, ein Segelboot in Yport, damit er nach Herzenslust auf dem Meer spazierenfahren konnte.

Man ließ ihm kein Pferd, aus Furcht, er würde nach Le Havre reiten.

So blieb er immer müßig, reizbar, zuweilen brutal. Der Baron beunruhigte sich wegen seines unvollständigen Studiengangs. Jeanne, bei dem Gedanken an eine Trennung außer sich, fragte sich dennoch, was man mit ihm tun solle.

Eines Abends kam er nicht nach Hause. Man erfuhr, daß er im Segelboot mit zwei Matrosen abgefahren sei. Die Mutter war fassungslos und lief nachts ohne Kopfbedeckung bis nach Yport hinunter.

Ein paar Männer warteten am Strand auf die Rückkehr des Bootes.

Ein kleines Licht erschien draußen auf See, es näherte sich schaukelnd. Paul war nicht mehr an Bord. Er hatte sich nach Le Havre fahren lassen.

Die Polizei hatte gut suchen, sie fand ihn nicht wieder. Die Dirne, die ihn das erstemal versteckt hatte, war auch verschwunden, ohne

Spuren zu hinterlassen; ihr Mobiliar war verkauft, ihre Miete bezahlt. In Pauls Zimmer in Les Peuples entdeckte man zwei Briefe dieses Frauenzimmers, das ihn wahnsinnig zu lieben schien. Sie sprach von einer Reise nach England, da sie, wie sie sagte, die nötigen Mittel gefunden habe.

Und die drei Bewohner des Schlosses lebten schweigend und düster in der trostlosen Hölle moralischer Qualen. Die schon grauen Haare Jeannes waren weiß geworden. Sie fragte sich naiv, warum das Schicksal sie so geschlagen habe.

Sie erhielt einen Brief von Abbé Tolbiac: »Madame, die Hand Gottes lastet schwer auf Ihnen. Sie haben Ihm Ihr Kind verweigert, nun hat Er es Ihnen genommen, um es einer Prostituierten hinzuwerfen. Wird Ihnen dieser Fingerzeig des Himmels nicht die Augen öffnen? Die Barmherzigkeit des Herrn ist unendlich. Vielleicht wird Er Ihnen verzeihen, wenn Sie kommen, sich vor Ihm auf die Knie zu werfen. Ich bin Sein demütiger Diener, ich werde Ihnen das Tor Seiner Wohnung öffnen, wenn Sie daran klopfen werden.«

Lange blieb sie mit diesem Brief auf ihrem Schoß. Es war vielleicht wahr, was dieser Geistliche sagte. Und alle religiösen Zweifel begannen ihr Gewissen zu zerreißen. Konnte Gott rachsüchtig und eifersüchtig sein wie die Menschen? Freilich, wenn er sich nicht eifersüchtig zeigte, würde ihn niemand mehr fürchten, niemand mehr anbeten. Nur um sich besser zu erkennen zu geben, offenbarte er sich sicher den Menschen mit ihren eigenen Gefühlen. Und der feige Zweifel, der die Zögernden, die Verwirrten in die Kirche treibt, zog in sie ein. Eines Abends lief sie heimlich bei einbrechender Nacht bis zum Pfarrhaus, warf sich zu Füßen des magern Abbé auf die Knie und flehte um Absolution.

Er versprach ihr eine halbe Verzeihung, Gott könne nicht alle seine Gnaden auf ein Dach ausschütten, das einen Mann wie den Baron beherberge. »Bald werden Sie«, so versicherte er, »die Wirkungen der göttlichen Milde spüren.«

In der Tat erhielt sie zwei Tage später einen Brief ihres Sohnes; und in dem Wahnwitz ihrer Qualen sah sie ihn als den Anfang der Tröstungen an, die ihr der Abbé versprochen hatte.

»Liebe Mama!

Mach Dir keine Sorge. Ich bin in London bei guter Gesundheit,

aber ich brauche dringend Geld. Wir haben keinen Sou mehr, und wir essen nicht jeden Tag. Diejenige, die mit mir ist, und die ich von ganzem Herzen liebe, hat alles, was sie hatte, ausgegeben, um mich nicht verlassen zu müssen: fünftausend Francs; und Du begreifst, daß ich mit meiner Ehre verpflichtet bin, ihr zuallererst diese Summe zurückzugeben. Es wäre also sehr liebenswürdig von Dir, mir auf Papas Erbschaft etwa fünfzehntausend Francs vorzustrekken, da ich ja doch bald großjährig werde. Du würdest mir aus einer großen Verlegenheit helfen.

Lebe wohl, meine teuere Mama, ich umarme Dich von ganzem Herzen, ebenso wie den Großvater und Tante Lison; ich hoffe, Dich bald wiederzusehen.

Dein Sohn

Vicomte Paul de Lamare.«

Er hatte ihr geschrieben! Also vergaß er sie nicht. Sie bedachte nicht, daß er Geld verlangte. Man würde ihm eben welches schicken, wenn er keines mehr hatte. Was kümmerte sie das Geld! Er hatte ihr geschrieben!

Und sie lief weinend zum Baron, um ihm den Brief zu bringen. Tante Lison wurde gerufen; und man las dies Blatt Papier, das von ihm erzählte, Wort für Wort noch einmal. Jeder Ausdruck wurde diskutiert.

Jeanne sprang aus der vollständigen Verzweiflung zu einer Art Hoffnungsrausch über, sie verteidigte Paul: »Er wird wiederkommen, er wird bald wiederkommen, denn er schreibt ja.«

Der Baron war gefaßter, er sagte: »Einerlei, er hat uns wegen dieser Frauensperson verlassen. Also liebt er sie mehr als uns, denn er hat nicht gezögert, es zu tun.«

Ein plötzlicher, furchtbarer Schmerz durchzuckte Jeannes Herz; und im selben Augenblick flammte ein Haß in ihr auf gegen diese Geliebte, die ihr ihren Sohn stahl, ein unversöhnlicher, wilder Haß, der Haß der eifersüchtigen Mutter. Bisher war ihr ganzes Denken nur auf Paul gerichtet gewesen, kaum daß ihr einfiel, daß an allen seinen Verirrungen eine Dirne schuld war. Doch die Äußerung des Barons hatte mit einem Male diese Nebenbuhlerin auf den Plan gerufen und ihre verhängnisvolle Macht offenbart; sie fühlte, daß zwischen diesem Weibe und ihr ein erbitterter Kampf begann, und

es wurde ihr klar, daß sie lieber ihren Sohn verlieren wollte, als ihn mit der andern teilen.

Und ihre ganze Freude brach zusammen.

Sie schickten die fünfzehntausend Francs und erhielten fünf Monate lang keine Nachricht mehr.

Dann erschien ein Sachwalter, um die Erbschaft nach Julien im einzelnen zu regeln. Jeanne und der Baron legten den Vormundschaftsbericht vor, ohne zu streiten, sie gaben sogar die Nutznießung preis, die der Mutter zukam. Und Paul nahm, nach Paris zurückgekehrt, hundertzwanzigtausend Francs in Empfang. Er schrieb nun in sechs Monaten vier Briefe, gab in gedrängten Worten Nachricht und schloß mit kalten Liebesbeteuerungen. »Ich arbeite«, versicherte er, »habe eine Stellung an der Börse gefunden. Ich hoffe, Euch eines Tages in Les Peuples zu umarmen, meine lieben Anverwandten.«

Seine Mätresse erwähnte er mit keinem Wort; und dieses Schweigen bedeutete mehr, als wenn er vier Seiten lang von ihr gesprochen hätte. Jeanne fühlte in diesen frostigen Briefen dieses Weib im Hinterhalt, unerbittlich, sie, die ewige Feindin der Mütter, die Dirne.

Die drei Einsamen erörterten, was man wohl tun könnte, um Paul zu retten, und fanden nichts. Nach Paris reisen? Wozu?

Der Baron sagte: »Man muß seine Leidenschaft verrauchen lassen. Er wird ganz von selbst zu uns zurückkehren.«

Und ihr Leben war erbärmlich.

Jeanne und Lison gingen zusammen in die Kirche und verbargen es dem Baron.

Ziemlich viel Zeit verging ohne Nachricht, dann erschreckte sie eines Morgens ein verzweifelter Brief.

»Liebe, arme Mama!

Ich bin verloren. Mir bleibt nichts, als mir eine Kugel vor den Kopf zu schießen, wenn Du mir nicht hilfst. Soeben ist eine Spekulation, die mir alle Chancen des Erfolges bot, gescheitert; ich schulde fünfundachtzigtausend Francs. Das bedeutet Entehrung, Ruin, die Unmöglichkeit, etwas Neues zu beginnen, wenn ich nicht zahle. Ich bin verloren. Ich wiederhole, ich werde mir lieber eine Kugel vor den Kopf schießen, als diese Schande zu überleben.

Vielleicht hätte ich es schon getan, ohne den Zuspruch einer Frau, die ich Dir gegenüber nie erwähne und die meine Vorsehung ist.

Ich küsse Dich von ganzem Herzen, meine teure Mama, vielleicht ist es das letztemal. Lebewohl.

Paul«

Bündel von Geschäftspapieren, die diesem Briefe beigelegt waren, gaben über das Unglück eingehende Auskunft.

Der Baron erwiderte mit umgehender Post, daß man Rat schaffen würde. Darauf reiste er nach Le Havre, um Erkundigungen einzuziehen, und nahm Hypotheken auf, um sich das Geld zu verschaffen, das man Paul schickte.

Der junge Mann erwiderte in drei Briefen voll begeisterten Dankes und leidenschaftlicher Zärtlichkeit, er kündigte seine unverzügliche Ankunft an, um seine teuren Anverwandten zu umarmen.

Er kam nicht.

Ein ganzes Jahr verstrich.

Jeanne und der Baron waren im Begriff, nach Paris zu reisen, um ihn aufzusuchen und einen letzten Versuch zu machen, als sie durch einen kurzen Brief erfuhren, daß er wiederum in London war und unter der Sozietätsfirma »Paul Delamare & Cie.« ein Dampfschiffsunternehmen gründete. Er schrieb: »Ich bin sicher, ein Vermögen, vielleicht Reichtümer zu erwerben. Und ich riskiere nichts. Ihr erseht sofort alle Vorteile. Wenn ich Euch wiedersehe, werde ich eine schöne Stellung in der Welt haben. Heutzutage kann man sich nur mit Geschäften aus der Verlegenheit ziehen.«

Drei Monate später wurde die Dampfschiffahrtsgesellschaft bankrott erklärt und der Direktor wegen Unregelmäßigkeiten bei der Buchführung verfolgt. Jeanne hatte eine Nervenkrise, die mehrere Stunden dauerte; dann legte sie sich zu Bett.

Der Baron fuhr wieder nach Le Havre, zog Erkundigungen ein, hatte Zusammenkünfte mit Advokaten, Agenten, Sachwaltern und Gerichtsvollziehern, stellte fest, daß das Defizit der Firma Delamare zweihundertfünfunddreißigtausend Francs betrug, und nahm von neuem Hypotheken auf seine Güter auf. Das Schloß Les Peuples und die beiden angrenzenden Pachthöfe wurden mit einer beträchtlichen Summe belastet.

Eines Abends, als er in dem Büro eines Sachwalters die letzten Formalitäten erledigte, stürzte er von einem Schlaganfall getroffen auf den Fußboden hin.

Jeanne wurde durch einen reitenden Boten verständigt. Als sie ankam, war er tot.

Sie brachte ihn nach Les Peuples zurück; sie war so vernichtet, daß ihr Schmerz eher eine Erstarrung als eine Verzweiflung war.

Der Abbé Tolbiac verweigerte der Leiche den Eintritt in die Kirche, trotz des verzweifelten Flehens der beiden Frauen. Der Baron wurde bei einbrechender Nacht ohne jede Feierlichkeit begraben.

Paul erfuhr das Ereignis durch einen der Agenten, der seinen Konkurs liquidierte. Er war noch in England versteckt. Er schrieb, um sich wegen seines Nichtkommens zu entschuldigen, er habe das Unglück zu spät erfahren. »Übrigens komme ich jetzt, wo Du, liebe Mama, mich aus der Verlegenheit gezogen hast, nach Frankreich zurück und werde Dich bald umarmen.«

Jeanne lebte in einem solchen Zusammenbruch ihrer Geisteskräfte, daß sie gar nichts mehr aufzufassen schien.

Gegen Ende des Winters bekam Tante Lison, die jetzt achtundsechzig Jahre alt war, eine Bronchitis, die in eine Lungenentzündung ausartete; sie verschied sanft, indem sie flüsterte: »Arme kleine Jeanne, ich werde den lieben Gott bitten, daß er Mitleid mit dir hat.«

Jeanne ging mit auf den Friedhof, sah die Erde über den Sarg fallen, und als sie zusammenbrach mit dem Wunsch in ihrem Herzen, auch zu sterben, nicht mehr zu leiden, nicht mehr zu denken, nahm eine kräftige Bäuerin sie in ihre Arme und trug sie davon wie ein kleines Kind.

Ins Schloß zurückgekehrt, ließ sich Jeanne, die fünf Nächte am Lager der alten Jungfer verbracht hatte, von dem unbekannten Bauernweib, das sanft und entschlossen über sie verfügte, widerstandslos zu Bett bringen; und sie verfiel, von Müdigkeit und Leid überwältigt, in einen Schlaf der Erschöpfung.

Gegen Mitternacht wachte sie auf. Eine Nachtlampe brannte auf dem Kamin. Ein Weib schlief in einem Lehnstuhl. Wer war dieses Weib? Sie erkannte es nicht, und sie spähte, über den Bettrand vorgebeugt, um bei dem zitternden Licht der Öllampe seine Gesichtszüge zu unterscheiden.

Ihr war doch, als hätte sie dieses Gesicht schon gesehen? Aber wann? Aber wo? Das Weib schlief friedlich, den Kopf auf die Schulter geneigt. Die Haube war zu Boden gefallen. Es mochte vierzig bis fünfundvierzig Jahre alt sein. Es war kräftig, im Gesicht lebhaft gefärbt, vierschrötig, stämmig. Die großen Hände hingen herab zu beiden Seiten des Stuhles. Die Haare fingen an, grau zu werden. Jeanne betrachtete sie beharrlich in der geistigen Verwirrung, wie sie das Erwachen nach dem fieberhaften Schlaf, der auf schwere Schicksalsschläge folgt, mit sich bringt.

Freilich, sie hatte dieses Gesicht schon gesehen! War es lange her? Oder vor kurzem? Sie wußte es nicht. Und diese bohrende Frage regte sie auf, machte sie ungeduldig. Sie erhob sich leise, um die Schlafende mehr aus der Nähe zu sehen, sie schlich sich auf den Fußspitzen heran. Es war das Weib, das sie auf dem Friedhof aufgehoben und dann ins Bett gelegt hatte. Daran erinnerte sie sich dunkel.

Aber war sie ihr anderswo begegnet, zu einer andern Zeit ihres Lebens? Oder glaubte sie sie bloß durch die unbestimmte Erinnerung des letzten Tages wiederzuerkennen? Und dann: wieso war sie hier in ihrem Zimmer? Warum?

Das Weib hob die Lider, erblickte Jeanne und sprang auf. Sie standen einander Auge in Auge gegenüber, so nahe, daß ihre Busen sich berührten. Die Unbekannte brummte: »Wie, Sie sind auf! Sie werden sich noch was Schlimmes holen um diese Zeit. Werden Sie sich gleich wieder ins Bett legen!«

Jeanne fragte: »Wer sind Sie?«

Doch das Weib öffnete die Arme, umfaßte sie, hob sie wieder auf und trug sie in ihr Bett, mit der Kraft eines Mannes. Und als sie Jeanne sanft wieder in ihre Kissen gelegt hatte, brach sie, über sie geneigt, beinahe auf ihr liegend, in Weinen aus, küßte sie leidenschaftlich auf die Wangen, die Haare, die Augen, benetzte ihr Gesicht mit Tränen und stammelte: »Meine arme Herrin, Fräulein Jeanne, meine arme Herrin, erkennen Sie mich denn gar nicht?«

Und Jeanne schrie auf: »Rosalie, mein Mädchen!« Sie warf die Arme um ihren Hals, preßte sie an sich und küßte sie. Und sie schluchzten alle beide, eng umschlungen, ihre Tränen vermischend, sie konnten die Arme nicht mehr voneinander lösen.

Rosalie beruhigte sich zuerst. »Na«, sagte sie, »wir müssen

vernünftig sein und uns keine Erkältung holen.« Und sie zog die Decken hinauf, steckte sie wieder ein, legte das Kissen unter dem Kopf ihrer ehemaligen Herrin zurecht, die, ganz vibrierend von alten Erinnerungen, die in ihrer Seele wach wurden, immer noch schluchzend nach Atem rang.

Schließlich fragte sie: »Wieso bist du wiedergekommen, mein gutes Mädchen?«

Rosalie antwortete: »Sakrament, hab' ich Sie denn so lassen können, so ganz allein?«

Jeanne sagte wieder: »Zünde eine Kerze an, damit ich dich sehe.« Und als das Licht auf dem Nachttisch stand, betrachteten sie sich lange, ohne ein Wort zu sagen. Dann hielt Jeanne ihrem ehemaligen Dienstmädchen die Hand hin und flüsterte: »Ich hätte dich nie wiedererkannt, mein Mädchen, du hast dich sehr verändert, weißt du, aber doch nicht so sehr wie ich.«

Und Rosalie betrachtete diese weißhaarige, magere und verwelkte Frau, die sie jung, schön und blühend verlassen hatte, und antwortete: »Das ist wahr, Sie haben sich verändert, Frau Jeanne, und mehr als nötig. Aber denken Sie auch, daß es jetzt vierundzwanzig Jahre her ist, seit wir uns nicht gesehen haben.«

Sie schwiegen, dachten von neuem nach. Endlich flüsterte Jeanne: »Bist du wenigstens glücklich gewesen?«

Rosalie zögerte aus Furcht, allzu schmerzliche Erinnerung wachzurufen, sie stotterte: »Ja ... ja doch ... Madame. Ich darf mich nicht zu sehr beklagen, ich bin glücklicher gewesen als Sie ... das sicher. Nur eines hat immer an meinem Herzen genagt, daß ich nicht hier geblieben bin ...« Und sie brach plötzlich ab, ganz betroffen, daß sie nun doch daran gerührt hatte, ohne es zu beabsichtigen. Doch Jeanne erwiderte ernst: »Ja, ja, mein Mädchen, man tut nicht immer, was man will. Du bist auch Witwe, nicht wahr?« Dann kam ein Zittern der Qual in ihre Stimme, sie fuhr fort: »Hast du noch ... noch andere Kinder?«

»Nein, Madame.«

»Und er, dein ... dein Sohn ... was ist aus ihm geworden? Bist du zufrieden mit ihm?«

»Ja, Madame, er ist ein braver Bursche, der mächtig arbeitet. Vor einem halben Jahr hat er geheiratet, und jetzt übernimmt er meinen Hof, denn ich bleibe ja jetzt wieder bei Ihnen.«

Jeanne flüsterte, vor Rührung zitternd: »Du verläßt mich also nicht mehr, mein Mädchen?«

Und Rosalie erwiderte schroff: »Ganz gewiß, Madame, ich hab' meine Anstalten getroffen.«

Dann sprachen sie eine Weile nicht mehr.

Und wieder fing Jeanne fast wider Willen ihrer beider Dasein zu vergleichen an, doch ohne Bitterkeit im Herzen, sie hatte sich jetzt mit den ungerechten Grausamkeiten des Schicksals abgefunden. Sie fragte: »Wie war dein Mann mit dir?«

»Oh, er war ein guter Mann, Madame, und kein Nichtstuer, nein, einer, der Geld und Gut zusammenzuhalten weiß. Er ist an einer Brustkrankheit gestorben.«

Da setzte sich Jeanne in ihrem Bett auf und sagte, von einem Bedürfnis, alles zu erfahren, erfüllt: »Geh, erzähl mir alles, mein Mädchen, dein ganzes Leben. Das wird mir heute wohltun.«

Und Rosalie zog einen Stuhl heran und begann zu erzählen, von sich, von ihrem Haus, von ihrer Familie, sie ging auf die geringfügigsten Einzelheiten ein, die den Landleuten am Herzen liegen, beschrieb ihren Hof, lachte zuweilen bei dem Gedanken an alte Geschichten auf, die sie an glücklich verlebte Augenblicke erinnerten, erhob allmählich immer lauter die Stimme, als Bäuerin, die zu befehlen gewohnt ist. Und sie schloß mit der Erklärung: »Ja, ich habe heute mein schönes Stück Land unter der Sonne, ich hab' keine Angst.« Dann geriet sie wieder in Verwirrung und fuhr leiser fort: »Das alles verdanke ich schließlich Ihnen, ich will auch keinen Lohn haben, wissen Sie. Nein, keinesfalls, keinesfalls! Und wenn es Ihnen nicht recht ist, geh' ich weg.«

Jeanne erwiderte: »Du hast doch nicht etwa die Absicht, mir umsonst zu dienen?«

»Na, und ob, Madame. Geld! Sie sollen mir Geld geben! Ich hab' doch fast gerad' so viel wie Sie. Ja, wissen Sie denn überhaupt, was Ihnen bleibt bei diesem Wirrwarr von Hypotheken und Leihgeldern und Zinsen, die nicht bezahlt sind und bei jedem Termin anwachsen? Wissen Sie es? Nein, nicht wahr? Nun, ich stehe Ihnen dafür ein, daß Sie nicht einmal zehntausend Francs Einkommen haben. Keine zehntausend, hören Sie. Aber ich werde Ihnen das alles in Ordnung bringen, und schnell noch dazu.«

Sie war wieder in ihre laute Redeweise verfallen, geriet in

Aufregung, entrüstete sich über diese vernachlässigten Interessen, über den drohenden Ruin. Und als ein leises Lächeln der Rührung über das Gesicht ihrer Herrin zog, rief sie empört aus: »Sie sollen darüber nicht lachen, Madame, denn ohne Geld ist man ein Lump.«

Jeanne nahm ihre beiden Hände und behielt sie in den ihren, dann sagte sie langsam, immer von dem einen Gedanken, der in ihr bohrte, verfolgt: »Ach, ich habe kein Glück gehabt. Mir ist alles fehlgegangen. Das Verhängnis hatte es auf mich abgesehen.«

Aber Rosalie schüttelte den Kopf: »Das müssen Sie nicht sagen, Madame, das müssen Sie nicht sagen. Sie waren unglücklich verheiratet, das ist alles. Man verheiratet sich auch nicht so, ohne seinen Zukünftigen überhaupt zu kennen.«

Und sie fuhren fort, voneinander zu sprechen wie zwei alte Freundinnen.

Die Sonne ging auf, als sie noch immer redeten.

XII

Innerhalb acht Tagen hatte Rosalie die absolute Herrschaft über alle Dinge und alles Gesinde im Schlosse angetreten. Jeanne beschied sich und gehorchte widerstandslos. Schwach, die Beine nachschleppend, wie es vordem Mamachen getan hatte, ging sie am Arm ihres Dienstmädchens aus, das sie langsamen Schrittes spazieren führte, ihr predigte, sie mit rauhen und auch zärtlichen Worten tröstete und sie wie ein krankes Kind behandelte.

Sie sprachen immer von ehemals, Jeanne mit Tränen in der Stimme, Rosalie in dem ruhigen Ton der unerschütterlichen Bauern. Das alte Dienstmädchen kam einigemal auf die Angelegenheit der ungezahlten Zinsen zurück; dann verlangte sie die Herausgabe der Papiere, die Jeanne, in allen Geldgeschäften unbewandert, vor ihr versteckt hielt, da sie sich ihres Sohnes schämte.

Und jetzt unternahm Rosalie während einer Woche täglich eine Reise nach Fécamp, um sich die Dinge von einem Notar, den sie dort kannte, erklären zu lassen.

Eines Abends, nachdem sie ihre Herrin zu Bett gebracht hatte, setzte sie sich am Bett nieder und sagte unvermittelt: »Jetzt, wo Sie im Bett liegen, Madame, wollen wir plaudern.«

Und sie erklärte die Sachlage: Wenn alles geordnet sein würde, blieben noch sieben- bis achttausend Francs Jahresrente übrig; mehr nicht.

Jeanne antwortete: »Was weiter, Mädchen? Ich fühle gut, daß ich es nicht mehr lange mache; für mich wird es immer noch reichen.«

Da ärgerte sich Rosalie: »Schon möglich, Madame, was Sie selbst anbelangt; aber da ist Herr Paul, wollen Sie ihm nichts hinterlassen?«

Jeanne erschauerte. »Ich bitte dich, sprich mir niemals von ihm. Ich leide zu sehr, wenn ich daran denke.«

»Ganz im Gegenteil, ich will Ihnen nun gerade von ihm sprechen, weil das nicht rechtschaffen von Ihnen ist, Frau Jeanne, sehen Sie. Er macht Dummheiten; nun, er wird sie nicht immer machen; dann wird er heiraten; wird Kinder haben. Es wird Geld nötig sein, um sie aufzuziehen. Passen Sie gut auf! Sie werden Les Peuples verkaufen!«

Jeanne fuhr empor und setzte sich im Bett auf: »Les Peuples verkaufen! Was fällt dir ein? Nein, das niemals!«

Doch Rosalie kam nicht aus der Fassung: »Ich sage Ihnen, daß Sie es verkaufen werden, Madame, weil es sein muß.«

Und sie setzte ihre Berechnungen, ihre Pläne, ihre Schlußfolgerungen auseinander.

War Les Peuples und die beiden anliegenden Meierhöfe einmal an jenen Bewerber verkauft, den man schon ausfindig gemacht hatte, dann behielt man noch vier Meierhöfe in St. Léonard, die, von allen Hypotheken befreit, ein Einkommen von achttausenddreihundert Francs ergeben würden. Man würde dreizehnhundert Francs jährlich für Reparaturen und die Erhaltung der Güter beiseite legen; es blieben also siebentausend Francs, von denen man fünftausend für die Jahresausgaben nehmen würde; und zweitausend Francs hielte man für die Reservekasse zurück.

Sie fügte hinzu: »Das übrige ist alles aufgegessen; das ist futsch. Und ich werde die Schlüssel verwahren, hören Sie wohl. Und was Herrn Paul betrifft, so bekommt er nichts mehr, ganz und gar nichts; er würde Sie bis zum letzten Groschen ausziehen.«

Jeanne, die still vor sich hin weinte, murmelte: »Aber wenn er nichts zu essen hat?«

»So wird er zu uns essen kommen, wenn er Hunger hat. Ein Bett

und ein Stück Fleisch wird es immer für ihn geben. Glauben Sie, daß er all diese Dummheiten gemacht hätte, wenn Sie ihm von Anfang an keinen Groschen gegeben hätten?«

»Aber er hatte Schulden, er wäre ehrlos geworden.«

»Wenn Sie nichts mehr haben werden, wird es ein Hindernis für ihn sein, weiter welche zu haben? Sie haben für ihn gezahlt, gut; aber ich sage Ihnen, Sie werden nichts mehr zahlen. Nun gute Nacht, Madame.« Und sie ging.

Jeanne schlief nicht; sie verlor alle Fassung bei dem Gedanken, Les Peuples zu verkaufen, von hier fortzugehen, dieses Haus zu verlassen, an das ihr ganzes Leben geknüpft war.

Als sie tags darauf Rosalie in ihr Zimmer treten sah, sagte sie ihr: »Gutes Mädchen, ich werde mich niemals entschließen können, von hier fortzugehen.«

Da wurde die Magd ärgerlich: »Wird wohl doch so sein müssen, Madame. Der Notar wird bald mit einem herkommen, der Lust auf das Schloß hat. Sonst bleibt Ihnen nach vier Jahren nicht ein Radieschen mehr.«

Jeanne war vernichtet und wiederholte immer wieder: »Ich werde es nicht können, niemals werde ich es können.«

Eine Stunde später überreichte ihr der Briefträger einen Brief von Paul, der wieder zehntausend Francs verlangte. Was tun? Ganz bestürzt fragte sie Rosalie um Rat, die die Arme zum Himmel hob: »Was hab' ich Ihnen gesagt, Madame? Ah, das wäre was Sauberes geworden mit Ihnen beiden, wenn ich nicht zurückgekommen wäre!« Und Jeanne, die sich unter den Willen ihrer Magd beugte, antwortete dem jungen Mann:

»Mein lieber Sohn, ich kann nichts mehr für Dich tun; Du hast mich ruiniert; ich sehe mich sogar gezwungen, Les Peuples zu verkaufen. Doch vergiß nicht, daß Du immer ein Obdach hast, wenn Du einmal zu Deiner alten Mutter flüchten willst, die viel um Dich gelitten hat.

Jeanne.«

Und als der Notar mit Herr Jeoffrin kam, einem ehemaligen Zuckerraffineur, empfing sie die beiden selbst und lud sie ein, alles im einzelnen zu besichtigen.

Und einen Monat später unterschrieb sie die Verkaufsurkunde und kaufte gleichzeitig ein kleines Bürgerhaus, das nahe bei Goderville an der großen Straße nach Montvilliers im Flecken Batteville lag.

Dann ging sie bis zum Abend ganz allein in Mamachens Allee auf und ab mit zerrissenem Herzen und verstörtem Gemüt; dem Himmel, den Bäumen, der morschen Bank unter der Platane, all jenen Dingen, die ihr so bekannt waren, daß sie ins Innere ihrer Augen und in ihre Seele eingedrungen zu sein schienen, dem Wäldchen, dem Abhang am Rand der Heide, wo sie so oft gesessen hatte und von wo aus sie den Grafen Fourville hatte gegen das Meer zu laufen sehen, an jenem entsetzlichen Tage von Juliens Tod, auch einer alten, wipfellosen Ulme, an die sie sich zu lehnen pflegte, diesem ganzen vertrauten Garten, sandte sie ein verzweifeltes, schluchzendes Lebewohl zu.

Rosalie kam, nahm sie am Arm und zwang sie heimzugehen.

Ein großer Bauernbursche von fünfundzwanzig Jahren wartete vor der Haustür. Er begrüßte sie in freundschaftlichem Ton, als kenne er sie lange: »Guten Tag, Frau Jeanne, wie geht es Ihnen? Die Mutter hat mir gesagt, ich solle wegen der Übersiedlung kommen. Ich möchte gern wissen, was Sie mitnehmen, da ich das nur hin und wieder tun werde, um die Landarbeit nicht zu vernachlässigen.«

Es war der Sohn ihrer Magd, Juliens Sohn, Pauls Bruder.

Das Herz schien in ihr still zu stehen; und doch hätte sie diesen Jungen umarmen mögen.

Sie sah ihn an und forschte, ob er ihrem Gatten, ihrem Sohne gliche. Er war rot, kräftig, mit den blonden Haaren und blauen Augen seiner Mutter. Und doch glich er Julien. Worin? Wodurch? Sie wußte es nicht recht, aber er hatte etwas von ihm in dem ganzen Ausdruck seiner Gesichtszüge.

Der Bursche begann wieder: »Wenn Sie mir das sofort zeigen könnten, wäre es sehr freundlich von Ihnen.«

Aber sie wußte noch nicht, was sie sich entschließen würde mitzunehmen, da ihr neues Haus sehr klein war; und sie bat ihn gegen Ende der Woche wiederzukommen.

Von da ab beschäftigte sie ihre Übersiedlung und brachte in ihr ödes und hoffnungsleeres Leben eine trübselige Zerstreuung.

Sie ging von Zimmer zu Zimmer und suchte nach den Möbeln,

die ihr Geschehnisse ins Gedächtnis riefen, nach jenen befreundeten Möbeln, die einen Teil unseres Lebens, beinahe einen Teil unseres Ichs ausmachen, da wir sie von Jugend auf kennen, und an denen Erinnerungen der Freuden und Kümmernisse hängen, Daten unserer Geschichte; jenen Möbeln, die die stummen Gefährten süßer und düsterer Stunden waren, die neben uns gealtert sind und sich abgenützt haben mit stellenweise geplatztem Überzug und zerrissenem Futter, mit zitternden Gelenken und verblichenen Farben.

Sie wählte eines um das andere aus, zögerte oft, erregt, als gälte es, Entscheidungen über Tod oder Leben zu treffen, kam immer wieder auf einen gefaßten Entschluß zurück und wog die Vorzüge zweier Fauteuils oder irgendeines alten Schreibtisches gegen diejenigen eines ehemaligen Nähtischchens ab.

Sie öffnete die Schubladen, suchte sich an Tatsachen zu erinnern; und wenn sie sich endgültig gesagt hatte: Ja, dieses hier nehme ich mit, dann trug man das Stück in den Speisesaal hinunter.

Die Möbel ihres eigenen Zimmers wollte sie alle behalten, das Bett, die Wandteppiche, die Stutzuhr, alles.

Sie nahm einige Sessel aus dem Salon, und zwar diejenigen, deren Bilder sie seit ihrer frühen Kindheit liebte; den Fuchs und den Storch, den Fuchs und den Raben, die Grille und die Ameise und den melancholischen Reiher.

Und dann kam sie eines Tages, da sie in allen Winkeln und Ecken dieser Behausung, die sie verlassen sollte, umherstreifte, auch auf den Dachboden.

Sie stand still vor Staunen. Da war ein Gewirr von Dingen aller Gattungen, manches zerbrochen, manches nur beschmutzt, von manchem wußte man nicht, warum es da heraufgekommen war, etwa weil es nicht mehr gefiel, weil etwas anderes es ersetzt hatte. Sie sah tausend Kleinigkeiten, die sie ehemals gekannt hatte und die plötzlich verschwunden waren, ohne daß sie weiter an sie gedacht hätte, kleine Nichtigkeiten, mit denen sie hantiert, alte unbedeutende Dingelchen, die fünfzehn Jahre bei ihr herumgelegen waren, die sie tagtäglich gesehen hatte, ohne sie zu bemerken, und die nun mit einem Male, als sie sie auf diesem Dachboden wiederfand, neben andern noch ältern, auf deren Standort damals in der ersten Zeit ihres Hierseins sie sich genau besann, die Wichtigkeit vergesse-

ner Zeugen, wiedergefundener Freunde annahmen. Sie machten ihr den Eindruck von Leuten, mit denen man lange Zeit verkehrt hat, ohne daß sie sich offenbart haben, und plötzlich eines Abends, ganz ohne Anlaß, beginnen sie endlos zu plaudern und erzählen ihr Innerstes, von dem man nichts geahnt hat.

Sie ging vom einen zum andern, es stieß ihr das Herz ab, und sie sprach zu sich selbst: »Sieh doch, diesen Sprung in der chinesischen Tasse hab' ich gemacht eines Abends, ein paar Tage vor meiner Hochzeit. – Ach, da ist Mutters kleine Laterne und der Spazierstock, den Papachen zerbrach, als er das Gatter öffnen wollte, dessen Holz vom Regen aufgequollen war.«

Es gab da auch viele Dinge, die sie nicht kannte, die sie an nichts erinnerten, die von ihren Großeltern oder ihren Urgroßeltern stammten, Dinge, grau von Staub, in eine Zeit verbannt, die nicht mehr die ihre ist und die ob ihrer Verlassenheit traurig schienen, deren Geschichte, deren Abenteuer niemand kennt, da niemand diejenigen gesehen hat, welche sie ausgewählt, gekauft, besessen, geliebt, niemand jene Hände gekannt hat, die vertraulich mit ihnen umgegangen waren, noch jene Augen, die mit Wohlgefallen nach ihnen blickten.

Jeanne berührte sie, drehte sie herum und ließ die Spuren ihrer Finger in dem aufgehäuften Staub; und sie blieb inmitten dieses alten Hausrats, in dem trüben Licht, das durch ein paar kleine, in das Dach eingelassene Glasscheiben fiel.

Sie untersuchte einige Stühle mit drei Beinen aufs genaueste und forschte, ob sie ihr nichts ins Gedächtnis riefen, dann eine kupferne Bettflasche, eine Wärmflasche ohne Boden, die sie zu erkennen meinte, und einen Haufen ausgedienten Küchengeschirrs.

Dann sonderte sie ab, was sie mitnehmen wollte, ging hinunter und schickte Rosalie es holen. Die Magd war empört und weigerte sich, »diesen Mist« herunterzubringen. Aber Jeanne, die doch sonst keinen Willen mehr hatte, blieb diesmal fest; es blieb nichts übrig, als zu gehorchen.

Eines Morgens machte sich der junge Bauer, Juliens Sohn, Denis Lecoq, mit seinem Karren auf zu seiner ersten Fahrt. Rosalie begleitete ihn, um das Abladen zu überwachen und die Möbel an den gehörigen Platz zu stellen.

Als Jeanne allein geblieben war, begann sie, von einem Anfall

schrecklicher Verzweiflung ergriffen, durch die Gemächer des Schlosses zu irren, und umarmte in Ausbrüchen exaltierter Liebe alles, was sie nicht mitnehmen konnte, die großen weißen Vögel der Wandbehänge im Salon, alte Armleuchter, alles, was ihr in den Weg kam. So ging sie von einem Zimmer in das andere, wie von Sinnen, mit Augen, die von Tränen überströmten; dann ging sie hinaus, um dem Meer Lebewohl zu sagen.

Der September nahte sich seinem Ende, ein tiefhängender grauer Himmel schien auf der Erde zu lasten; die traurigen, gelblichen Wogen breiteten sich, so weit das Auge reichte. Sie stand lange an der steil abfallenden Küste, und ihr Kopf wälzte quälende Gedanken. Dann, als die Nacht anbrach, ging sie heim; sie hatte an diesem Tage ebensosehr gelitten wie in ihrer schwersten Leidenszeit.

Rosalie war zurück und erwartete sie, ganz entzückt von dem neuen Haus, das sie für viel luftiger erklärte als diesen großen Kasten, der nicht einmal an einer Landstraße lag.

Jeanne weinte den ganzen Abend.

Seitdem sie wußten, daß das Schloß verkauft war, hatten die Bauern eben nur die nötigste Rücksicht für sie und nannten sie untereinander »die Närrin«, ohne recht zu wissen warum, wohl weil ihr roher Instinkt die krankhafte, immer wachsende Empfindsamkeit witterte, ihre überspannten Träumereien, die ganze Zerrüttung dieser vom Unglück hin und her geworfenen Seele.

Am Tage vor ihrer Abreise trat sie zufällig in den Stall. Ein Knurren ließ sie erbeben. Es war Massacre, an den sie seit Monaten kaum gedacht hatte. Blind und gelähmt, zu einem Alter gelangt, das diese Tiere selten erreichen, vegetierte er noch auf einem Lager von Stroh, gepflegt von Ludivine, die ihn nicht vergaß. Sie nahm ihn in den Arm, küßte ihn und trug ihn ins Haus. Dick wie ein Faß, schleppte er sich kaum auf seinen steifen, gespreizten Beinen und bellte nach Art der Holzhunde, die man Kindern schenkt.

Endlich brach der letzte Tag an. Jeanne hatte in Juliens ehemaliger Stube geschlafen, da in der ihren die Möbel fehlten.

Sie stieg erschöpft und atemlos aus dem Bett, als ob sie eine weite Wanderung gemacht hätte. Der Wagen mit den Koffern und dem Rest der Möbel stand schon aufgeladen im Hof. Dahinter stand ein anderes zweirädriges Wägelchen angespannt, das die Herrin und die Magd tragen sollte.

Vater Simon und Ludivine sollten bis zur Ankunft des neuen Besitzers allein zurückbleiben und sich dann zu Verwandten zurückziehen; Jeanne hatte ihnen eine kleine Rente ausgesetzt. Übrigens hatten sie auch Ersparnisse. Sie waren nun sehr alte Dienstleute geworden, zu nichts nütze und geschwätzig. Marius, der verheiratet war, hatte längst das Haus verlassen.

Gegen acht Uhr begann es zu regnen, ein feiner, eisiger Regen, den eine leichte Brise vom Meer vor sich hertrieb. Man mußte den Wagen mit Decken bespannen. Es flogen schon Blätter von den Bäumen.

Auf dem Küchentisch dampften Schalen mit Milchkaffee. Jeanne setzte sich vor die ihre und trank sie in kleinen Schlucken aus; dann stand sie auf und sagte: »Gehen wir.«

Sie setzte den Hut auf, nahm den Umhang, und während Rosalie ihr Gummischuhe anzog, sprach sie mit zugeschnürter Kehle: »Kannst du dich erinnern, mein Kind, wie es regnete, als wir von Rouen abfuhren, um hierher zu kommen?«

Sie wurde von einer Art Krampf befallen, führte die Hände an die Brust und schlug ohnmächtig auf den Rücken hin.

Mehr als eine Stunde war sie wie tot; dann öffnete sie die Augen wieder, und von Tränenströmen begleitete Zuckungen ergriffen sie.

Als sie sich ein wenig beruhigt hatte, fühlte sie sich so schwach, daß sie nicht aufstehen konnte. Aber Rosalie, die, falls man die Abreise verzögerte, weitere Anfälle befürchtete, ging ihren Sohn holen. Sie nahmen sie, hoben sie auf, trugen sie davon, setzten sie in dem Wägelchen auf die mit Lackleder bezogene Holzbank nieder. Und die alte Magd, die Jeanne zur Seite eingestiegen war, umwikkelte ihr die Beine, bedeckte ihr die Schultern mit einem großen Mantel; dann rief sie, einen großen Regenschirm über ihren Kopf haltend: »Schnell, Denis, mach fort.«

Der junge Mann kletterte neben seine Mutter, setzte sich aus Platzmangel nur auf sein halbes Hinterteil und setzte sein Pferd in schnellen Trab, eine stoßende Gangart, die die beiden Frauen auf und ab hüpfen ließ.

Als man um die Ecke ins Dorf bog, sah man jemand auf der Straße auf und nieder gehen; es war der Abbé Tolbiac, der auf diese Abreise zu lauern schien.

Er blieb stehen, um den Wagen vorüber zu lassen, mit einer Hand hielt er die Soutane gefaßt aus Furcht vor den Pfützen des Wegs, und seine magern, mit schwarzen Strümpfen bekleideten Beine endeten in riesigen, kotigen Schuhen.

Jeanne senkte die Augen, um seinem Blick nicht zu begegnen; und Rosalie, die alles wußte, wurde wütend. Sie murmelte: »Lump, Lump!« Dann ergriff sie die Hand ihres Sohnes: »Pfeffer' doch eins mit der Peitsche hinein.«

Doch der junge Mann ließ im Augenblick, als er an dem Priester vorbeikam, das Rad seines Karrens, der in voller Schnelligkeit dahinfuhr, unvermittelt in eine Furche fallen, und eine Flut von Schlamm, der aufspritzte, bedeckte den Geistlichen vom Kopf bis zu den Zehen.

Rosalie strahlte, wandte sich um und machte ihm eine Faust; indessen wischte sich der Priester mit seinem großen Taschentuch ab.

Sie fuhren fünf Minuten, als Jeanne plötzlich ausrief: »Und wir haben ja Massacre vergessen!«

Man mußte halten, Denis stieg ab und lief, um den Hund zu holen, während Rosalie die Zügel hielt.

Endlich tauchte der junge Mann wieder auf und trug das dicke, unförmige, schäbige Tier im Arm, das er zwischen die Röcke der beiden Frauen legte.

XIII

Zwei Stunden später hielt der Wagen vor einem kleinen Backsteinhaus, das inmitten eines mit spindelförmig gezogenen Birnbäumen bepflanzten Obstgartens an der Landstraße lag.

Vier mit Geißblatt und Klematis überzogene Spalierlauben bildeten die vier Ecken dieses Gartens, der in kleine, rechteckige Gemüsebeete eingeteilt war, die schmale, mit Fruchtbäumen eingefaßte Wege voneinander trennten.

Eine sehr hohe lebende Hecke umschloß diesen Besitz von allen Seiten, ein Feld trennte ihn von dem nächsten Bauernhof. Hundert Schritte aufwärts an der Straße lag eine Schmiede. Die nächsten sonstigen Wohnhäuser waren einen Kilometer weit entfernt.

Man überblickte ringsum die Ebene der Gegend von Caux, ganz besät mit großen Bauernhäusern, die von vier Doppelreihen großer Bäume umhüllt waren, welche den Hof mit den Apfelbäumen einschlossen.

Jeanne wollte sich gleich nach ihrer Ankunft ausruhen, doch Rosalie gab es nicht zu, weil sie fürchtete, sie würde wieder beginnen, vor sich hin zu träumen.

Der Schreiner von Goderville war da, er war gekommen, um bei der Einrichtung zu helfen; so begann man sogleich mit dem Einstellen der schon angekommenen Möbel, in Erwartung des letzten Wagens, der nicht lange ausbleiben konnte.

Es war eine beträchtliche Arbeit, die lange Überlegung und reifliche Erörterungen erforderte.

Dann, nach Verlauf einer Stunde, erschien der Karren am Eingangstor, und man mußte im Regen abladen.

Als der Abend anbrach, war das Haus in einem Zustand größter Unordnung, voller aufs Geratewohl aufgestapelter Dinge; und Jeanne, zermürbt wie sie war, schlief ein, sowie sie sich zu Bett legte.

In den folgenden Tagen blieb ihr keine Zeit zur Rührung, so überhäuft war sie mit Arbeit. Sie ging sogar mit einem gewissen Vergnügen daran, ihre neue Wohnung hübsch herzurichten, denn der Gedanke, daß ihr Sohn hierher zurückkehren würde, verfolgte sie ohne Unterlaß. Die Wandbehänge ihrer ehemaligen Stube wurden im Eßzimmer aufgehängt, das gleichzeitig als Salon diente, und sie richtete mit besonderer Sorgfalt einen der beiden Räume des ersten Stockwerkes ein, dem sie in ihren Gedanken den Beinamen »Puttchens Wohnung« gab.

Den zweiten Raum nahm sie für sich selbst in Anspruch, während Rosalie darüber neben dem Dachboden wohnte.

Das mit Sorgfalt eingerichtete Haus war reizend; und Jeanne gefiel es anfangs darin, obgleich ihr etwas fehlte, worüber sie sich nicht recht klar war.

Eines Morgens überbrachte ihr der Notariatsschreiber von Fécamp dreitausendsechshundert Francs aus dem Erlös der in Les Peuples zurückgelassenen Möbel, die ein Tapezierer geschätzt hatte. Bei Erhalt dieses Geldes erschauerte sie vor Freude; und kaum war der Mann gegangen, setzte sie eilig ihren Hut auf, um so schnell

als möglich nach Goderville zu gelangen und Paul diese unerwartete Summe zukommen zu lassen.

Doch als sie auf der Landstraße dahinhastete, begegnete ihr Rosalie, die vom Markt heimkam. Der Magd stieg ein Verdacht auf, ohne daß sie sogleich die Wahrheit erriet; doch kaum hatte sie sie entdeckt, denn Jeanne war nicht mehr imstande, ihr etwas zu verbergen, so setzte sie ihren Korb nieder, um sich nach Herzenslust erbosen zu können.

Sie schrie laut, die Fäuste in die Hüften gestemmt, dann legte sie den rechten Arm um ihre Herrin, nahm auf den linken Arm den Korb und setzte sich, noch immer wütend, in Bewegung nach dem Hause zu.

Sowie sie heimgekommen waren, verlangte die Magd die Herausgabe des Geldes. Jeanne gab es ihr, behielt aber die sechshundert Francs zurück; aber das einmal geweckte Mißtrauen der Dienerin durchschaute schnell die List; und sie mußte ihr alles ausliefern.

Doch willigte Rosalie darein, diesen Rest an den jungen Mann abzuschicken.

Nach ein paar Tagen dankte er. »Du hast mir einen großen Dienst erwiesen, liebe Mama, denn wir steckten tief im Elend.«

Doch Jeanne konnte sich in Batteville nicht recht eingewöhnen; es schien ihr immer wieder, als ob sie nicht so atmen könnte wie ehemals, als wäre sie noch einsamer, noch verlassener, noch verlorener. Sie ging aus, um einen Spaziergang zu machen, kam nach dem Flecken Verneuil, nahm den Rückweg über Trois-Mares, und kaum zu Hause angelangt, erhob sie sich von neuem, von dem Drang erfaßt, noch einmal auszugehen, als hätte sie vergessen, dorthin zu gehen, wohin sie hätte gehen sollen, wohin spazieren zu gehen es sie verlangte.

Und das wiederholte sich Tag für Tag, ohne daß sie den Grund dieses befremdenden Bedürfnisses herausfand. Doch eines Abends kam ihr unbewußt ein Satz auf die Lippen, der ihr das Geheimnis ihrer Unruhe aufdeckte. Sie sagte, als sie sich zu Tische setzte: »Oh, wie mich danach verlangt, das Meer zu sehen!«

Was ihr so sehr fehlte, war das Meer; das Meer, ihr mächtiger Nachbar seit fünfundzwanzig Jahren; mit seiner salzigen Luft, seinen Wutausbrüchen, seiner grollenden Stimme, seinem gewaltigen Hauch, das Meer, das sie jeden Morgen von ihrem Fenster in

Les Peuples sah, das sie Tag und Nacht einatmete, dessen Nähe sie fühlte, das sie wie einen Menschen geliebt hatte, ohne es zu ahnen.

Auch Massacre lebte in einem Zustand größter Aufregung. Er hatte sich vom Abend seiner Ankunft an im untern Teil der Küchenanrichte festgesetzt, und es war nicht möglich, ihn wieder auszuquartieren. Er blieb den ganzen Tag über dort, fast bewegungslos und sich nur von Zeit zu Zeit mit dumpfem Knurren auf die andere Seite wendend.

Doch sowie die Nacht anbrach, stand er auf und schleppte sich, an den Wänden entlangstreifend, zur Gartenpforte. Hatte er nun die wenigen Minuten, die er benötigte, draußen verbracht, so ging er ins Haus, setzte sich vor dem noch warmen Herd auf den Hintern, und von dem Augenblick an, da seine beiden Herrinnen schlafen gegangen waren, begann er zu heulen.

So heulte er die ganze Nacht durch mit klagender und jämmerlicher Stimme, hielt manchmal eine Stunde inne, um in noch herzzerreißenderen Tönen fortzufahren. Man band ihn vor dem Haus in einer Tonne an. Er heulte unter den Fenstern. Darauf legte man ihn wieder in die Küche, da er krank war und recht nahe am Sterben.

Jeanne wurde es unmöglich, Schlaf zu finden, da sie das alte Tier ohne Unterlaß stöhnen und kratzen hörte, in dem Bestreben, sich in dem neuen Hause zurechtzufinden, es wußte recht gut, daß es nicht mehr zu Hause war.

Nichts konnte es beruhigen. Tagsüber schlummernd, als ob seine erloschenen Augen, das Bewußtsein seiner Hinfälligkeit es gehindert hätten, sich zu rühren, wenn alle andern Wesen lebten und sich bewegten, fing es, sowie der Abend sich senkte, ruhelos umherzuschleichen an, als wagte es nur mehr in der Dunkelheit, die alle Wesen blind macht, zu leben und sich zu rühren.

Eines Morgens fand man es tot. Das war eine große Erleichterung.

Der Winter schritt vorwärts; und Jeanne ergriff unüberwindliche Verzweiflung. Es war nicht ein brennender Schmerz, der die Seele in Stücke zu reißen scheint, sondern eine dumpfe, düstere Traurigkeit.

Keine Ablenkung rüttelte sie auf. Niemand gab sich mit ihr ab. Die Landstraße vor ihrer Tür lag nach rechts und nach links

aufgerollt da und war fast immer leer. Von Zeit zu Zeit fuhr ein leichter Wagen im Trab vorüber, von einem Mann mit rotem Gesicht kutschiert, dessen Kittel, vom Wind der schnellen Fahrt gebläht, fast wie ein blauer Ballon aussah; zuweilen auch war es ein träger Karren; oder man sah von weitem zwei Bauersleute herankommen, den Mann und das Weib, ganz klein am Horizont, dann größer und größer, schließlich, wenn sie an dem Hause vorbei waren, wieder kleiner werdend, bis sie so klein waren wie zwei Insekten, dort hinten ganz am Ende des weißen Bandes, das sich ins Unabsehbare erstreckte, steigend und sich senkend, den sanften Wellen des Bodens folgend.

Als das Gras wieder zu wachsen begann, ging ein kleines Mädchen in kurzem Röckchen täglich an dem Eingangsgatter vorüber und trieb zwei magere Kühe vor sich her, die längs des Straßengrabens weideten. Am Abend kam es in der gleichen schläfrigen Gangart zurück und tat so ungefähr alle zehn Minuten einen Schritt hinter ihren Tieren her.

Jeanne träumte jede Nacht, daß sie noch in Les Peuples wohne.

Sie war wieder da wie ehedem mit dem Vater und Mamachen und manchmal sogar mit Tante Lison. Sie tat wieder vergessene und abgetane Dinge, stellte sich vor, daß sie Madame Adelaide auf ihrer Wanderung durch ihre Allee stütze. Und nach jedem Erwachen kamen Tränen.

Sie dachte immer an Paul, fragte sich: Was tut er? Wie geht es ihm jetzt? Denkt er manchmal an mich? Während sie langsam auf den ausgefahrenen Wegen zwischen den Bauernhöfen dahinging, wälzte sie alle diese folternden Gedanken in ihrem Hirn. Aber am meisten litt sie unter der unstillbaren Eifersucht auf jene Unbekannte, die ihr den Sohn geraubt hatte. Nur dieser Haß hielt sie davor zurück zu handeln, ihn aufzusuchen, bei ihm einzudringen. Sie glaubte seine Geliebte zu sehen, wie sie auf der Schwelle seiner Tür stand und sie fragte: »Was wollen Sie hier, Madame?« Ihr Mutterstolz bäumte sich auf bei der Möglichkeit eines solchen Zusammentreffens. Und die hochmütige Selbstgerechtigkeit der Frau, die immer rein geblieben war, ohne Schwäche und ohne Makel, brachte sie immer mehr gegen die Haltlosigkeit der Männer auf, die sich von den schmutzigen Listen der Fleischesliebe unterjochen lassen, die selbst die Herzen feige macht. Die Menschheit kam

ihr verderbt vor, wenn sie an alle die schmutzigen Heimlichkeiten der Sinne dachte, an die Liebkosungen, die gemein machen, an die Mysterien, die sie hinter diesen unlösbaren Verhältnissen erriet.

Frühling und Sommer gingen wieder dahin.

Aber als der Herbst wiederkam mit seinen anhaltenden Regengüssen, dem grauen Himmel und den düstern Wolken, überfiel sie ein solcher Lebensüberdruß, daß sie sich entschloß, einen äußersten Versuch zu machen, ihr Puttchen wiederzugewinnen.

Die Leidenschaft des jungen Mannes mußte nun doch wohl erkaltet sein.

Sie schrieb ihm einen beschwörenden Brief.

»Mein liebes Kind!

Ich bitte Dich, zu mir zurückzukehren. Bedenke doch, daß ich alt und krank bin, ganz allein mit meinem Dienstmädchen das ganze Jahr lang. Ich bewohne jetzt ein kleines Haus an der Landstraße. Es ist traurig da. Aber wenn Du da wärest, würde sich alles für mich ändern. Ich habe nur Dich auf der Welt und hab' Dich seit sieben Jahren nicht gesehen! Du wirst es niemals wissen, wie unglücklich ich war und wie sehr ich mein Herz an Dich gehängt habe, Du warst mein Leben, mein Traum, meine einzige Hoffnung, und Du fehlst mir, Du hast mich verlassen!

Ach kehre zurück, mein kleines Puttchen, komm und küsse mich, kehre zurück zu Deiner alten Mutter, die verzweiflungsvoll die Arme nach Dir ausstreckt.

Jeanne.«

Er antwortete ein paar Tage darauf:

»Meine liebe Mama!

Ich wünschte mir nichts Besseres, als Dich zu besuchen, aber ich besitze keinen Heller. Schicke mir etwas Geld, und ich komme. Im übrigen hatte ich die Absicht, Dich aufzusuchen und Dir von einem Plan zu sprechen, der mir erlauben würde zu tun, was Du von mir verlangst.

Die Uneigennützigkeit und Zuneigung derjenigen, die in den bösen Tagen, die ich durchlebte, meine Gefährtin war, ist nach wie vor grenzenlos. Ich kann ihre Liebe und treue Ergebenheit nicht

länger ohne öffentliche Anerkennung lassen. Sie hat übrigens sehr gute Manieren, die Du zu schätzen wissen wirst. Und sie ist sehr gebildet, liest viel. Mit einem Wort, Du kannst Dir gar keinen Begriff davon machen, was sie mir immer gewesen ist. Ich wäre ein gemeiner Mensch, wenn ich ihr nicht meine Dankbarkeit bezeugte. So komme ich denn, um Deine Erlaubnis zu erbitten, sie zu heiraten. Du wirst mir meine Seitensprünge verzeihen, und wir werden alle zusammen in Deinem neuen Hause wohnen.

Wenn Du sie kenntest, würdest Du mir sogleich Deine Zustimmung geben. Ich versichere Dich, daß sie tadellos ist und äußerst vornehm. Du würdest sie lieben, davon bin ich überzeugt. Und was mich anbelangt, so kann ich ohne sie nicht leben.

Ich erwarte Deine Antwort mit Ungeduld, meine liebe Mama, und wir umarmen Dich beide herzlichst.

Dein Sohn

Vicomte Paul de Lamare.«

Jeanne war niedergeschmettert. Sie blieb regungslos, den Brief auf dem Schoße sitzen und erriet die Schlauheit dieser Dirne, die ihren Sohn immer wieder zurückgehalten hatte, die ihn nicht ein einziges Mal hatte zu ihr kommen lassen, weil sie ihre Stunde abwartete, die Stunde, in der die alte, verzweifelte Mutter, unfähig, dem Verlangen zu widerstehen, ihr Kind an sich zu drücken, schwach werden würde und alles gewährte.

Und der große Schmerz darüber, daß Paul dieses Geschöpf so hartnäckig vorzog, zerriß ihr das Herz. Sie sagte ein um das andere Mal: »Er liebt mich nicht. Er liebt mich nicht.«

Rosalie trat ein, Jeanne flüsterte: »Er will sie jetzt heiraten.«

Die Magd fuhr auf: »Oh, Madame, das werden Sie nicht zugeben. Herr Paul wird diese Hergelaufene nicht von der Straße auflesen.«

Und Jeanne, die zwar sehr bedrückt, aber höchst aufgebracht war, antwortete: »Das wird er niemals, mein Kind. Und da er nicht kommen will, so werde ich ihn eben aufsuchen, und wir werden sehen, welche von uns beiden die Stärkere ist.«

Und sie schrieb sogleich an Paul, um ihm ihre Ankunft anzuzeigen und ihn an einem andern Ort zu treffen als in der Wohnung des liederlichen Frauenzimmers.

Dann, während sie seine Antwort abwartete, traf sie ihre Vorbereitungen. Rosalie begann die Wäsche und sonstige Sachen ihrer Herrin in einem alten Koffer aufzustapeln. Doch als sie daran war, ein Kleid zusammenzulegen, ein altes Sommerkleid, rief sie aus: »Sie haben ja rein nichts anzuziehen. Ich erlaube Ihnen nicht, so zu gehen. Sie würden aller Welt Schande machen, und die Pariser Damen würden Sie für ein Dienstmädchen ansehen.«

Jeanne ließ sie gewähren. Und die beiden Frauen begaben sich zusammen nach Goderville, um einen grünkarierten Stoff zu wählen, der der Schneiderin des Städtchens anvertraut wurde. Dann gingen sie zum Notar Roussel, der alljährlich eine Reise von vierzehn Tagen nach der Hauptstadt unternahm, um Erkundigungen einzuziehen. Denn Jeanne hatte seit achtundzwanzig Jahren Paris nicht wiedergesehen.

Er gab zahlreiche Ratschläge über die Art, wie man den Wagen auswiche, über das Verfahren, sich vor Diebstählen zu hüten, er riet, das Geld in das Kleiderfutter einzunähen und nur das unentbehrliche in der Tasche zu behalten; er sprach weitschweifig von Restaurants zu mittleren Preisen, von denen er zwei oder drei als auch von Frauen besucht bezeichnete. Und er gab das Hotel de Normandie an, wo er selbst abzusteigen pflegte, in der Nähe des Bahnhofes. Man konnte sich dort auf ihn berufen.

Seit sechs Jahren waren nun jene Eisenbahnen, von denen man überall sprach, zwischen Paris und Le Havre im Gange. Aber Jeanne hatte, ganz von ihrem Kummer besessen, diese Dampfwagen, die das ganze Land aufstörten, noch nicht gesehen.

Jedoch Paul antwortete nicht.

Sie wartete acht Tage, vierzehn Tage und ging jeden Morgen dem Briefträger auf der Straße entgegen, den sie zitternd ansprach: »Haben Sie nichts für mich, Vater Malandain?« Und der Mann antwortete immer wieder mit seiner durch die Unbilden der Jahreszeiten heiser gewordenen Stimme: »Wieder mal nichts, meine gute Dame.«

Sicherlich war es jenes Weib, die Paul daran hinderte, zu antworten!

Da beschloß Jeanne, auf der Stelle abzureisen. Sie wollte Rosalie mitnehmen, aber die Magd weigerte sich, sie zu begleiten, um die Reisekosten nicht noch zu vermehren.

Auch erlaubte sie ihrer Herrin nicht, mehr als dreihundert Francs mitzunehmen. »Wenn Sie mehr brauchen sollten, schreiben Sie mir doch; dann gehe ich zum Notar, damit er es Ihnen zuschickt. Wenn ich Ihnen mehr gebe, wird es Herr Paul einstecken.«

Und so stiegen sie denn an einem Dezembermorgen in das Wägelchen von Denis Lecoq, der sie abholte, um sie nach dem Bahnhof zu fahren, denn Rosalie gab ihrer Herrin bis dahin das Geleite.

Sie erkundigten sich zunächst nach dem Preis der Fahrkarten; als dann alles erledigt war und der Koffer aufgegeben, warteten sie an diesen eisernen Schienen, versuchten zu verstehen, wie die Sache wohl vor sich ginge, und waren von diesem Rätsel so eingenommen, daß sie an den traurigen Grund dieser Reise nicht mehr dachten.

Endlich ließ sie ein ferner Pfiff den Kopf drehen, da sahen sie eine schwarze Maschine, die größer und größer wurde. Es kam mit einem schrecklichen Lärm daher und an ihnen vorüber und zog eine lange Kette kleiner rollender Häuser nach sich. Ein Angestellter hatte eine Tür geöffnet, Jeanne umarmte weinend Rosalie und stieg in einen dieser Kästen.

Rosalie rief gerührt: »Auf Wiedersehen, Madame, gute Reise, auf baldiges Wiedersehen!«

»Auf Wiedersehen, mein Kind!«

Wieder ertönte ein Pfiff, und die ganze Wagenreihe begann zu rollen, erst langsam, dann schneller, endlich mit erschreckender Geschwindigkeit.

In dem Abteil, in dem Jeanne sich befand, schliefen zwei Herren, jeder in eine Ecke gelehnt.

Sie sah die Felder, die Bäume, die Bauernhöfe, die Dörfer vorbeiziehen, ganz verwirrt von dieser Schnelligkeit, mit dem Gefühl, von einem neuen Leben erfaßt zu sein, hinweggetragen in eine neue Welt, die nicht mehr die ihre war, nicht mehr die Welt ihrer stillen Jugend und ihres einförmigen Lebens.

Es war gegen Abend, als der Zug in Paris einfuhr.

Ein Dienstmann nahm Jeannes Koffer; und sie folgte ihm ganz verstört, hin und her gestoßen, zu ungeschickt, um durch die bewegte Menge hindurchzukommen, sie lief beinahe hinter dem Mann her, aus Angst, ihn aus den Augen zu verlieren.

Als sie im Hotelbureau stand, beeilte sie sich, bekanntzugeben: »Ich bin durch Herrn Rousselle an Sie empfohlen.«

Die Besitzerin, eine riesige, ernsthafte Frau, die an ihrem Schreibtisch saß, fragte: »Wer ist das, Herr Rousselle?«

Jeanne erwiderte betreten: »Doch der Notar von Goderville, der alljährlich bei Ihnen absteigt.«

Die dicke Dame erklärte: »Das ist möglich. Ich kenne ihn nicht. Sie wollen ein Zimmer?«

»Ja, Madame.« Und ein Bursche ergriff ihr Gepäck und stieg vor ihr die Treppe hinauf.

Ihr Herz war beklommen. Sie setzte sich an einen kleinen Tisch und bat, daß man ihr eine Fleischbrühe bringe und ein Stückchen Brathuhn. Sie hatte seit dem Morgengrauen nichts genossen.

Sie aß traurig beim Schein einer Kerze, dachte an tausend Dinge, erinnerte sich ihres vorübergehenden Aufenthalts in dieser selben Stadt auf der Rückfahrt von der Hochzeitsreise und wie die ersten Anzeichen von Juliens Charakter von jenem Aufenthalt in Paris an sich gezeigt hatten. Doch damals war sie jung und vertrauensvoll gewesen und tapfer; jetzt fühlte sie sich alt, verschüchtert, ja sogar ängstlich, schwach und von einem Nichts verwirrt. Als sie ihre Mahlzeit beendet hatte, trat sie ans Fenster und sah auf die menschenerfüllte Straße. Sie hatte Lust auszugehen, wagte es aber nicht. Sie würde sich unweigerlich verirren, meinte sie. Sie legte sich nieder und blies das Licht aus.

Doch der Lärm, der Eindruck, den die unbekannte Stadt machte, und die Aufregung der Reise hielten sie wach. Die Stunden verflossen. Die Geräusche von draußen ließen langsam nach, aber sie vermochte nicht zu schlafen; diese nur scheinbare Ruhe der großen Städte überreizte ihre Nerven. Sie war an den stillen, tiefen Schlummer der Fluren gewöhnt, der alles einlullt, Menschen, Tiere und Pflanzen, und jetzt fühlte sie ringsum geheimnisvolle Bewegung. Kaum hörbare Stimmen gelangten zu ihr, als ob sie in die Mauern des Hotels geschlüpft wären. Manchmal knackte ein Fußboden, eine Tür schloß sich, eine Klingel läutete.

Plötzlich, gegen zwei Uhr morgens, als sie gerade einzuschlummern begann, schrie eine Frau in einem benachbarten Zimmer auf. Jeanne setzte sich mit einem Ruck im Bett auf, dann glaubte sie das Lachen eines Mannes zu hören.

Je mehr es dem Tag entgegenging, desto mehr überkam sie der Gedanke an Paul; und kaum daß es dämmerte, kleidete sie sich an.

Er wohnte Rue du Sauvage in Cité. Sie wollte zu Fuß hingehen, um Rosalies Ratschlägen, sparsam zu sein, zu gehorchen. Es war schönes Wetter; die kalte Luft prickelte auf der Haut; eilige Menschen liefen auf den Gehsteigen. Sie ging so schnell sie konnte und folgte einer Straße, die man ihr angegeben hatte, und an deren Ende sie sich nach rechts wenden sollte, darauf nach links; dann sollte sie, an einem Platze angekommen, von neuem fragen. Sie fand den Platz nicht und erkundigte sich bei einem Bäcker, der ihr wieder andere Anweisungen gab. Sie setzte sich wieder in Bewegung, verirrte sich, lief kreuz und quer, folgte andern Ratschlägen und verlor sich ganz und gar.

Ganz verrückt gemacht, ging sie nun beinahe aufs Geratewohl. Sie wollte sich eben entschließen, einen Kutscher anzurufen, als sie die Seine erblickte. Da ging sie an den Kais entlang.

Nach etwa einer Stunde bog sie in die Rue du Sauvage ein, eine Art ganz schwarzen Gäßchens. Sie blieb vor der Haustür stehen und war so aufgeregt, daß sie keinen Schritt mehr tun konnte.

Hier in diesem Hause war er, Puttchen.

Sie fühlte ihre Knie und ihre Hände zittern; endlich trat sie ein, folgte einem Gang, erblickte die Portierloge und fragte, indem sie ein Geldstück hinreichte: »Könnten Sie hinaufgehen und Herrn Paul de Lamare sagen, daß eine alte Dame, eine Freundin seiner Mutter, ihn unten erwartet?«

Der Portier antwortete: »Er wohnt nicht mehr hier, Madame.«

Ein heftiger Schauer überlief sie. Sie stammelte: »Ach, wo – wo wohnt er denn jetzt?«

»Ich weiß es nicht.«

Sie fühlte eine Betäubung, als ob sie umsinken müsse, und blieb so eine Weile, ohne daß sie sprechen konnte. Dann sammelte sie mit heftiger Anstrengung ihre Verstandeskräfte und flüsterte: »Seit wann ist er fort?«

Der Mann gab ausgiebig Auskunft: »Gerade vierzehn Tage. Sie sind einfach eines Abends davongegangen und nicht wiedergekommen. Sie hatten überall im Quartier Schulden; so können Sie leicht begreifen, daß sie ihre Adresse nicht hinterlassen haben.«

Jeanne flimmerte es vor den Augen, sie sah große, flammende

Streifen, als ob man Flintenschüsse vor ihren Augen abgefeuert hätte. Aber eine fixe Idee hielt sie noch, ließ sie aufrecht bleiben, scheinbar ruhig und voll Überlegung: sie wollte alles wissen und Puttchen wiederfinden.

»Er hat also nichts gesagt, als er wegging?«

»Oh, nicht das geringste, sie sind davongelaufen, um nicht zahlen zu müssen, das ist die Sache.«

»Aber er muß doch seine Briefe von jemand abholen lassen?«

»Öfter als ich welche zu geben hätte. Übrigens kriegten sie keine zehn im Jahr. Einen hab' ich ihnen aber hinaufgebracht, zwei Tage bevor sie gingen.«

Das war zweifellos ihr Brief gewesen. Sie sagte überstürzt: »Hören Sie, ich bin seine Mutter, und ich bin gekommen, ihn zu suchen. Hier sind zehn Francs für Sie; wenn Sie irgendeine Nachricht von ihm haben oder etwas über ihn erfahren, so bringen Sie es mir in das Hotel de Normandie, Rue du Havre, und ich werde Sie gut dafür bezahlen.«

Er antwortete: »Verlassen Sie sich auf mich, Madame.«

Und sie ging eilig davon.

Sie fing wieder zu gehen an, unbekümmert darum, wohin sie ging. Sie hastete, als drängte sie ein wichtiger Weg. Sie eilte an den Häusermauern entlang, von Leuten, die Pakete trugen, gestoßen, sie kreuzte die Straßen, ohne die Wagen kommen zu sehen, von den Kutschern beschimpft, sie stolperte über die Stufen der Gehsteige, auf die sie nicht achtete; sie lief immer vor sich hin mit verlorener Seele.

Plötzlich befand sie sich in einem Garten und fühlte sich so ermüdet, daß sie sich auf eine Bank setzte. Sie mußte da lange gesessen haben, weinend, ohne sich dessen bewußt zu werden, denn Vorübergehende blieben stehen, um sie zu betrachten. Dann fühlte sie, daß sie sehr fror, und sie stand auf, um sich wieder auf den Weg zu machen; ihre Beine trugen sie kaum, so niedergedrückt und schwach war sie.

Sie wollte in ein Restaurant gehen und eine Fleischbrühe nehmen, aber sie wagte in keine dieser Wirtschaften einzutreten, von einer Art Schamgefühl, einer Furcht, einer Scheu erfaßt, da sie fühlte, daß ihr Kummer sichtbar war. Sie blieb einen Augenblick vor der Tür stehen, blickte hinein, sah alle diese Menschen bei Tisch sitzen und

essen und flüchtete verschüchtert, zu sich selbst sprechend: »In das nächste gehe ich hinein.« Aber in das nächste ging sie ebensowenig.

Schließlich kaufte sie beim Bäcker ein mondförmiges Brötchen und knabberte im Gehen. Sie hatte großen Durst, doch sie wußte nicht, wo man etwas trinken könne, und verzichtete darauf.

Sie durchschritt eine Torwölbung und befand sich wieder in einem Garten, der von Arkaden eingefaßt war. Sie erkannte das Palais Royal.

Da die Sonne und das Gehen sie ein wenig erwärmt hatten, setzte sie sich noch für ein oder zwei Stunden nieder.

Eine Menge von Menschen kam herein, eine elegante Menge, die plauderte, lächelte, grüßte, jene glückliche Menge, deren Frauen schön sind und deren Männer reich, die nur für Putz und Vergnügungen lebt.

Jeanne, die dieses glänzende Gewirr verstörte, stand auf, um zu fliehen. Doch plötzlich kam ihr der Gedanke, daß sie an diesem Ort Paul treffen könnte; und sie begann umherzuirren und in die Gesichter zu blicken, unaufhörlich hin und wieder gehend, von einem Ende des Gartens zum andern mit ihrem demütigen, hastigen Schritt.

Manche Leute drehten sich um, um sie anzusehen, andere lachten und zeigten sie einander. Sie bemerkte es und verzog sich eilends, sie dachte, daß man sich offenbar über ihren Aufzug lustig mache und über ihr grünkariertes Kleid, das von Rosalie ausgewählt und nach ihren Angaben von der Schneiderin von Goderville verfertigt worden war.

Sie wagte es nicht einmal mehr, die Vorübergehenden nach dem Weg zu fragen, unternahm es dennoch und fand schließlich ihr Hotel wieder.

Den Rest des Tages verbrachte sie, auf einem Stuhl am Fußende ihres Bettes sitzend, ohne sich zu rühren.

Dann nahm sie wie am Vortag ihr Abendessen, eine Suppe und ein wenig Fleisch, ging zu Bett, erledigte jede dieser Verrichtungen mechanisch aus Gewohnheit.

Am nächsten Tage begab sie sich nach dem Polizeipräsidium, damit man ihr Kind wiederfinde. Man konnte ihr nichts versprechen, doch wollte man sich damit befassen.

Nun strich sie durch die Straßen, immer in der Hoffnung, ihm zu

begegnen, und sie fühlte sich in dieser regen Menge einsamer, verlorener, elender als inmitten menschenleerer Felder.

Als sie am Abend ins Hotel zurückkam, sagte man ihr, ein Mann habe im Namen von Herrn Paul nach ihr gefragt und würde morgen wiederkommen. Ein Blutstrom schoß ihr zum Herzen und sie schloß die ganze Nacht kein Auge. Wenn er es war? Ja, sicher war er es gewesen, wenn sie ihn auch nach den Einzelheiten, die man ihr angab, nicht erkannt hatte.

Gegen neun Uhr morgens klopfte man an ihre Tür, sie rief: »Herein«, bereit, mit ausgebreiteten Armen entgegenzustürzen. Ein Unbekannter erschien. Und während er sie bat, die Störung zu entschuldigen, und seine Angelegenheit auseinandersetzte, eine Schuld Pauls, die er einfordern kam, fühlte sie, wie sie weinte, und wollte es doch nicht sehen lassen, sie wischte mit den Fingerspitzen die Tränen weg, so wie sie aus den Augenwinkeln hervorkamen.

Er hatte ihre Ankunft von der Hausmeisterin in der Rue du Sauvage erfahren, und da er den jungen Mann nicht finden konnte, wandte er sich an die Mutter. Er hielt ihr ein Papier hin, das sie, ohne an etwas zu denken, nahm. Sie las die Zahl neunzig Francs, zog ihr Geld heraus und zahlte.

An diesem Tage ging sie nicht aus. Tags darauf kamen andere Gläubiger. Sie gab alles, was sie noch hatte, und behielt nur etwa zwanzig Francs zurück; dann schrieb sie an Rosalie, um ihr ihre Lage zu erklären.

Sie verbrachte ihre Tage umherirrend, die Antwort ihres Dienstmädchens erwartend, wußte nicht, was tun, wo sie die schauerlichen Stunden töten sollte, diese endlosen Stunden, denn sie hatte niemand, dem sie ein herzliches Wort hätte sagen können, niemand, der ihr Elend kannte. Sie streifte planlos durch die Straßen, und jetzt quälte sie das Bedürfnis, abzureisen, zurückzukehren dorthin in ihr kleines Haus am Rande der einsamen Landstraße.

Noch vor ein paar Tagen hatte sie dort nicht leben können, so sehr lastete der Kummer auf ihr, und jetzt fühlte sie ganz im Gegenteil sehr wohl, daß sie nur noch dort leben könne, wo ihre traurigen Gewohnheiten Wurzel geschlagen hatten.

Endlich eines Abends fand sie einen Brief mit zweihundert Francs vor. Rosalie erklärte:

»Frau Jeanne, kommen Sie ganz schnell zurück, denn ich schicke Ihnen nichts mehr. Was Herrn Paul betrifft, so werde ich ihn selbst holen, sobald wir Nachricht von ihm haben.

Ich grüße Sie, Ihre Dienerin

Rosalie.«

Und an einem Morgen, an dem es schneite und bitter kalt war, reiste Jeanne nach Batteville zurück.

XIV

Von nun ab ging sie nicht mehr aus, sie rührte sich nicht mehr. Sie stand jeden Morgen um dieselbe Stunde auf, sah durchs Fenster nach dem Wetter, dann ging sie die Treppe hinab, um sich im Eßzimmer ans Feuer zu setzen.

Tagelang blieb sie da sitzen, unbeweglich, die Augen auf die Flamme geheftet, ließ ihren jammervollen Gedanken freien Lauf und sah die traurige Reihe ihrer Schicksalsschläge an sich vorüberziehen.

Indessen ergriff die Dunkelheit allmählich von dem kleinen Raum Besitz, und sie hatte sich nicht bewegt, außer um Holz aufs Feuer zu legen. Dann brachte Rosalie die Lampe und rief aus: »Vorwärts, Frau Jeanne, Sie müssen sich aufrütteln, sonst haben Sie heute abend wieder keinen Hunger.«

Oft wurde sie von fixen Ideen verfolgt, die sie nicht losließen, und von nichtssagenden Besorgnissen gefoltert, denn die geringfügigsten Dinge nahmen in ihrem kranken Kopfe außerordentliche Wichtigkeit an.

Vor allem lebte sie wieder in der Vergangenheit, der längst verflossenen Vergangenheit, die frühesten Zeiten ihres Lebens gingen ihr durch den Sinn und ihre Hochzeitsreise dort in Korsika. Aus den brennenden Scheiten des Kamins tauchten plötzlich längst vergessene Landschaften dieser Insel vor ihr auf, und sie erinnerte sich aller Einzelheiten, aller kleinen Geschehnisse, aller Gesichter, die ihr dort begegnet waren; der Kopf des Führers Jean Ravoli verfolgte sie, und manchmal glaubte sie seine Stimme zu vernehmen.

Dann dachte sie an die lieblichen Jahre von Pauls Kindheit, damals, als er sie den Salat umpflanzen ließ und sie sich neben Tante Lison in die fette Gartenerde kniete, beide sich an Sorgfalt überbietend, um dem Kinde zu gefallen, beide darum kämpfend, wessen Pflanzen am schnellsten Wurzel fassen, wer die meisten aufziehen würde.

Und ihre Lippen flüsterten ganz leise: »Puttchen, mein kleines Puttchen«, als ob sie zu ihm spräche, und wenn ihre Träume an diesem Worte haften blieben, versuchte sie oft stundenlang die Buchstaben, die es zusammensetzten, mit ausgestrecktem Finger ins Leere zu schreiben.

Vor dem Feuer sitzend, malte sie sie langsam vor sich hin, bildete sich ein, sie zu sehen, glaubte sich geirrt zu haben und fing, indes ihr Arm vor Müdigkeit zitterte, von neuem mit dem *P* an, zwang sich, den Namen fertig zu schreiben; und wenn sie damit zu Ende war, fing sie wieder von neuem an.

Schließlich konnte sie nicht mehr, vermengte alles, malte neue Wörter und war überreizt bis zum Wahnsinn.

Sie hatte alle Manieren der Einsamen. Wenn das geringfügigste Ding seinen Platz geändert hatte, regte sie das auf.

Rosalie zwang sie oft, auszugehen, führte sie auf die Landstraße.

Doch nach zwanzig Minuten erklärte Jeanne: »Ich kann nicht mehr, mein Kind«, und setzte sich am Rand des Straßengrabens nieder.

Bald wurde ihr jede Bewegung verhaßt, sie blieb so lange als möglich im Bett liegen.

Einer einzigen Angewohnheit ihrer Kindertage war sie noch unveränderlich und hartnäckig treu geblieben, nämlich sofort, nachdem sie ihren Milchkaffee getrunken hatte, aufzustehen. Sie legte übertrieben großen Wert auf dieses Getränk, und es zu entbehren, wäre ihr empfindlicher gewesen als was immer sonst. Sie erwartete jeden Morgen Rosalies Eintritt mit beinahe lüsterner Ungeduld, und kaum stand die volle Tasse auf ihrem Nachttisch, so setzte sie sich auf und leerte sie schnell und etwas gierig. Dann warf sie ihre Decken zurück und begann sich anzukleiden.

Doch nach und nach gewöhnte sie sich daran, noch ein wenig zu träumen, nachdem sie die Schale auf den Teller zurückgesetzt hatte; dann streckte sie sich noch einmal im Bett aus, schließlich zog sie

diese Faulheit von Tag zu Tag immer mehr in die Länge bis zu dem Augenblick, wo Rosalie wütend wiederkam und sie beinahe mit Gewalt ankleidete.

Übrigens hatte sie auch nicht die Spur eines eigenen Willens mehr; jedesmal, wenn die Magd einen Rat von ihr verlangte, ihr eine Frage vorlegte, ihre Meinung einholte, antwortete sie: »Mach, was du willst, mein Kind.«

Sie meinte so geradezu von einem gegen sie erbitterten Mißgeschick verfolgt zu sein, daß sie Fatalistin wurde wie ein Orientale; und die Gewohnheit, ihre Träume zunichte werden und ihre Hoffnungen zusammenbrechen zu sehen, hatte zur Folge, daß sie ganze Tage zögerte, ehe sie die einfachsten Dinge zustande brachte, da sie der Überzeugung war, immer auf dem falschen Wege zu sein und daß es übel ausgehen würde.

Sie wiederholte immer wieder: »Ich habe nun einmal kein Glück gehabt im Leben.« Dann rief Rosalie aus: »Was würden Sie sagen, wenn Sie um Ihr Brot arbeiten müßten, wenn Sie gezwungen wären, täglich um sechs Uhr früh aufzustehen und auf Taglohn zu gehen! Gibt es doch ihrer genug, die das tun müssen, und wenn sie zu alt geworden sind, sterben sie im Elend.«

Jeanne antwortete: »Bedenke doch, daß ich ganz allein bin, daß mein Sohn mich verlassen hat.« Dann wurde Rosalie furchtbar böse: »Ist das eine Sache! Na, und die Söhne, die beim Militär sind, und die, die sich in Amerika niedergelassen haben!«

Amerika bedeutete für sie ein unbestimmtes Land, wohin man geht, um dort sein Glück zu machen und von wo man niemals wiederkehrt.

Sie fuhr fort: »Es kommt immer ein Augenblick, wo man sich trennen muß, denn die Alten und die Jungen sind nicht dazu gemacht, um beisammen zu bleiben.« Und sie schloß grimmigen Tones: »Na, was würden Sie sagen, wenn er tot wäre?«

Darauf antwortete Jeanne nichts mehr.

Wenn die Luft in den ersten Frühlingstagen weicher wurde, kam ihr ein wenig Kraft zurück, aber sie verwandte dieses Wiederaufleben nur dazu, sich tiefer und tiefer in ihre düsteren Gedanken zu versenken.

Als sie eines Morgens auf den Dachboden gestiegen war, um irgendeinen Gegenstand zu suchen, öffnete sie zufällig eine Kiste

voll alter Kalender, man hatte sie aufgehoben, wie das bei gewissen Landbewohnern üblich ist.

Es schien ihr, als wären es die Jahre ihrer Vergangenheit selbst, die sie da wiederfand, und sie stand, von einer seltsamen, wirren Rührung ergriffen, vor diesem Haufen viereckiger Pappendeckel.

Sie nahm sie und trug sie hinunter ins Eßzimmer. Es gab ihrer in allen Größen, große und kleine. Und sie fing an, sie nach den Jahren auf dem Tisch zu ordnen. Plötzlich fand sie den ersten, denjenigen, den sie nach Les Peuples mitgebracht hatte.

Sie betrachtete ihn lange: alle die Tage, die sie durchgestrichen hatte, damals am Morgen ihrer Abfahrt von Rouen am Tage nach dem Austritt aus dem Kloster. Und sie weinte, weinte trostlose, langsam rollende Tränen, armselige Tränen einer alten Frau angesichts des elenden Lebens, das hier auf diesem Tische vor ihr ausgebreitet lag.

Und es befiel sie ein Gedanke, der bald zu gräßlicher, unablässiger, leidenschaftlicher Besessenheit wurde. Sie wollte herausfinden, was sie ungefähr Tag für Tag getan hatte.

Sie heftete die vergilbten Pappendeckel einen nach dem andern an die Wand, an die Wandbehänge, und verbrachte Stunden damit, sich vor diesem oder jenem zu fragen: Was ist mir wohl in diesem Monat passiert?

Sie hatte die denkwürdigen Daten ihrer Lebensgeschichte angestrichen, und so gelang es ihr zuweilen, einen ganzen Monat wiederzufinden, indem sie alle kleinen Geschehnisse, eines nach dem andern, die einem wichtigen Ereignis vorausgegangen oder ihm gefolgt waren, zusammenstellte, ordnete und miteinander verband.

Es gelang ihr, wenn sie hartnäckig ihre Aufmerksamkeit darauf verwandte, ihr Gedächtnis anstrengte und ihren Willen zusammennahm, die beiden ersten Jahre in Les Peuples beinahe vollständig wiederherzustellen, und die weit zurückliegenden Erinnerungen ihres Lebens kamen ihr mit sonderbarer Leichtigkeit und geradezu plastisch.

Doch die folgenden Jahre schienen sich in Nebel zu verlieren, sich zu vermengen, ineinander zu greifen; und so saß sie manchmal unendlich lange, den Kopf über einen Kalender gebeugt, im Geiste dem Gewesenen nachhängend, ohne daß es ihr auch nur gelungen

wäre, sich zu erinnern, ob sich gerade auf diesem Blatt diese oder jene Erinnerung wiederfinden ließe.

Sie ging im Eßzimmer im Kreise herum von der einen zu der andern dieser Tafeln gewesener Tage, die sie umgaben wie die Holzschnitte eines Passionsweges. Plötzlich machte sie mit ihrem Stuhl vor einem der Kalender halt und blieb so, ihn unbeweglich anstarrend, in Grübeln versunken, bis die Nacht anbrach.

Dann mit einem Male, als alle Säfte durch die Sonnenwärme erwachten, die Saat auf den Feldern zu wachsen begann, die Bäume grün ausschlugen, die Apfelbäume in den Höfen aufblühten wie rosige Kugeln und die Ebene mit ihrem Duft erfüllten, wurde sie von großer Unruhe erfaßt.

Sie konnte nicht mehr still sitzen; sie kam und ging, ging aus und kehrte heim wohl zwanzigmal des Tages, streifte weit draußen umher an den Meierhöfen entlang und steigerte sich in eine Art fieberhafter Sehnsucht nach dem Vergangenen.

Der Anblick eines Gänseblümchens, das im Grase kauerte, eines Sonnenstrahls, der durch das Laub glitt, der Wasserlache in einer Wegfurche, in der sich das Himmelsblau spiegelte, all das wühlte sie auf, rührte sie, nahm ihr die Fassung und gab ihr ferne Empfindungen zurück, die waren wie ein Widerhall ihrer Gefühle als junges Mädchen, als sie träumend durch die Fluren wandelte.

Sie hatte damals, als sie noch auf die Zukunft wartete, unter den gleichen Erschütterungen gebebt und ebenso die Süße und den verwirrenden Rausch der lauwarmen Tage in sich eingesogen. Und jetzt, da die Zukunft versperrt war, fand sie all das wieder. Zwar genoß sie dies noch in ihrem Herzen, doch zu gleicher Zeit litt sie darunter: ihr war, als vermöchte die immer wiederkehrende Freude der erwachten Natur in ihre vertrocknete Haut, ihr erkaltetes Blut, ihre niedergedrückte Seele, die sie durchdrang, nur noch einen abgeschwächten und schmerzlichen Zauber zu gießen.

Auch schien ihr alles ringsum ein wenig verändert. Die Sonne mußte wohl etwas weniger warm sein als in ihrer Jugend, der Himmel etwas weniger blau, das Gras etwas weniger grün; und die blasseren, schwächer duftenden Blumen berauschten nicht mehr ganz so stark.

An manchen Tagen aber war sie von einem solchen Wohlgefühl des Lebens durchdrungen, daß sie wieder zu träumen begann, zu

hoffen, auf etwas zu warten. Denn kann man trotz der bittern Härte des Geschickes anders als hoffen, wenn es draußen schön ist?

Sie ging, ging vor sich hin, Stunden und Stunden lang, gleichsam gepeitscht von dem Aufruhr in ihrer Seele. Und manchmal blieb sie plötzlich stehen und setzte sich an den Straßenrand, um über traurige Dinge nachzudenken.

Warum war sie nicht geliebt worden wie andere? Warum hatte sie nicht einmal das schlichte Glück eines ruhigen Lebens kennengelernt?

Und zuweilen vergaß sie sogar einen Augenblick lang, daß sie alt war, daß nichts mehr vor ihr lag außer einigen trostlosen und einsamen Jahren, daß sie ihren ganzen Weg durchlaufen hatte; dann machte sie Pläne, die ihrem Herzen süß waren, wie ehemals mit sechzehn Jahren, und spann sich ein entzückendes Stückchen Zukunft aus.

Doch da überfiel sie hart die Empfindung der Wirklichkeit; sie erhob sich ganz zerschlagen, als wäre eine schwere Last auf sie niedergestürzt und hätte ihr die Rippen gebrochen, und sie schlug langsameren Schritts den Weg nach ihrem Hause wieder ein und murmelte: »Ach, alte Närrin! Alte Närrin!«

Rosalie sagte ihr nun immer wieder: »Bleiben Sie doch ruhig, Madame, was haben Sie nur, daß Sie immer so herumlaufen?« Und Jeanne antwortete traurig: »Was willst du, ich bin wie Massacre in seinen letzten Tagen.«

Eines Morgens trat das Dienstmädchen früher als sonst in ihr Zimmer und sagte, indem sie die Tasse mit dem Milchkaffee auf den Nachttisch setzte: »Vorwärts, trinken Sie schnell, Denis hält vor der Tür und wartet auf uns. Wir fahren nach Les Peuples, weil ich dort zu tun habe.«

Jeanne glaubte in Ohnmacht zu fallen, so ergriffen war sie; und vor Ergriffenheit zitternd kleidete sie sich an, ganz außer sich und schwach bei dem Gedanken, ihr liebes Haus wiederzusehen.

Ein strahlender Himmel breitete sich über die Welt, der Klepper hatte Anfälle von Lustigkeit und setzte sich manchmal in Galopp. Als man in die Gemeinde Etouvent einfuhr, fühlte Jeanne, daß sie nur mit Mühe atmete; und als sie die Backsteinpfeiler des Gittertors erblickte, sagte sie unbewußt, leise, zwei-, dreimal: »Ah! Ah!« wie man bei Dingen tut, die uns das Herz aufrühren.

Man spannte den Wagen bei den Couillard aus. Während dann Rosalie und ihr Sohn ihren Geschäften nachgingen, boten die Pächter Jeanne an, einen Rundgang durch das Schloß zu machen, da die Herrschaft abwesend sei; und man gab ihr die Schlüssel.

Sie ging allein, und als sie vor dem alten Schloß an der Seeseite war, stand sie still, um es zu betrachten. Äußerlich war nichts verändert. Das Lächeln der Sonne lag heute auf den düstern Mauern des mächtigen grauen Gebäudes. Alle Fensterläden waren geschlossen.

Ein Stückchen eines abgestorbenen Zweiges fiel ihr aufs Kleid, sie hob die Augen, es kam von der Platane. Sie näherte sich dem großen Baum mit seiner glatten, lichten Rinde und streichelte ihn wie ein Tier.

Ihr Fuß stieß im Gras an ein Stückchen morsches Holz; es war das letzte Überbleibsel jener Bank, auf der sie so oft mit all den Ihren gesessen hatte, der Bank, die gerade an dem Tage von Juliens erstem Besuch aufgestellt worden war.

Nun gelangte sie zu dem zweiflügligen Tor der Vorhalle und hatte große Mühe, es zu öffnen, denn der schwere, rostige Schlüssel wollte sich nicht drehen. Endlich gab das Schloß mit einem knirschenden Geräusch der Feder nach; und der Torflügel, der auch noch ein wenig Widerstand leistete, ließ sich mit einem Stoß aufdrücken.

Jeanne stieg sogleich und beinahe im Laufschritt bis zu ihrem Zimmer hinauf. Sie erkannte es nicht wieder, es war hell tapeziert; doch als sie ein Fenster öffnete, stand sie, bis ins Innerste ihres Leibes aufgewühlt, vor dieser so sehr geliebten Aussicht, dem Wäldchen, den Ulmen, der Heide und dem mit braunen Segeln besäten Meer, die ganz in der Ferne stillzustehen schienen.

Dann begann sie in dem großen, leeren Gebäude umherzustreifen.

Sie betrachtete an den Mauern Flecke, die ihrem Auge vertraut waren, blieb vor einem kleinen Loch stehen, das der Baron in den Mörtel gebohrt hatte, denn er pflegte sich, seiner jungen Tage gedenkend, damit zu vergnügen, mit seinem Spazierstock Fechtübungen gegen die Wand zu machen, wenn er an dieser Stelle vorüberkam.

In dem Zimmer von Mamachen fand sie hinter einer Tür in einer

dunklen Ecke beim Bett eine dünne Nadel mit goldenem Kopf stecken; sie hatte sie selbst damals dort hineingebohrt (jetzt besann sie sich darauf), und nun suchte sie sie seit Jahren. Niemand hatte sie gefunden. Sie nahm sie wie eine unschätzbare Reliquie und küßte sie.

Sie ging überall umher, suchte, erkannte kaum wahrnehmbare Spuren in den Wandbespannungen der Zimmer wieder, die man nicht geändert hatte, erblickte wieder jene bizarren Gesichter, die die Einbildungskraft oft in die Musterung der Stoffe, den Marmor, in die Schatten der von der Zeit geschwärzten Zimmerdecken hineindichtet.

Sie ging mit lautlosen Schritten ganz allein durch dieses riesige, schweigende Schloß wie durch einen Kirchhof. Ihr ganzes Leben lag hier drinnen begraben. Sie stieg hinab in den Salon. Er lag dunkel hinter seinen verschlossenen Läden, und sie brauchte einige Zeit, ehe sie etwas unterscheiden konnte; dann, als sich ihr Auge an die Dunkelheit gewöhnte, erkannte sie nach und nach die hohen Wandteppiche, auf denen Vögel spazierten. Zwei Fauteuils waren vor dem Kamin stehen geblieben, als wäre jemand gerade aufgestanden; und der Geruch des Gemaches, ein Geruch, den es immer beibehielt, so wie Lebewesen den ihren haben, ein unfaßbarer Geruch, den man doch wiedererkennt, der süße, unbestimmte Duft alter Wohnräume durchdrang Jeanne, hüllte sie in Erinnerungen ein und versetzte ihr Gedächtnis in einen Rausch. Sie stand schwer atmend, sog diesen Hauch der Vergangenheit ein, die Augen auf die beiden Stühle geheftet. Und mit einem Male meinte sie zu sehen, nein, sah sie in einer plötzlichen Halluzination, die ihre fixe Idee gebar, ihren Vater und ihre Mutter, die sich am Feuer die Füße wärmten, wie sie es so oft gesehen hatte.

Voll Entsetzen fuhr sie zurück, stieß mit dem Rücken an den Türrahmen, hielt sich an ihm fest, um nicht zu fallen, die Augen noch immer auf die Stühle geheftet.

Die Vision war verschwunden.

Ein paar Minuten lang blieb sie verstört; dann gewann sie langsam wieder die Herrschaft über sich und wollte fliehen, sie fürchtete, wahnsinnig zu sein.

Zufällig fiel ihr Blick auf die Wandverkleidung, an der sie lehnte; da sah sie Puttchens Leiter.

In ungleichen Abständen kletterten alle die schwachen Zeichen an der Bemalung empor, und mit dem Taschenmesser eingeritzte Zahlen bezeichneten das Alter ihres Sohnes, den Monat und sein Wachstum. Manchmal war es die Schrift des Barons, die größer war, dann wieder ihre kleinere, dann die ein wenig zittrige von Tante Lison.

Und ihr war, als stünde das Kind von damals mit seinen blonden Haaren wieder vor ihr und preßte die kleine Stirn an die Wand, damit man seine Größe messen könnte.

Der Baron schrie: »Jeanne, seit sechs Wochen ist er um einen Zentimeter gewachsen.«

Und sie begann in Liebesraserei die Wand zu küssen.

Doch nun rief man sie von draußen. Es war Rosalies Stimme: »Madame Jeanne, Madame Jeanne, man wartet auf Sie mit dem Mittagessen.«

Sie trat heraus, war ganz kopflos, verstand nichts mehr von dem, was man zu ihr sprach.

Sie aß irgendwelche Dinge, die man ihr vorsetzte, hörte reden, ohne zu wissen wovon, sprach auch zweifellos mit den Pächtersfrauen, die sich nach ihrer Gesundheit erkundigten, ließ sich küssen, küßte selbst die Wangen, die man ihr hinhielt, und bestieg wieder den Wagen.

Als sie das steile Dach des Schlosses hinter den Bäumen aus dem Gesicht verlor, empfand sie in ihrer Brust einen entsetzlichen Schmerz.

Sie fühlte in ihrem Herzen, daß sie ihrem Hause nun für immer Lebewohl gesagt hatte.

Man fuhr nach Batteville zurück.

Im Augenblick, als sie ihr neues Heim wieder betreten wollte, bemerkte sie etwas Weißes unter der Tür. Es war ein Brief, den der Postbote in ihrer Abwesenheit dahinein gesteckt hatte, und sie erkannte sofort, daß er von Paul kam, und öffnete ihn, vor Ungeduld zitternd. Er schrieb:

»Meine liebe Mama!

Ich habe Dir nicht schon eher geschrieben, weil ich Dich nicht eine unnütze Reise nach Paris machen lassen wollte, da ich selbst doch die Pflicht hatte, Dich unverzüglich zu besuchen. Gegenwär-

tig hat mich ein großes Unglück betroffen, und ich bin in großen Schwierigkeiten. Meine Frau liegt im Sterben, nachdem sie mit einem Mädchen niedergekommen ist, das ist nun drei Tage her, und ich habe keinen Heller. Ich weiß nicht, was ich mit dem Kind tun soll, das meine Hausmeisterin mit der Flasche aufzieht, so gut sie kann; doch fürchte ich es zu verlieren. Könntest Du es nicht übernehmen? Ich weiß ganz und gar nicht, was ich tun soll, und habe kein Geld, es in Pflege zu geben. Antworte postwendend.

Dein Dich liebender Sohn

Paul.«

Jeanne sank schlaff in einen Stuhl, sie hatte kaum die Kraft, Rosalie zu rufen. Als das Dienstmädchen kam, überlasen sie zusammen den Brief, dann blieben sie lange stumm einander gegenüber.

Endlich sprach Rosalie: »Ich geh' die Kleine holen, Madame, man kann sie nicht so lassen.«

Jeanne antwortete: »Geh, meine Tochter.«

Sie schwiegen noch eine Weile, dann begann Rosalie wieder: »Setzen Sie Ihren Hut auf, Madame, gehen wir nach Goderville zum Notar. Wenn die andere dort sterben soll, so muß Herr Paul sie vorher heiraten wegen der Kleinen, wegen später.«

Und Jeanne setzte ihren Hut auf, ohne ein Wort zu erwidern. Eine tiefe, uneingestehbare Freude überflutete ihr Herz, eine niederträchtige Freude, die sie um jeden Preis verbergen wollte, eine jener teuflischen Freuden, über die man errötet und die man doch im geheimsten seiner Seele glühend genießt: die Geliebte ihres Sohnes würde sterben.

Der Notar gab der Magd ausführliche Ratschläge, und sie ließ sich sie mehrere Male wiederholen. Als sie dann sicher war, keinen Fehler zu begehen, erklärte sie: »Fürchten Sie nichts, jetzt nehm' ich es auf mich.« Sie reiste noch in der gleichen Nacht nach Paris ab.

Jeanne verbrachte zwei Tage in einer Geistesverwirrung, die sie unfähig machte, über irgend etwas nachzudenken. Am dritten Morgen erhielt sie nur ein paar Worte von Rosalie, die ihre Rückkunft mit dem Abendzug ankündigte. Nichts weiter.

Gegen drei Uhr ließ sie das Wägelchen eines Nachbarn anspannen, das sie nach dem Bahnhof von Beuzeville brachte, wo sie ihre Dienerin erwarten sollte.

Sie blieb auf dem Bahnsteig stehen, die Augen auf die geraden Linien der Schienen gerichtet, die davonliefen und sich weit, weit hinten am Rande des Horizontes einander näherten. Von Zeit zu Zeit sah sie nach der Uhr. – Noch zehn Minuten. – Noch fünf Minuten. – Noch zwei Minuten. – Jetzt war es Zeit. Nichts war auf der weiten Strecke zu sehen. Dann sah sie plötzlich einen weißen Fleck, Rauch, dann darunter einen schwarzen Punkt, der wuchs und wuchs und in größter Geschwindigkeit herbeigelaufen kam.

Endlich fuhr die mächtige Maschine in verlangsamtem Tempo pustend an Jeanne vorüber, die in höchster Spannung nach den Kupeetüren spähte. Einige öffneten sich; Leute stiegen aus, Bauern in Kitteln, Bäuerinnen mit Körben, Kleinbürger im weichen Hut. Endlich erblickte sie Rosalie, die eine Art Wäschebündel in ihren Armen trug.

Sie wollte auf sie zugehen, aber sie fürchtete zu fallen, so schlaff waren ihre Beine geworden. Die Magd hatte sie erblickt und kam mit ihrer gewöhnlichen ruhigen Miene zu ihr; sie sagte: »Guten Tag, Madame, da bin ich wieder, es hat Mühe gekostet.«

Jeanne stammelte: »Nun?«

Rosalie antwortete: »Nun, sie ist heut nacht gestorben. Sie sind verheiratet, da ist die Kleine.« Und sie reichte ihr das Kind hin, das man in seinem Leinenzeug gar nicht sah.

Jeanne nahm es mechanisch in Empfang, und sie gingen aus dem Bahnhof heraus und stiegen in den Wagen.

Rosalie fuhr fort: »Herr Paul kommt gleich nach dem Begräbnis, morgen um dieselbe Zeit, sollte man meinen.«

Jeanne flüsterte: »Paul ...« Sie fügte nichts anderes hinzu.

Die Sonne senkte sich gegen den Horizont und übergoß die grünenden Flächen, die der blühende Raps und der Mohn stellenweise goldig und blutrot fleckten mit ihrem strahlenden Licht. Unendliche Stille schwebte über der ruhigen Erde, in der die Säfte trieben.

Das Wägelchen fuhr schnell dahin, und der Bauer schnalzte manchmal mit der Zunge, um das Pferd anzutreiben.

Und Jeanne blickte gerade vor sich hin in den Himmel hinein. Und plötzlich fühlte sie etwas Sanftes, Laues, eine Wärme des Lebens, die ihre Kleider durchdrang, an ihre Beine kam und schließlich ihren ganzen Leib durchströmte.

Es war die Wärme des kleinen Wesens, das auf ihrem Schoß schlief.

Da überflutete sie unendliche Rührung. Sie enthüllte schnell das Gesicht des Kindes, das sie noch nicht gesehen hatte, das Gesicht der Tochter ihres Sohnes. Und als das zarte Geschöpf, von dem grellen Licht getroffen, seine blauen Augen aufschlug und die Lippen bewegte, fing Jeanne es wie rasend zu liebkosen an, hob es in ihren Armen hoch und überschüttete es mit Küssen.

Doch Rosalie, zufrieden und brummig, hielt sie zurück: »Nun, nun, Frau Jeanne, hören Sie auf; Sie werden es noch zum Schreien bringen.«

Dann fügte sie hinzu, indem sie ohne Zweifel ihren eigenen Gedanken Antwort gab: »Ja, sehen Sie, das Leben ist niemals so gut oder so schlecht, als man glaubt.«

Nachwort

Naturalismus. Man sagt, Maupassant gehöre zum Naturalismus, und zugleich hält sich hartnäckig die Ansicht, einige seiner Novellen – also Beispiele der präziseren, kunstvolleren Form – seien wahrhaft Meisterwerke, die Romane aber der Höhepunkt sentimentaler Kolportage. Schließlich muß es ja auch bedenklich erscheinen, wenn jemand, nachdem er zehn Jahre (1870–80) nur damit verbracht hatte, Kriegsdienste zu leisten, Ministerialangestellter zu sein, dem Rudersport und den Frauen zu frönen, bei der Zeitung und bei Flaubert das Schreiben zu lernen, dann in den nächsten zehn Jahren (1880–90) 6 Romane, 16 Novellenbände, 3 Reisebücher und unzählige journalistische Arbeiten verfaßte, daneben noch reichlich liebte und reiste, bis die progressive Paralyse erst seiner Arbeit, dann 1893 (als er 43 Jahre alt war) seinem Leben ein Ende setzte. Was immer man von den Folgen des Schnellschreibens und der Syphilis, von den Kategorien der Sentimentalität und der Kolportage, nicht nur bei Maupassant selbst, sondern auch etwa bei seinem Freund und Rivalen Zola, oder vom höheren Formanspruch der Novelle halten mag – Fragen, die kaum allein durch Argumentation zu präzisieren und zu beantworten sein dürften –, so läßt sich doch ein wenig klären, was es mit dem »Naturalismus« auf sich hat.

Nimmt man dessen gängige Definition, sowie zum Beispiel Zola und Ibsen als bedeutende Vertreter, so bestimmt sich der Naturalismus paradox: Er will unparteiisch die menschlichen Schicksale in ihrer jeweiligen soziohistorischen Situation so genau wie möglich, ohne jede Beschönigung schildern – und damit die abgebildete Wirklichkeit verklagen; er will, um metaphysischer Idealisierung zu widersprechen, eine positivistische Erklärung der menschlichen Wirklichkeit geben (durch Vererbung, Konstitution oder Milieu) – mit dem Anspruch, sie zu verändern. Von alledem ist bei Maupassant wenig vorhanden. Das medizinische oder sozialkritische Aufklärerpathos der Kollegen fehlt ihm gänzlich, vielmehr hat ihm die an seinen Lehrer Flaubert gemahnende impassibilité oft den Vorwurf – und das Kompliment – des Zynismus oder des Pessimismus eingebracht. Und andererseits wird, was da an unerfreulicher

Realität kühl geschildert ist, keineswegs so dargestellt, als könne es überhaupt nicht anders sein, als unterliege es einer positivistisch bestimmbaren Determination, sei sie nun medizinisch oder sozial; es gibt Punkte im Handlungsablauf, wo es auch anders weitergehen könnte.

Wenn etwas an diesen Texten ›naturalistisch‹ ist, dann wahrhaftig die Beschreibung von Natur im vielfältigsten Sinne – der Natur als Umwelt (nicht nur der ländlichen in Maupassants normannischer Heimat, sondern dann auch des Interieur und der Stadtlandschaft), der Menschennatur (in allen ihren gesellschaftlichen Deformationen), und gegenüber diesen beiden Gestalten der natura naturata die Spuren einer natura naturans, einer schöpferischen Naturgewalt, die in der gesellschaftlichen Wirklichkeit des 19. Jahrhunderts kaum noch gestaltend, sondern nur mehr auflösend wirkt, im Geschlechtstrieb und im Sterben.

»Das geht natürlich nicht.« Auch wenn einzelne Probleme im 20. Jahrhundert sich nicht mehr so kraß stellen oder in anderer Erscheinungsform als in der ersten Hälfte des 19., so kann Jeanne doch heute – zumal für Leserinnen der Mittelschicht – durchaus noch eine Identifikationsfigur sein. Was in der Verfremdung durch den historischen Abstand sichtbar wird, im Verein mit der emotionalen Nähe, provoziert Empörung.

Zunächst über die Unterdrückung des Weibes überhaupt, dann über deren spezielle Form in der Erziehung von Mädchen der Mittel- und Oberschicht im vorigen Jahrhundert, spezifiziert in dem sonderbaren Entwicklungsplan des alten Rousseauisten für seine Tochter: Kindheit auf dem Lande, Pubertät im Kloster, Erwachen und Entfaltung von Gefühl und Sinnlichkeit auf dem Lande, ohne Aufklärung, ohne irgendwelche Erfahrung mit anderen Realitäten außer denen des verlogenen Klosters und der harmonischen Familie. »Indem sie die Jugend mit so unrichtiger psychologischer Orientierung ins Leben entläßt, benimmt sich die Erziehung nicht anders, als wenn man Leute, die auf eine Polarexpedition gehen, mit Sommerkleidern und Karten der oberitalienischen Seen ausrüsten würde« (Sigmund Freud im ›Unbehagen in der Kultur‹, 1930). Und doch läßt sich dieser Erziehung nicht alles spätere

Unglück anlasten, erfahren wir doch, daß Jeanne nach dem Schrekken der unzulänglich vorbereiteten Hochzeitsnacht später, im südlichen Ambiente, durchaus die Freuden des Sexus erfahren und schätzen lernt.

Also empören wir uns über ihren Gatten, dies verlogene, geizige, untreue, brutale Scheusal. Den Einwand, dies bürgerlich-patriarchalische Ungeheuer sei nicht unbedingt für alle Schicksalsschläge verantwortlich zu machen, bringt Rosalie: »Man verheiratet sich auch nicht so, ohne seinen Zukünftigen überhaupt zu kennen.« Tatsächlich hat Jeanne die für ihr Milieu in ihrer Zeit ungewöhnliche Chance, der eigenen Neigung folgen zu dürfen; und wie wenig sie später mit dem anfangs charmanten Jüngling wird anfangen können, zeigt sich dem aufmerksamen Leser schon vor der Verlobung, wenn sie es »himmlisch« findet, »in die ganz unbekannten Länder« zu reisen oder »in die sehr alten, die voll Erinnerung sind«, und er erwidert: »Mich zieht England sehr an. Man kann in diesem Land viel lernen.« Aber da hört sie nicht zu, sondern gibt sich ihren Gefühlen des Verliebtseins hin. Und wenn der Gatte nach der Hochzeitsreise seinen Charme ablegt und sie allein schlafen läßt, versucht sie nicht etwa, ihn zu verführen – wozu sie auf Korsika durchaus fähig war –, sondern gibt sich den Gefühlen der Langeweile und der Melancholie hin. Hatte sich schon vor der Ehe und in deren Anfang jede Gemütserregung in nervösen Symptomen ausgedrückt, so flüchtet sie nun immer heftiger in schwer definierbare Krankheiten. Noch einmal Freud (in ›Die kulturelle Sexualmoral und die moderne Nervosität‹, 1908): »Die Ehe hat unter den heutigen kulturellen Bedingungen längst aufgehört, das Allheilmittel gegen die nervösen Leiden des Weibes zu sein; und wenn wir Ärzte auch noch immer in solchen Fällen zu ihr raten, so wissen wir doch, daß im Gegenteil ein Mädchen recht gesund sein muß, um die Ehe zu ›vertragen‹ (...). Das Heilmittel gegen die aus der Ehe entspringende Nervosität wäre vielmehr die eheliche Untreue; je strenger eine Frau erzogen ist, je ernsthafter sie sich der Kulturforderung unterworfen hat, desto mehr fürchtet sie aber diesen Ausweg, und im Konflikte zwischen ihren Begierden und ihrem Pflichtgefühl sucht sie ihre Zuflucht wiederum – in der Neurose. Nichts anderes schützt ihre Tugend so sicher wie die Krankheit.«

Geht es wirklich nicht anders? Jeanne hat die sexuelle Toleranz

ihres Vaters und des ersten Dorfpfarrers vor Augen, sie erfährt schließlich von den außerehelichen Freuden ihrer Mutter, und sie kann sogar den Grafen, mit dessen Frau ihr Mann die Ehe bricht, gut leiden. Sie ist auch zum Widerstand gegen soziale Normen fähig, wenn sie ihren Sohn der Vereinnahmung durch die Kirche vorenthält. Es ist also keineswegs ganz »natürlich«, daß sie während der frustrierenden Ehe und in ihrer Witwenschaft nicht die geringste Initiative zu ihrem eigenen Glück unternimmt – außer der hemmungslosen Verwöhnung ihres Sohnes, dem notwendigerweise scheiternden Versuch, eine Innigkeit aufzubauen, die frei von den Konflikten des Eros wäre. So wirklichkeitsfremd Jeannes Erziehung war, so bösartig das bürgerliche Patriarchat in Julien verkörpert auftritt: das Schicksal dieser Frau ist nicht zwangsläufig determiniert, eine Portion Trägheit und Larmoyanz kommt hinzu – wie auch unsere Empörung über das, was ihr angetan wird, eine Portion Selbstmitleid enthalten mag.

Naturreligion. An vielem, wenn auch nicht an allem, scheint der Vater schuld zu sein. Und dabei ist er keineswegs ein Familientyrann oder Moralfanatiker. Ganz im Gegenteil: »Der Baron gehörte zu jenen Philosophen der alten Zeit, die als Anbeter der Natur eine Art pantheistischer Gottheit verehrten und der Vereinigung zweier Wesen mit Rührung zusahen. Und in ihm sträubte sich alles gegen die katholische Vorstellung eines Gottes von bürgerlichem Zuschnitt, mit jesuitischen Vergeltungstheorien und den Rachegelüsten eines Tyrannen. In einem solchen Gott sah er eine Herabsetzung der ihm schicksalhaft, grenzenlos und allmächtig erscheinenden Schöpfung, die Leben, Licht, Erde, Gedanke, Pflanze, Fels, Mensch, Luft, Tier, Stern, Gott und Insekt zugleich ist, schaffend, weil sie Schöpfung ist, stärker als jeder Wille, umfassender als jeder Gedanke, im unendlichen Raume immer neue Formen, immer neue Gestaltungen hervorbringend, ohne Ziel, ohne Zweck, ohne Ende, nur unter dem Zwang des Zufalls und der Nähe der Sonnen, die die Welt erwärmen.«

Und das ist keineswegs reine Ideologie oder Ästhetik, der Baron setzt sich tatsächlich gegen die Kirche zur Wehr, fährt zum Fischen aufs Meer, schaut gemeinsam mit den Dorfkindern unbefangen der

Hundegeburt zu, geht mit seinem Geld so verschwenderisch um wie die Natur mit ihren Schöpfungen, hat keine Schuldgefühle bei seinen Abenteuern mit Dienstmädchen. Das einzige, was ihn nun doch geniert, ist die Aufklärung seiner Tochter vor der Hochzeitsnacht, aber immerhin macht er einen Versuch. Und sein uns so sonderbar erscheinender Erziehungsplan, die Gefangenschaft im Pensionat während der Pubertät zwecks Reinerhaltung der Mädchenseele, ist ihm, dem Rousseauisten, nicht übel zu nehmen: ein Vater von Jeanne, die etwa 1802 geboren wird, könnte als gebildeter Mensch nur ganz ausnahmsweise eine realistischere Vorstellung von der Psychologie des Jugendalters haben. Und, wie sich auf Korsika zeigt, haben die Eindrücke der ländlichen Natur bei Jeanne ihren Zweck erfüllt, sie haben die Verdrängungen des Klosters wirklich beseitigt.

Die Schönheit des gelebten Weltbildes »jenes Philosophen der alten Zeit« erweist sich als existenzgefährdend veraltet auf einer ganz anderen Ebene, nämlich auf der ökonomischen. Seine ›Güte‹, seine Verschwendung mögen ebenso bezaubernd großzügig erscheinen wie sein Pantheismus – solange das Geld reicht. Er stirbt zu seinem Glück justament in dem Augenblick, in dem sein endgültiger Ruin absehbar wird.

Zweite Natur. Die Großzügigkeit des Barons und seiner Frau, dann auch ihrer Tochter Jeanne ist ein feudales Relikt des 18. Jahrhunderts, das keineswegs nur deshalb im 19. deplaciert ist, weil das bürgerliche Ideal der Sparsamkeit allgemeingültig wurde, sondern weil ihm zunehmend die materiellen Ressourcen fehlen, weil der Wert des Grundbesitzes und seiner Erträge in ein ungünstigeres Verhältnis zu den luxuriösen Lebenshaltungskosten getreten ist. Lange bevor der Enkel und permanente Bankrotteur Paul den Ruin beschleunigt und seine Mutter endgültig arm macht (dank Rosalies Eingreifen nur relativ arm), verkauft der Baron nach und nach seine Pachthöfe, weil das laufende Einkommen für seinen Lebensstil nicht mehr ausreicht, geschweige für die Renovierung des Schlosses. Selbst bei einer gleichmäßigen Fortsetzung dieser Lebensweise, auch ohne die Eskapaden von Paul, dürfte das Vermögen innerhalb von Jeannes Lebenszeit immer rascher dahinschmelzen.

Unter diesem Aspekt ist ihr Gatte Julien keineswegs ein Monstrum, sondern ein praktischer Mensch des 19. Jahrhunderts. Der Vicomte hat außer dem Wappen kaum etwas geerbt, so ist er vor der Illusion bewahrt, feudale Verschwendung sei weiterhin durchführbar. Ohne sich gänzlich ins bürgerliche Wirtschaftsleben einzuordnen (also einen Beruf zu ergreifen), zieht er doch zwei vernünftige Konsequenzen: er heiratet eine im Verhältnis zu ihm wohlhabende Frau, und er ist sparsam. Während das Benehmen seines Schwiegervaters, wenngleich trügerisch und ohne reales Fundament, in sich harmonisch erscheint, ist Julien aber nun gar nicht die in einem bürgerlichen Jüngling personifizierte Verläßlichkeit, die in so vielen Beschwichtigungsromanen des 19. Jahrhunderts die lebensuntüchtige, verarmende adlige Schönheit saniert. Im Gegenteil, er verkörpert ganz die dissoziative Häßlichkeit, die groteske Verkrampftheit des Anpassungsvorgangs. Von seiner adligen Herkunft erhält er sich die äußeren Zeichen der Absetzung vom Bürgertum, das Wappen und den gesellschaftlichen Verkehr mit den ›besten Familien‹ der Umgebung, ohne den Rest des dazu gehörigen ästhetischen Scheins (die ungleichen Pferde und der lächerlich livrierte Diener). Er hält fest, was ihm angenehm ist, die nicht allzu sorgfältig verborgene Promiskuität, ohne seiner Frau die Kompensation durch Luxus zu gönnen. Und er konserviert, was für eine bürgerliche Oberschicht so nützlich ist wie für eine adlige, das Bündnis mit der Kirche in ihrer Unterdrückungsfunktion, die Verachtung und Ausbeutung der Unterschicht, jedoch ohne paternalistische Auflockerung (nach der Hochzeit werden keine großen Feste mehr gefeiert). Und sein Umgang mit den neuen Werten ist zugleich stur und verunsichert: er feilscht auf der Hochzeitsreise nicht nur um Hotelrechnungen, sondern sucht auch ausgerechnet bei seiner darob in Scham versinkenden Frau Bestätigung für die kümmerliche Bemessung der Trinkgelder. Symptomatisch für seine psychologisch-ökonomische Unausgeglichenheit ist seine Neigung zum Jähzorn.

Der schöne Schein der Vergangenheit und die Karikatur der zukunftweisenden Vernunft in ihrem Kontrast machen es für Jeanne doppelt schwierig, die wirtschaftlichen Realitäten zur Kenntnis zu nehmen. Wenn sie in trotzig-unsinnigem Überschwang das letzte Vermögen für ihren Sohn verausgaben will, den sie zu hemmungs-

losem Anspruchsdenken erzogen hat, wird sie schließlich selbst zur Karikatur ihres Vaters. Und wenn ihr das Realitätsprinzip in einer sympathischeren Gestalt entgegentritt, wenn Rosalie sich ihrer annimmt, bleibt sie jeglicher Einsicht unzugänglich, läßt sich danklos helfen und trauert nur, daß sie von dem neubezogenen kleinen Haus das Meer nicht sehen kann. Rosalie: »Was würden Sie sagen, wenn Sie um Ihr Brot arbeiten müßten, wenn Sie gezwungen wären, täglich um sechs Uhr früh aufzustehen und auf Taglohn zu gehen! Gibt es doch ihrer genug, die das tun müssen, und wenn sie zu alt geworden sind, sterben sie im Elend.«

Naturgefühl. Des Vaters Naturreligion setzt sich noch in Praxis um, er pflegt nicht nur die einem Landadligen angemessene Verwaltung und Verbesserung seiner Landwirtschaft sowie den Reitsport, sondern seine Liebe zu den Elementen treibt ihn auch, einer recht plebejischen Tätigkeit nachzugehen, dem Fischfang mit Netzen. Seine Frau ist weniger aktiv, und schon gar nicht auf sinnvolle Weise, aber doch nicht gänzlich untätig. Wir erfahren, daß sie in früheren Zeiten an einem abwechslungsreichen gesellschaftlichen Leben teilnahm und einen Liebhaber hatte, später gibt es für sie neben der Lektüre von Romanen und alten Briefen »ihre Hypertrophie« und »ihre Motion«, die Krankheit stellt nicht nur ein Leiden dar, sondern zugleich ein Charakteristikum und etwas, womit sie beschäftigt ist.

Erst die Tochter tut schlechterdings nichts, was zu ihr selbst gehören würde. Sie stickt sich Unterwäsche, um für ihren Mann schön zu sein; sie macht Handarbeiten, um ihren Sohn zu schmükken; sie pflanzt Salat, weil Paul in kindlichem Tatendrang die Gärtnerei entdeckt; sie richtet in dem neuen Haus das Zimmer ein, das er bewohnen soll, falls er je wiederkehrt. Sonst tut sie nichts, offenbar nicht einmal Romanelesen. Oder genauer: Jeanne geht spazieren.

Ihr Verhältnis zur Natur ist, verglichen mit dem des Vaters, gänzlich passiv, nach dem Weggang des Sohnes gibt sie auch die Betreuung des Salates wieder auf. Diese Passivität besagt freilich nicht, daß sie als entfremdete Beobachterin der Natur gegenüberstünde, im Gegenteil, sie besteht gänzlich aus Empfänglichkeit und

Sensibilität, sie ist so leer an eigener Energie, an eigenen Wünschen, daß sie von jeder Stimmung der Witterung, von jedem Wechsel der Jahreszeit gänzlich ausgefüllt, durchdrungen und mitgerissen wird. Die Überwältigung vom Naturgeschehen wirft sie in Tränen oder Ohnmacht. Ihre Gefühle und Begierden sind eher Echo des äußeren Lebens als Antworten. So auch ihre Liebe: Wenn alles sich paart, muß auch sie sich verlieben, ihre Neigung richtet sich allein nach der physischen Anmut, ihre erste sinnliche Erregung ist kaum von den Körpersensationen unterschieden, welche etwa der Sonnenaufgang in ihr hervorruft, und eine Quelle ist es, die ihr die erste erotische Handlung eingibt. Menschen kann sie manchmal von anderen Bestandteilen der organischen Welt nicht ganz absondern: der erste Laut aus dem Munde ihres Kindes ist ein »Miauen«, und der zugleich hinterwäldlerische und leidenschaftliche Graf erscheint als »Kentaur« (in beiden Fällen, würde ich meinen, spricht der Romantext aus Jeannes Perspektive). Ähnlich, wie sie auf den gewaltigen Eindruck der Naturschönheit mit unbestimmten Glücksgefühlen reagiert, so auch auf eine melancholische Landschaft mit Trübsinn und auf Enttäuschungen an der Menschennatur mit diffusen, kaum zu diagnostizierenden Krankheiten.

Doch daß solche Offenheit und Hingabe, solche Bewußtlosigkeit und Zeitlosigkeit in der menschlichen Realität nicht ausreichen, vielleicht Gefahren mit sich bringen, ist als unartikulierte Ahnung von Anfang an in ihr. Die ersten Erlebnisse der wechselnden Witterung und Beleuchtung gewahrt sie zwar mit voller Intensität, aber dennoch nicht im Genuß der Gegenwart, sondern gleichsam als Antrieb, Illustration und Garantie ihrer Hoffnung auf zukünftiges Glück, auf die große Liebe. Aber bevor diese noch eintritt, wird die Gegenwart zugleich zum zweiten Futur: »Überall säte sie Erinnerungen aus, wie man Samenkörner in die Erde versenkt, Erinnerungen, die bis zum Tode festwurzeln.« Was bis zum Tode bleibt, ist dann freilich nicht der Rausch des Naturgefühls, sondern die Reduktion »eines Lebens« auf Erwartung und Erinnerung.

Nature morte. Bei der Rückkehr ins elterliche Schloß, nach den Jahren im Pensionat, ist Jeanne kaum weniger als für die organische Natur auch für die Atmosphäre der toten, durch Erinnerung – an

frühere Generationen und an ihre eigene Kindheit – beseelten Dinge ins Haus empfänglich. In ihrem Entzücken an allem Getier, das auf Gobelins oder in Bronze abgebildet ist, übersieht sie – oder verdrängt sie – den teilweise recht sinistren Symbolwert der Gegenstände. Denn es gibt nicht nur die Sesselbezüge mit den Illustrationen zu den Tierfabeln von La Fontaine im Salon; Jeannes eigenes Schlafzimmer enthält nicht nur den gestirnten Himmel ihres Bettes, geschnitzte Rosengirlanden und damastene Blumensträußchen. Aber in den »vier großen Vögeln, ganz schwarz und glänzend poliert« sieht sie die »Hüter« ihres Bettes, keine Bedrohung; die Tapisserie, welche die Geschichte von Pyramus und Thisbe vorstellt, macht sie »glücklich, in dieses Liebesabenteuer eingesponnen zu sein«, ohne das Ende der Tragödie zu berücksichtigen; und die bienenkorbförmige Stutzuhr mit der kleinen Biene am Pendel, dies zweideutige Emblem mechanisch sinnloser und bewußtlos nützlicher Bewegung, erregt »lebhafte Zärtlichkeit« in ihr, »vor diesem kleinen Getriebe, das lebendig zu sein schien, das ihr die Stunden läutete und wie ein Herz klopfte, fühlte sie sich bis zu Tränen bewegt«. Längst nachdem ihre Naturbegeisterung erloschen ist, flackert die Rührung von den vermeintlich beseelten Souvenirs noch einmal auf, entlockt Jeanne ein gewisses Interesse an der Umwelt, wenn sie nach dem Verkauf des Schlosses die Gegenstände auswählt, die sie mit in das kleine Haus nehmen will.

Die von den Dingen erweckten Gefühle sind freilich sicherer, ungefährlicher als die von Lebendigem hervorgerufenen. Schon am Tage ihrer Hochzeit begreift Jeanne dunkel, daß die Mischung aus ästhetischer Faszination, diffuser Sinnlichkeit und schwärmerischer Erwartung, die sie zu ihrem Mann hinzieht, nicht sonderlich tragfähig ist: »Warum fiel man so schnell in die Ehe, wie in ein Loch, das sich unter unseren Schritten öffnet?« Der Genuß sexueller Leidenschaft auf der Hochzeitsreise hinterläßt so wenig haftende Spuren wie ein Sonnenaufgang: Nachdem Julien sich entzieht, ist Jeanne traurig; nachdem er sie betrügt, entzieht sie sich selbst; um ein zweites Kind zu empfangen, spielt sie ihm Erregung vor; nach seinem Tod empfindet sie wehmütige Erinnerungen an jene schöne Zeit, um dann bald in der »hochmütigen Selbstgerechtigkeit der Frau, die immer rein geblieben war«, zu erstarren. Nachdem ein einziges Mal ein Gefühl eine Konsequenz gehabt, die Heirat, und

diese zu einer Enttäuschung führte, läßt Jeanne sich auf keine weiteren Experimente der Hingabe mehr ein.

Statt dessen nimmt sie ihren Sohn in Besitz, dies nur halb gewollte Produkt ihrer einzigen realen und nicht nur empfundenen Interaktion mit einem anderen. Dem Kind gegenüber hat sie keinerlei Offenheit und Empfänglichkeit, die frühere Flüchtigkeit der Gefühle schlägt um in eiserne Umklammerung. Heftig unterstützt von der bisher noch grausamer frustrierten Tante Lison, nur selten behindert von dem Baron, der als Großvater immerhin für ein wenig Bildung sorgt, belästigt Jeanne den Sohn mit ihrer Allgegenwart. Wie eine Puppe verpackt sie ihn in die kunstvollen Ergebnisse ihrer Handarbeit; sein Wachstum versteht sie nicht als Veränderung, sondern nur als stets neu zu vermessendes Größerwerden, und, gleichsam zur Fotografie fixiert, schiebt sich beharrlich sein Bild als Kleinkind zwischen ihren Blick und seine reale Erscheinung. Wenn es sich schließlich erweist, daß er kein so geduldiges Eigentum ist wie die Stutzuhr mit dem Bienchen, daß er nicht nur ein Mensch für sich, sondern gar ein Mann geworden ist, wenn ihr der Schein eines immerwährenden, gefahrlosen Glückes entzogen ist, zieht Jeanne sich wieder zurück, in nunmehr gedämpftes Naturgefühl, in Erinnerung und Hoffnung: sie wartet, bis es wieder so wird, wie es war. Für das Enkelkind, daß sie am Ende wirklich in den Armen hält, steht zu hoffen, daß Rosalie den Versuchen entgegenwirken wird, es wiederum zum Nippesgegenstand, zum Element eines Stillebens zu machen.

Das ist doch alles ganz natürlich. Wenn man den Roman in der Sorge um seine Heldin liest, ist Rosalie, die Milchschwester, Zofe, Nebenbuhlerin, Bäuerin und freiwillige Dienerin, tatsächlich der einzige Lichtblick. Aber sie hat nicht nur die menschenfreundliche Funktion, die »Närrin« Jeanne vor der endgültigen Verelendung zu bewahren, und die je nach Geschmack des Lesers erfrischende oder brutale Neigung, durch sachliche Kommentare ihrer Herrin Ergießungen des Selbstmitleids zu unterbrechen. Zugleich ist sie eine Vertreterin der dörflichen Welt, der Gegenwelt zu den Schlössern. Tolstoi meinte, Maupassant habe das Volk wie das Vieh geschildert, was freilich nur besagt, daß er es ebenso wenig wie die höheren

Schichten idealisiert hat. In ›Ein Leben‹ sind die beiden Klassen einander kraß entgegengestellt; welche dabei besser wegkommt, ist zumindest fraglich.

Die empfindsame, leidende, schattenhafte Jeanne mag interessanter sein als die so gänzlich praktisch handelnde Rosalie mit ihrem so gänzlich gesunden Menschenverstand. Aber Rosalie ist nicht nur arbeitsfähiger, sondern auch liebesfähiger als Jeanne. Die Verpflichtung, die sie darin sieht, daß sie für die verlorene Unschuld als Dienstmädchen von Jeannes Eltern einen Hof erhalten hat, ist keine hinreichende Motivierung für die spontane Hilfe: »Sakrament, hab' ich Sie denn so lassen können, so ganz allein?« und für die Selbstverständlichkeit, mit der sie des weiteren allen Wirrwarr in Jeannes Leben ordnet – wie es aussieht, ganz gleichgültig gegen deren mangelnde oder widerspenstige Reaktionen. Sie verkörpert in dieser letzten Phase des Romans die Umkehrung von Jeanne, eine Verschwendung von praktischer Hilfe und aktiver Zuwendung statt einer Verschwendung von freischwebenden Gefühlen und Geld (»Sie sollen darüber nicht lachen, Madame, denn ohne Geld ist man ein Lump«). Durch die Härte, mit der Rosalie Jeanne entgegentritt, um sie vor der Verwahrlosung zu schützen, und durch den Sinn fürs Ökonomische entgeht Rosalie der Gefahr, eine allzu leuchtende Allegorie der Landbevölkerung zu sein.

»Das Volk« erscheint vielleicht am schockierendsten in der Szene, in welcher die zerschmetterten Leichen des ehebrecherischen Paares in dem Schäferkarren gefunden werden, der vermeintlich vom Sturm, in Wahrheit von dem eifersüchtigen Grafen die Steilküste hinabgeworfen wurde: »Es wurde beschlossen, die Leichen nach den Schlössern zu transportieren, in der Hoffnung auf eine gute Belohnung. (...) Die einen wollten nur Stroh auf dem Boden des Wagens ausbreiten, die anderen hielten es für schicklicher, Matratzen unterzulegen. (...) ›Aber sie werden ja ganz voll Blut werden, die Matratzen. Man wird's ja wieder waschen müssen mit Seife und Bürste.‹ Ein dicker Pächter mit behaglichem Gesicht antwortete (...): ›Sie werden's schon bezahlen. Je größer der Schaden ist, desto teurer wird's kommen.‹ Dieser Hinweis war entscheidend.«

Nicht nur zum Geld ist das Verhältnis der Dorfbewohner praktischer als das des Barons und unverkrampfter als das des Vicomte,

sondern sachlicher sehen sie auch den Tod. Naturhafte Ereignisse, Tod, Geburt und außerehelicher Geschlechtstrieb, sind für Jeanne Naturkatastrophen, für ihren Vater Naturwunder. Für die Bauern und Fischer sind sie ganz natürlich. Diese Selbstverständlichkeit verkörpert sich in der Witwe Dentu, die, als Hebamme und als Leichenwäscherin wirkend, an die mythische Nähe von Geburt und Tod erinnert und dabei augenscheinlich gefühllos ihren technisch erforderlichen Verrichtungen nachgeht.

Sprachrohr der dörflichen Einstellung zur Sexualität ist der Landpfarrer, dessen gleichsam vortridentinischer Katholizismus sich mit dem gelinden Heidentum seiner Schäfchen abgefunden hat. Obwohl er sich aufs neugierige Zuhören im Beichtstuhl beschränken muß, ist er einer der Ihren, der, wenn ein Mädchen mit dickem Bauch in die Kirche kommt, sich über das entstehende neue Gemeindemitglied freut und ihm einen Vater verschafft, und der Jeanne den guten Ratschlag gibt, damit ihr Mann sich nicht länger auf den coitus interruptus beschränke, sich für bereits schwanger zu erklären.

Umgekehrt hat sein Nachfolger, ein asketischer Fanatiker, der im Schloß teils antiklerikale Abneigung, teils Bewunderung hervorruft, im Dorf überhaupt keinen Erfolg. Seinen Moralpredigten weicht man aus; je schlimmer er spioniert und denunziert, desto weniger Leute gehen zur Kirche. Schließlich versucht er, böse Geister zu bannen; den einzigen Aberglauben aber, den er in den Dörflern zu wecken vermag, ist die Ansicht, er selbst sei eine Art Hexenmeister – sie können es einfach nicht einsehen, daß in ihrer Sünde der Unkeuschheit der Teufel am Werk sein soll.

Naturgewalten. Der etwas schemenhafte Eindruck, den die Heldin hinterlassen kann, ist wohl nicht nur ihrem Mangel an Aktivität und der Vergeblichkeit ihrer realitätsfremden Wünsche zuzuschreiben, sondern auch der Tatsache, daß sie – mit Ausnahme ihres Korsika-Erlebnisses – das einzige Element des Romans ist, dem es an Sexualität fehlt. Die Personen mögen noch so präzis unterschiedene Charaktere haben, alle gleichen sie sich durch den Trieb: die rührselige Mutter, die gern schlüpfrige Liedchen hört, und Rosalie, die den Vicomte zu sich ließ, »weil er nett war«, der stumme und

wilde Graf, der die leidenschaftlichen Ritte von Julien und der Gräfin durch Mord beendet, und der Bäcker, der die Tür des Backofens verschließt, in den sich Bäckerin und Schmied verkrochen haben, wie die Korsen, bei denen Liebe und Mord noch näher beieinander liegen als in der Normandie, aber auch der Baron mit seinen vergnüglichen Jugenderinnerungen, seiner Bewunderung der schöpferischen Paarung und die arme, vertrocknete Tante Lison, die den großen Mangel in ihrem Leben verzweifelt empfindet, der eine Pfarrer, der genüßlich die Beichte hört, und der andere, bei dem der Druck des Zölibat in obsessiven Haß auf jegliche menschliche und tierische Manifestation des Sexus umgeschlagen ist, schließlich Jeannes mit dem Geld zwar leichtfertiger, in der Liebe aber offenbar treuer Sohn Paul und seine geheimnisvolle, nie in Erscheinung tretende Geliebte, die ehemalige Prostituierte.

Neben den Menschen paaren sich Flora und Fauna, Insekten und Vögel; wenn die gebärende Hündin der klerikalen Triebfeindlichkeit zum Opfer fiel, säugt eine Katze die Hündchen; wenn das reitende Menschenpaar von dem leidenden Dritten ermordet wurde, folgt doch weiter der Hengst der Stute. Die Sprache des Romans braucht weder das Pathos des Barons noch die Lüsternheit des Landpfarrers, um solche Pansexualität des Lebens zu konstatieren, leidenschaftslos, ohne Ansehung von Schuld oder Unschuld, Beglückung oder Schmerz schildert der Text die Allgegenwart des Triebes.

Aber so amoralisch die Verstrickungen der Liebenden, so impassible die physische wie die verbale Phänomenologie des Eros auch geschildert werden, auf einer Ebene ist der Text doch keineswegs neutral: in der Beschreibung von Landschaften, von Licht und Meer. Ganz zu Beginn ist der Weg in die Zukunft bestimmt vom Regen, da heißt es von der Kutsche: »die vier Räder kreisten wie Sonnen von Kot«. Zum erstenmal sind hier Wasser und Sonne beieinander, welche seit Urzeiten und in diesem Roman immer wieder als Bild für Männliches und Weibliches stehen. Zugleich sagt die Metapher: die Sonne, die männliche Befruchtung, kann auch schmutzig erscheinen; wenn die sensible, sich allzu sauber haltende Frau eine Enttäuschung erfährt, kann die »Paarung der Geschöpfe (...) sie (...) wie eine widernatürliche Sache« empören.

Zuvor aber will die Natur das Mädchen – oder die Schilderung

der Natur die Leser – mit allen Mitteln verführen: »Die Sonne stieg, wie um das weite, unter ihr ausgebreitete Meer von einem höheren Standpunkt aus zu betrachten. Aber dieses war gleichsam kokett und hüllte sich in einen leichten Nebel, der es vor ihren Strahlen verschleierte. Es war ein durchsichtiger, sehr niederer, goldschimmernder Nebel, der nichts verbarg, sondern die Ferne noch sanfter erscheinen ließ. Das Gestirn verschoß alle seine Flammen und zerschmolz diesen leuchtenden Duft, und als es in all seiner Kraft war, verflüchtigte sich der Dunst und verschwand. Und das Meer lag glatt wie ein Spiegel und begann im Licht zu flimmern.« Und später am Tag: »Eine unendliche Windstille schien die Welt einzulullen und diese Begegnung der Elemente mit Stillschweigen zu umgeben, während die See, das bräutliche Ungeheuer, ihren glänzenden flüssigen Leib unter dem Himmel spreitend, den liebenden Feuergott erwartete, der zu ihr niederstieg. Er beschleunigte seinen Abstieg, gleichsam vor Verlangen nach der Umarmung purpurn. Jetzt erreichte er sie, und langsam, langsam verschlang sie ihn.«

Das ist zugleich erhaben und obszön, genaueste Beobachtung und uralte Allegorie. Und es ist ein Zeichen, daß dem Autor die Paarungen, die er so distanziert beschreibt, doch nicht ganz gleichgültig sind, muß doch selbst vom Eros betroffen sein, wer die Naturerscheinungen seiner Heimat in so erotische Worte faßt. Und wenn die Heldin (die in manchen Zügen ein Porträt der Mutter des Autors ist), keiner Verführung durch die Natur mehr erliegen mag, weil sie die Verführung der Menschen fürchtet, färbt sich auch der Text ins Grauere, Mattere, als könne er nur noch mit Strindbergs Göttertochter auf Erden sagen: »Ach, es ist schade um die Menschen.«

Henriette Beese

Bitte beachten Sie
die folgenden Seiten:

Kagerô Nikki

Tagebuch einer japanischen Edelfrau ums Jahr 980

Ullstein Buch 30115

Die Frau in der Literatur

In der altjapanischen Kaiserstadt Heian lebte ums Jahr 980 eine Edelfrau, eine der drei großen Schönheiten ihrer Zeit, als Nebenfrau eines Adligen aus der mächtigen Familie der Fujiwara. Sie nannte sich selbst Kagerô, die Eintagsfliege, weil sie ihr Leben, das sie in einem Tagebuch, Nikki, aufzeichnete, als so nichtig wie das einer Eintagsfliege empfand. Dieses Leben war ganz der Liebe zu Kaneie, einem ehrgeizigen und rücksichtslosen Edelmann, geweiht. Kagerô beginnt mit seiner Werbung, erzählt von ihrer Heirat und der ersten Zeit ihrer Liebe. Bald aber wendet Kaneie sich anderen Frauen zu und läßt Kagerô mit ihrem gemeinsamen Sohn allein zurück. Mit ihrer Niederschrift hat Kagerô eine der großen klassischen Tagebuch-Dichtungen Japans und der Welt überhaupt geschaffen, ergreifend in ihrer Echtheit und Wahrhaftigkeit.

Merkwürdiges Leben
einer sehr schönen und weit und breit gereisten
Tirolerin

Ullstein Buch 30108

Die Frau in der Literatur

Dieses kleine Werk, zu Frankfurt und Leipzig 1744 gedruckt und unter dem Pseudonym Jacques Le Pensif erschienen, kann berühmtere Vorläufer wie die »berüchtigte« ›Moll Flanders‹ (1721) von Daniel Defoe nicht verleugnen. Es enthält die Lebensbeschreibung der Tirolerin Clara sowie die teils anmutigen, teils lasterhaften Lebens- und Liebesgeschichten der Tirolerinnen Laura, Sophie, Josepha und anderer Personen, die das Schicksal auf abenteuerlichen Pfaden mit Clara zusammenführt. Die schöne Clara zieht als Händlerin mit Kurzwaren durch die Lande, »um auf Messen und Märkten sich und ihre Ware feilzubieten«, verfällt der Wollust, macht sich mit Spitzbuben gemein, wird schließlich von Reue erfaßt, bekehrt sich zur Tugend und wird vom Schicksal dafür reich belohnt. Die Beschreibung ihres Lebens, so Clara, hat »keinen anderen Endzweck, als andere von dem Lasterwege abzuziehen, auf welchem ich gewandelt«.

Jens Peter Jacobsen

Frau Marie Grubbe

Interieurs aus dem siebzehnten Jahrhundert

Roman

Ullstein Buch 30103

Die Frau in der Literatur

Der 1876 erschienene Roman erzählt die ungewöhnliche Lebensgeschichte einer Frau, die als Tochter eines reichen Gutsbesitzers gesellschaftlich aufsteigt, durch ihre Heirat mit einem Sohn des dänischen Königs am Hof eine äußerlich glänzende Rolle spielt, die sich aber scheiden läßt, wieder heiratet, gesellschaftlich absteigt und nach Enttäuschungen mit mehreren Männern schließlich die Frau eines Knechts und späteren Fährmanns wird. Bei ihm findet sie endlich Geborgenheit.
Marie Grubbe ist eine stolze, sinnliche, träumerisch veranlagte Frau, die darauf besteht, ihr eigenes Leben zu leben, und sich nicht den Ansprüchen der gesellschaftlichen Normen unterwirft.

Aldo Palazzeschi

Die Schwestern Materasssi

Roman

Ullstein Buch 30107

Die Frau
in der Literatur

Der Roman ›Die Schwestern Materassi‹ (1934) ist nach dem Urteil von André Gide das Meisterwerk Aldo Palazzeschis und eines der besten Bücher der italienischen Literatur der dreißiger Jahre. Palazzeschi (1885–1974) beschreibt darin die Tragödie zweier alternder Frauen – »sie waren zwei versteinerte Mädchen« –, welche durch ihre halb mütterliche, halb erotische Zuneigung zu ihrem schönen, aber amoralischen Neffen Remo zugrunde gerichtet und zum Gespött ihrer Umgebung werden. Remo ist ihre leibhaftige Kultfigur, ihr Wunschbild vom jungen Mann, ihr Prinz, ihre Wonne und ihr Kreuz, ein Wesen, das den rigoros unterdrückten Sehnsüchten ihrer Natur zu allem dient, was sie ein Leben lang entbehrten.

Jean Cayrol

Mittag Mitternacht

Roman

Ullstein Buch 30116

Die Frau
in der Literatur

Jean Cayrol, dessen Romanwerk dem Nouveau Roman zugerechnet wird, wurde 1911 in Bordeaux geboren und lebt heute in Paris. Sein Roman ›Mittag Mitternacht‹ ist 1966 erschienen. Die 34jährige Martine, Frau des Generaldirektors einer Bankgesellschaft, bricht aus ihrem goldenen Käfig aus, nachdem sie zwölf Jahre lang – eine lenksame, gefällige Martine – die gönnerhaft-nörgelnde Bevormundung ihres Mannes ertragen hat. Gilbert, der sie als sein Geschöpf betrachtet, sucht sie in die Rolle der mondänen, standesbewußten Gattin zu drängen – »Ich bin sein Aushängeschild, sein äußeres Zeichen des Wohlstands, sein Köder, sein Sand in die Augen, seine Leuchtreklame . . .«. Bei ihrem Aufbruch in eine ungewisse Zukunft nimmt Martine ihren elfjährigen Sohn mit.